普通高等教育精品规划教材

高等学校图书馆学专业系列教材

第二版

文献分类学

主编　俞君立　陈树年

参编（按姓氏音序排列）

陈树年　郭卫宁　何立芳　贺定安

林　嘉　饶　艳　司　莉　田素梅　俞君立　郑　兰

LIBRARY SCIENCE

WUHAN UNIVERSITY PRESS

武汉大学出版社

图书在版编目(CIP)数据

文献分类学/俞君立,陈树年主编.—2 版.—武汉：武汉大学出版社，2015.11(2024.7 重印)
高等学校图书馆学专业系列教材
ISBN 978-7-307-16894-7

Ⅰ.文… Ⅱ.①俞… ②陈… Ⅲ.图书分类法—高等学校—教材 Ⅳ.G254.11

中国版本图书馆 CIP 数据核字(2015)第 222613 号

责任编辑:詹 蜜　　责任校对:汪欣怡　　版式设计:马 佳

出版发行：**武汉大学出版社**　(430072 武昌 珞珈山)
(电子邮箱：cbs22@ whu.edu.cn 网址：www.wdp. com.cn)
印刷:武汉中远印务有限公司
开本:720×1000 1/16　印张:21.25　字数:379 千字　插页:1
版次:2001 年 10 月第 1 版　2015 年 11 月第 2 版
2024 年 7 月第 2 版第 5 次印刷
ISBN 978-7-307-16894-7　定价:38.00 元

第一版 前言

在图书馆学专业课程体系中，文献分类学历来是作为一门专业基础课来设置的，国内曾出版过数种有较高质量的这方面的教材。我们认为，文献分类学教材尤其是高等学校文献分类学教材的内容，既要符合专业培养目标和教学原则，突出本门课程的基本理论、基本知识与基本技能，又要从加强文献分类学的学科建设出发，力求反映国内外文献分类法理论研究与编制实践的最新成果，体现文献分类学的发展水平，使教材具有教学性与科学性。近十年来，随着计算机技术、通信技术和网络技术在文献信息管理与文献分类工作中的应用，以及人们对文献分类规律认识的深化，文献分类学得到了前所未有的发展。文献分类学的研究对象已经发生了变化，从以往单纯研究印刷型的文献分类法拓宽到研究电子分类法以及基于与非基于文献分类法的网络信息分类法。同时，文献分类学的研究无论是在理论上还是在实践上，特别是在分类法的编制实践方面，取得了一系列令人瞩目的成就。在这种背景下，我们编写了这本《文献分类学》教材，以适应教学与图书情报部门实际工作的需要。

这里需要提及的是，1989 年、1992 年，武汉大学出版社先后出版了由周继良教授主编的教材《图书分类学》及其修订本。该教材出版后，深受图书情报界的欢迎，曾数次印刷。由于周继良教授已离休十余年，因种种原因，未能对该教材再作进一步的修订，我们在编写《文献分类学》时，一方面努力继承与发扬周继良教授主编《图书分类学》时所坚持的严谨求实、理论联系实际与团结协作的精神；另一方面在教材体系与内容上，力求有所改革和更新。主要体现在以下几个方面：(1)提出“文献分类学的研究对象是文献分类法与网络信息分类法，同时也研究分类标引技术问题”这一观点。对文献分类学的定义作了新的表述：“文献分类学是研究文献分类法、网络信息分类法及其发展规律以及分类标引与检索行为的一门学科”，并据此来构建本教材的体系。(2)对文献分类法的基本原理进行了概括和总结。(3)对国内外文献分类法着重介绍其最新版本，如《中国图书馆分类法》第 4 版、《杜威十进分类法》第 21

版。(4)反映与研究网络环境下的新型分类法,如《中国图书馆分类法》电子版及其使用、网络信息分类法及其编制技术。(5)对于我国古代与近代分类法,本教材对古代分类体系不作介绍,这是为了避免与目录学史的内容相重复;对于近代分类法,着重总结与研究20世纪上半叶我国文献分类法的发展历程与历史经验,因为以往对这方面的研究比较薄弱。(6)关于文献分类标引技术方法,突出介绍《中国图书馆分类法》用于机读数据的标引与检索,并对《中国图书馆分类法》、《中国科学院图书馆图书分类法》、《中国人民大学图书馆图书分类法》的标引方法进行了比较。

本书共15章。由俞君立、陈树年拟定写作大纲。由俞君立编写第一、二、三、四章与第九章的第三节、第十、十五章;陈树年编写第五、六、七、八章;郑兰编写第九章的第一、二、四节与第十一章的第三节;田素梅编写第十一章的第一节;司莉编写第十一章的第二、四节与第十二、十三章;黄筱玲编写第十一章的第五节与第十四章。全书由俞君立统稿。限于水平,书中会有不少不足之处,恳切希望专家、同行和广大读者批评与指正。

本书在编写过程中,参考了许多国内外有关论著与网络信息,在此我们谨向作者致以谢忱。本书的出版得到了武汉大学信息管理学院与图书馆学系领导、武汉大学出版社领导的大力支持与关心,责任编辑严红副编审对本书的编辑出版付出了辛勤的劳动,提出了很好的修改意见,并匡正了不少错误,她严谨、负责的工作态度与优质、高效的工作水平给我们留下了深刻的印象。在此,我谨代表本书全体编著者向他们表示诚挚的谢意。

俞君立
2001年8月10日于武汉大学

第二版 说明

本书自2001年出版以来,已重印10次。2014年2月武汉大学出版社责任编辑詹蜜老师与我联系有关修订、出版本书的事宜,在武汉大学出版社的关心与支持下,本书的修订工作于同年4月正式启动,历时1年,于今年4月完成了本书修订稿。本书修订内容主要体现在以下几个方面:(1)增写了第七章第四节"《中国图书馆分类法》Web版",将原章名"《中国图书馆分类法》电子版及其使用"改为"《中国图书馆分类法》电子版与网络版"。增写了第十章第二节"20世纪下半叶我国文献分类法的理论研究与编制实践",将原章名"我国近代文献分类法的发展"改为"20世纪我国文献分类法的发展"。(2)重新编写了第十二章文献分类工作概述、第十三章文献分类标引方法、第十四章同类书书次号。(3)对某些术语和问题(如文献分类工作的含义、性质和基本原则,文献分类标引工作模式,单主题文献分类标引方法,书次号有关问题等)作了新的阐述或重新归纳与总结。(4)对各种学科文献的分类标引方法,改为从我国国家标准《学科分类与代码》中所列出的5大门类及其62个一级学科的角度,以《中图法》为依据,结合《科图法》,加以介绍。(5)根据《中图法》第5版与外国某些文献分类法的新版本、新进展,更新了有关内容。(6)删除与精简了内容过时或不够准确或论述过于详尽的内容,精简与删除的文字达2万余字。(7)订正了一些不当和错误之处。

对各章节的修订,基本上由原编写者承担。由俞君立修订第一、二、三、四章、第九章的第三节、第十章、第十五章。由陈树年修订第五、六、七、八章(贺定安参加了上述四章的修订)。由郑兰修订第九章的第一、二、四节与第十一章的第三节。由田素梅修订第十一章的第一节。由司莉修订第十一章的第二、四节(郭卫宁参加了上述两节的修订)。由陈树年增写了第七章的第四节"《中国图书馆分类法》Web版"。由俞君立增写了第十章的第二节"20世纪下半叶我国文献分类法的理论研究与编制实践"。另外,有两位编写者先后提出，因工作繁忙，实在没有时间修订原分别编写的第十二、十三章与第十四章。在这种情况下，由俞君立对这三章的内容重新确定了写作思路。由俞君立重新编写了第十二章的第一、三节，由何立芳、俞君立重新编写了第十二章的第二节，由饶艳重新编写了第十二章的第四节。由饶艳、俞君立重新编写了第十三章。由林嘉、俞君立重新编写了第十四章。饶艳协助主编重新编辑了本书主要参考文献目录。全书由俞君立统稿。

本书的修订与出版得到了武汉大学出版社的大力支持与关心。责任编辑詹蜜老师对本书的修订，提出了指导性的建议与宝贵的修改意见，为本书的修订与出版，付出了辛勤的劳动。我谨代表本书全体编著者向他们致以崇高的敬意和衷心的感谢。本书在修订过程中，参考了许多相关论著与网络信息，我们谨向作者致以谢忱。本书在修订过程中，虽几经努力，但难免有疏漏、不足之处，敬请专家、同行与读者批评、指正。

俞君立

2015 年 4 月 20 日于武汉大学

目　录

第一章　绪　　论

第一节　文献分类的意义

一、文献分类的含义

要明确什么是文献分类，首先应该明确什么是类，什么是分类。

类是指具有某种共同属性的个别事物的集合，表明某些个别事物共有的一种概念。我们知道，在客观世界中，每一个别事物都有这样或那样的属性，而任何属性也都是某种事物的属性。事实上，这一事物与另一事物的相同或相异，就是这一事物的属性与另一事物的属性的相同或相异。由于事物属性的相同或相异，客观世界中也就形成了各种不同的事物类。具有相同属性的事物形成一类，具有不同属性的事物又分别形成不同的类。类在文献分类体系中又称为类目，类目是构成文献分类体系的基本单元，一个类目就表示具有某种共同属性的一组文献。表示类目概念的名称叫做类名，类名不仅体现类目概念的名称，使其区别于其他类，而且还规定类目的性质与内容范围。例如，《中国图书馆分类法》(简称《中图法》)中“TN95 雷达”类下的“TN959.1侦测雷达”这一类名，既区别于“脉冲调幅雷达”、“相控阵雷达”等，又规定了该类目是以雷达的用途作为分类根据的，其范围包括各种侦测雷达，如警戒雷达、目标识别雷达等。

分类是指以事物的本质属性或其他显著特征作为根据，把各种事物集合成类的过程。它是人们认识事物、区分事物、组织事物的一种逻辑方法。事物的属性分为本质属性与非本质属性。本质属性是事物本身具有的、较稳定的、起决定性作用的属性，而且通过这种属性可以与其他事物区别开来。非本质属性是指除了本质属性以外的其他属性。对事物的分类要求以事物的本质属性作为分类根据，这是因为事物的本质属性能揭示事物之间的内在联系，有助于人们深入地认识事物。当然，对事物的分类，并非一律都要以事物的本质属性作为分类根据，按照人们认识事物的需要，以事物的其他显著特征作为分类根据，也是具有实际作用的。

对事物的分类还应明确两个问题：第一，由于事物的属性是多方面的，因此对事物的分类，既可采用某一种属性特征作为分类根据，又可采用另一种属性特征作为分类根据。例如，对于晶体管，按其性能可分为本征势垒晶体管、漂移晶体管、低噪声晶体管、微功耗晶体管等；按其制造工艺可分为面接触晶体管、扩散晶体管、电化学晶体管、薄膜晶体管等；按其材料可分为锗晶体管、硅晶体管、砷化镓晶体管等。第二，对事物的分类，是可以连续进行的。根据某种属性特征，可以将具有该属性特征的事物归并为一组，与没有该属性特征的事物区分开来；或是根据诸多事物共同具有某属性特征的差别，区分为许多组，再在同一组中又根据另一属性进行区分，从而依次逐级区分下去，形成一个严密的系统。例如，对于文学作品，按国家、体裁、时代等逐级划分，就能形成一个层次分明的分类体系。

明确了类与分类的含义，就容易理解文献分类概念。什么是文献分类呢？文献分类就是以文献分类法为工具，根据文献所反映的学科知识内容与其他显著属性特征，运用文献分类规则，分门别类地、系统地组织与揭示文献的一种方法。

上述文献分类概念的含义体现了五个方面的意思：

第一，文献分类的对象是图书馆与各种文献信息机构所收集与使用的古今中外各种文献。文献是指“记录有知识的一切载体”①，或者说，文献是指“记录有知识信息的一切载体”②。文献分类的对象不仅包括纸质出版物中的图书、期刊、科技报告、会议文献、学位论文、专利说明书、技术标准、产品样本等，而且还包括非纸质的录音资料、影像资料、缩微资料、电子资源等知识载体，这些知识载体为图书情报档案部门所广泛收集与使用。同时，浩如烟海的网络信息也成为分类的对象。因此，现代文献分类的对象已经突破了传统的范围，并不是单纯地只对纸质出版物进行分类，还要对其他类型的知识载体进行分类。

---

① 全国文献工作标准化技术委员会. 中华人民共和国国家标准：文献著录总则 GB3792. 1—83[S]. 北京：中国标准出版社，1983：1.

② 国家图书馆《中国文献编目规则》修订组. 中国文献编目规则(第2版)[M]. 北京：北京图书馆出版社，2005：430.

第二，文献分类的根据是文献的学科内容属性与其他显著特征。如同对其他事物的分类一样，对文献的分类，也是以其本质属性与其他显著特征作为根据的。由于文献是作为人类各种知识的记录与传播载体而存在的，读者阅读文献的目的，无非是利用其所记载的知识，他们也往往习惯于从学科、专业的角度来查阅文献。因此，从文献本身所具有的社会价值以及从读者查阅文献的目的来考察，文献所体现的学科知识内容是文献的本质属性。文献的学科知识内容主要包括：①学科门类及分支；②学科的研究对象与诸问题；③学科的基本理论、原理、数据；④学说、学派、观点；⑤事物的种类、成因、性质与相互联系；⑥自然现象、社会现象与历史事件；⑦实验、技法、生产工艺；⑧研究对象、事物、事件等所涉及的地域、时代与环境等。文献的其他显著特征是指除了学科知识内容以外的具有检索意义的一些属性特征，主要包括：①出版物的种类，如图书、期刊、科技报告、专利说明书、学位论文、技术标准、产品样本等；②参考工具书的类型，如字典、辞典、手册、百科全书、书目、索引等；③信息符号特征，如各种语言文字、图形、编码等；④体裁、形式，如小说、诗歌、多幕剧等；⑤载体特征，如缩微胶卷、录音磁带、电子资源等；⑥编著者及写作或出版日期、版本等；⑦使用对象，如盲人用书、儿童用书、注释读物等。上述文献的学科知识内容与其他显著特征，都可以用来作为文献分类的依据。

第三，文献分类的工具是文献分类法。对文献进行分类，必须依据一定的文献分类法。文献分类法是一种重要的情报检索语言，使用文献分类法类分文献，一方面能够使文献按其学科知识内容与其他显著特征，将学科内容性质相同的或具有某种属性特征的文献聚集在一起，便于人们检索利用；另一方面使分类人员在选择分类根据时有一个可靠的、统一的标准，保证文献分类的准确性与一致性。文献分类法有体系分类法(如《中图法》)、分面分类法(如《冒号分类法》)、体系-组配分类法(如《国际十进分类法》)等类型。

第四，文献分类的方法指南是文献分类规则。文献分类规则是为保证文献分类的准确性、实用性、规范性、一致性而制定的各种规则。主要包括单主题、多主题、各种类型、各种学科文献的分类规则等。应该提及的是，有些初学者容易产生一种急于求成的心理，以为只要记住文献分类规则就可以进行分类了。诚然，文献分类规则对于保证文献分类的质量十分重要，但文献分类规则及其运用毕竟不能脱离所使用的文献分类法。要高质量地进行文献分类，首先应该扎实地掌握文献分类法的编制原理、体系结构、标记符号、复分表及组配方法、索引等内容。在此基础上，再进一步掌握文献分类规则。

第五，文献分类的主要目的是按学科知识的系统性分门别类地组织与揭示文献。如前所述，文献的知识内容是文献的本质属性，揭示文献的知识内容是图书馆、文献信息机构满足读者检索利用文献的前提。在图书情报档案工作中，揭示文献知识内容的方法主要有两种：一种是分类法，另一种是主题法。主题法主要是从具体事物、对象和问题的主题名称、字顺系统来揭示文献的知识内容，能够把同一主题的文献加以集中，以适应人们对事物对象与问题进行“特性检索”的需要，但它不能很好地体现知识内容之间的学科性质区分与学科之间的相互联系，这样就使同一学科性质的文献分散了。而分类法则主要是从具体事物、对象和问题的学科性质出发来揭示文献的知识内容，把具体事物、对象和问题置于一定的学科体系之中，能够把同一学科性质的文献加以集中，以满足人们从学科门类对事物对象与问题进行“族性检索”的需要，但它往往把同一主题的文献分散了。当然，分类体系与主题系统并非是相互“绝缘”的，分类体系中有主题法的因素，主题系统中也有分类法的因素，特别是在当前，分类法与主题法相互渗透、相互影响、相互补充、共同发展的特点十分明显，文献分类法中有不少类目突破了学科的界限，按主题集中列类，将同一事物、同一对象的各个方面的问题，集中于某类目之下。但是，文献分类按学科知识的系统性来组织与揭示文献这个基本特征，仍然是不应改变的。

二、文献分类的作用

前面提到，文献分类的主要目的有两个：一是按学科知识的系统性组织文献，二是按学科知识的系统性揭示文献。文献分类的这两个目的，具体表现在组织分类排架与建立分类检索系统两个方面，这两个方面也就是文献分类的两个主要作用。

1. 组织分类排架

我们知道，图书馆、文献信息机构收集的图书资料少则几万、几十万册，多则几百万、几千万册。任何一个图书情报机构对收集的图书资料必然要按一定的方法加以组织，使每一本书都有一个明确的排列位置。图书资料的排列方法有多种，每种排列方法各有利弊，但比较起来，以学科知识的系统性来排列图书资料，即分类排架，效果比较理想。它有四个突出的优点：

第一，能够使藏书体现学科的系统性，使内容相同的书集中在一起，内容相近的书联系在一起，内容不同的书区别开来，便于人们按学科系统来利用藏书。

第二，采用分类排架，图书情报人员能够按类来熟悉藏书、研究藏书，便于向读者宣传、推荐与提供有关的图书资料。

第三，采用分类排架有利于提高开架借阅的质量。

第四，采用分类排架，就可以有条件按类来统计图书借阅情况，了解与分析读者的借阅要求与阅读倾向，并能为藏书建设提供一定的可靠数据。

由此看来，分类排架是一种比较合理的图书排架方式。但是，图书资料采用分类排架的前提，必须是对图书资料进行分类。图书资料经过分类，便有了一个表示它的学科内容或其他显著特征的分类号，从而能按照一定的分类体系将图书资料组成一个系统。

2. 建立分类检索系统

文献分类按学科知识的系统性揭示文献，这主要体现在建立分类检索系统(手工分类目录与计算机分类检索系统)上。分类检索系统是我国图书馆、文献信息部门中使用频率比较高的一种检索工具，它是按照文献分类法的类目体系组织起来的，由于类目体系一方面体现着每一门学科的系统性，另一方面在一定程度上揭示了各门学科之间的相互联系、相互交叉与相互渗透的关系，因此，这种类目体系反映在分类检索系统上，就便于人们从学科知识系统，按类检索、查找文献，达到鸟瞰全貌、触类旁通的效果。而要建立分类检索系统，其前提也必然是要对文献进行分类，文献不经过分类，就无法建立分类检索系统。

由上所述，我们知道了文献分类的作用，主要表现在组织分类排架与建立分类检索系统两个方面。但应该明确的是，分类排架与分类检索系统从其检索文献的作用来说是不同的，分类检索系统大大优于分类排架，分类排架远远不及分类检索系统。固然，分类排架也有一定的检索作用，但这种检索作用由于受分类排架自身要求的限制——它要求分类体系固定，类号简短，一种书在书架上只能有一个位置，一种书涉及几类时只能选择其中之一等，它只能提供一种检索途径。而且书架上的图书资料经常要被借出，处于动态之中，难以体现图书资料的实际情况。因此，分类排架所体现的检索作用是相当微弱的，而分类检索系统则不受上述因素的影响，能够通过采用互见、参见、分析以及分类号组配与轮排相结合等多种方式方法，提供多途径检索。由此看来，要充分发挥文献的作用，便于读者检索利用，文献分类应保证分类检索系统的检索效率，兼顾分类排架的要求。以往对文献分类作用的认识，虽然也提到在分类检索系统中的作用，但实际上，无论是编制文献分类法，还是制定文献分类规则，或对文献进行分类标引，大多着重于分类排架。现在看来，这种情况是应该改变的。文献分类如何适应分类检索系统的需要，保证分类检索系统有较高的检索效率，是一个值得重视的问题。

第二节　文献分类学的研究对象、内容和方法

一、文献分类学的研究对象

我们知道，一门学科的研究对象是人们行动或思考时作为目标的事物和认识的客体。对于文献分类学的研究对象，目前人们有不同的理解，归纳起来，主要有以下四种观点：有的认为文献分类学的研究对象是馆藏文献的分类；有的认为是图书分类表；有的认为是文献分类的理论、方法和历史；还有的认为是图书资料所载知识单元的揭示、系统组织与检索利用之间的矛盾和规律。上述四种观点从不同的角度探讨了文献分类学的研究对象，体现了各自对文献分类学研究对象的认识，都有一定的道理。

我们认为，文献分类学的研究对象主要是文献分类法与网络信息分类法，同时也研究分类标引技术问题。那么，为什么说文献分类学的研究对象主要是文献分类法与网络信息分类法呢？这是因为：

首先，文献分类学是伴随着文献分类法编制实践的发展而发展的。古往今来，人们在长期的书目分类与文献分类实践中，积累了丰富的文献分类经验，形成了许多分类体系，当然，真正意义上的现代文献分类法，则是以1876年问世的《杜威十进分类法》(简称DDC)作为标志的。130多年来，国内外文献分类学家致力于文献分类法的研制与不断创新，产生了以《杜威十进分类法》为代表的体系分类法，以《冒号分类法》(简称CC)与《布利斯书目分类法》(简称BC2)为代表的分面分类法，以《国际十进分类法》(简称UDC)为代表的体系-组配分类法等一大批文献分类法，以及以《分面叙词表》、《联合国教科文组织叙词表》、《中国分类主题词表》为代表的分类法主题法一体化词表。据统计，仅20世纪，我国就编制了约170种文献分类法。目前国内外许多著名的文献分类法都在不断进行着技术方法上的变革与创新，既有印刷版，又有电子版、网络版。文献分类学就是在文献分类法的长期编制实践中产生与发展的，可以说，文献分类法的编制实践是文献分类学得以产生与发展的基础。

其次，文献分类学的发展与网络信息分类法的发展休戚相关。当前，互联网上的信息浩如烟海，并以惊人的速度增长，对网络信息资源的有效组织与检索已成为世界范围内有些学科所关注的课题与研究的事物。对此，文献

分类学不能只囿于对传统的文献分类法理论与编制方法的研究，还应该开拓研究领域，高度重视、加快研究网络信息分类法。这必将给文献分类学的发展注入新的活力，使文献分类学显示出崭新的面貌。目前国际上已出现一批以著名的文献分类法如 DDC、UDC、LCC(《美国国会图书馆分类法》)等为编制基础的网络信息分类法(网络信息分类组织与检索系统)。同时，对非基于文献分类法的网络信息分类法的研究和编制方兴未艾。可以这样认为，将网络信息分类法作为文献分类学研究对象的有机组成部分，势在必行。

再次，从文献分类学的已有理论研究成果来看，无论是对文献分类的基本理论与方法、文献分类法编制原理与技术、国内外著名文献分类法、书次号等的研究，还是对体系分类法的改造、自动分类、网上资源的分类组织与检索、分类法发展趋势等的研究，其内容大多属于分类法的范围。可以说，分类法是文献分类研究的出发点与归宿。

总之，分类法是文献分类学学科体系中的核心，将文献分类法与网络信息分类法作为文献分类学的主要研究对象，体现了文献分类学的本质特征，这也是网络环境下文献分类学发展的必然结果。据此，文献分类学的定义可以这样表述：文献分类学是研究文献分类法、网络信息分类法及其发展规律以及分类标引与检索行为的一门学科。

二、文献分类学的研究内容

文献分类学的研究内容是由研究对象所决定的，主要包括以下三个方面：

第一，关于学科理论的内容。主要包括对文献分类学的研究对象、基本概念、学科性质、学科体系、相关学科、学科发展史与发展趋势、学科前沿问题、学科研究方法论等的研究。

第二，关于文献分类法、网络信息分类法的理论与编制实践的内容。主要包括对文献分类法的基本原理、类型、性能、检索效率、质量标准，国内外著名文献分类法，文献分类法的分面组配化、数字化、网络化、语义化、标准化、兼容化与分类法主题法一体化等的研究；对分类法电子版与网络版、联机分类法、机辅分类标引系统、自动分类标引与检索系统、分类表-叙词表转换系统、索引的计算机辅助编制系统、书次号码自动配号系统、分类法机读格式、分类规范文档、分类法的计算机综合维护管理系统等的研究；对基于或非基于文献分类法的网络信息分类法的功能、特点、编制技术、用户的检索特点以及网络信息的分类标引与自动分类、网络信息分类组织与主题组织的关系等的研究。

第三，关于文献分类工作与文献分类标引方法的内容。主要包括对文献分类工作的质量管理、文献主题分析、文献分类标引的程序与基本规则、各类型与各学科文献标引方法、机读数据分类标引与分类检索、同类书书次号编制法、文献改编的理论与方法等的研究。

第四，关于文献分类学学科建设的内容。由于网络环境下文献分类学的研究对象与研究范围已经拓宽，因此需要对已有的文献分类学的学科体系加以完善与创新，这是文献分类学学科建设面临的一个现实问题，也是文献分类学得以存在与发展的基础。加强文献分类学的学科建设，还需要深入研究文献分类学的重大理论和实践问题。为此，应该组织力量，及时引进与研究国际上有关知识组织与分类法等方面的重大科研成果，并有计划、有步骤地确定与研究一批起点较高、处于学科前沿和具有显著社会效益、经济效益的重点课题，积极争取国家社会科学基金、国家自然科学基金、省部级科研基金的资助，加强国际合作项目，把文献分类学的学科水平提高到一个新的高度。在学科建设中还要重视发现与大力培养一批德才兼备的研究情报语言学、知识与信息组织、文献分类学的专门人才，壮大研究队伍。

三、文献分类学的研究方法

科学研究的实践表明，科学与方法是同生共长、形影相随的。没有研究方法，就没有科学。文献分类学是随着科学研究方法的进步而不断发展的。研究文献分类学应采用以下方法：

第一，坚持以唯物辩证法为指导。唯物辩证法既是科学的世界观，又是科学的方法论。它为各门具体科学的研究，提供了科学认识论和方法论的基础。研究文献分类学应当自觉地坚持和运用这一科学的认识论和方法论。在文献分类学研究中，坚持以唯物辩证法为指导，就是要坚持事物的普遍联系与发展的观点，避免孤立、静止、片面地研究；坚持从客观实际出发，具体问题具体分析的观点，避免笼统的、不加区别的研究；坚持实践是认识的基础、理论与实践相结合的观点，避免封闭式的研究。

第二，科学统一的综合法。科学统一的综合法是适用于许多学科的理论和方法，是从不同层次、不同方面对复杂的客体或重大的课题进行立体式、网络式研究的方法。由于文献分类学的发展需要借鉴与综合运用逻辑学、科学学、知识分类理论、情报语言学、情报检索学、术语学、符号学、计算机科学等许多学科领域里的有关研究成果和技术方法，因此，文献分类学的研究需要采用科学统一的综合法。

第三，科学抽象方法。科学抽象方法是指人们运用理性思维方法，对所获得的感性经验材料进行整理、加工、研究，从而形成科学概念、范畴，揭示出事物的性质和规律的一种研究方法。一门科学的产生与发展，总是以一系列科学概念、范畴的形成和发展为先导的。由于文献分类学一方面需要根据文献分类法、网络信息分类法的理论研究和编制实践，建立与引入新的科学概念，以完善文献分类学的概念、范畴，另一方面还要使已有的科学概念、范畴进一步统一和精确化，因此在这种情况下，文献分类学的研究采用科学抽象方法就尤为重要。

第四，科学论争方法。科学论争方法是指人们对某些科学事实、科学理论、科学结论有深刻的分歧，通过学术、理论上的争鸣，达到深刻认识事物本质的一种研究方法。科学发展史证明，科学论争是推动科学发展的强大动力。20 世纪 20—30 年代我国一批新型分类法的产生与分类理论的创立，也得益于当时的学术论争。当前网络环境给文献分类学的发展带来了前所未有的机遇与挑战，有许多重大的理论与实践问题需要重新认识，还有许多未知的问题需要去探索。人们在研究过程中对一些重大问题的认识，必然会产生一些深刻的学术分歧，提倡学术论争，有助于人们深化认识，并推动新理论、新方法的创立，从而促进学科的发展。

除上述几种研究方法外，文献分类学的研究还应该运用调查研究方法、比较方法、系统方法、实验与模型方法等。

第二章 文献分类法的基本原理

第一节 文献分类法的概念逻辑原理

一、概念逻辑概述

概念逻辑是形式逻辑研究的一个基本问题。它研究概念的种类、概念的内涵与外延及其反变关系、概念的限定概括、概念的划分及其规则、概念间的关系等，为人们认识事物及其相互间的联系提供逻辑工具。由于文献分类法的类目体系实质上就是表达一系列概括文献内容与事物的概念及其相互关系的概念标识系统，因此，建立文献分类法的类目结构体系，需要以形式逻辑特别是其中的概念逻辑以及归纳法中的分析与综合逻辑方法为逻辑工具。而要理解文献分类法的逻辑结构原理，需要先了解以下概念逻辑以及分析与综合逻辑方法的有关知识。

1. 关于概念的意义与种类

概念是反映对象的本质属性的思维形式，它是在感觉、知觉与印象的基础上，借助语词而形成的。概念按不同的角度可分成若干种类，即：普遍概念与单独概念，如“国家”与“中国”；集合概念与非集合概念，如“森林”与“树”；正概念与负概念，如“理性”与“非理性”；具体概念与抽象概念，如“商品”与“信誉”等。

2. 关于概念的内涵与外延及其反变关系

概念有内涵与外延两个方面，内涵是指概念所反映的对象的本质属性，如“人”这一概念的本质属性是有语言、能思维、会制造与使用生产工具等；外延是指具有概念所反映的本质属性的一类一类、一个一个事物，如“人”这一概念的外延有“中国人”、“美国人”、“李四光”、“爱因斯坦”，等等。

概念的内涵与外延存在着反变关系，即：一个概念的内涵越多，这个概念的外延就越少；反过来，一个概念的内涵越少，这个概念的外延就越多。

3. 关于概念的限定与概括

概念的限定是指通过增加概念的内涵以缩小概念的外延，即由属概念(上位概念)过渡到种概念(下位概念)的一种逻辑方法。如“天文学→天体物理学→实测天体物理学”。概念的概括是指通过减少概念的内涵以扩大概念的外延，即由种概念过渡到属概念的一种逻辑方法。如“实测天体物理学→天体物理学→天文学”。概念的限定与概括原理为人们提供了“从一般到特殊”与“从特殊到一般”两种有联系的认识事物的途径。

4. 关于概念的划分及其规则

概念的划分就是以事物的某种属性作为标准，将一个属概念的外延分成若干个种概念的逻辑方法。划分是由三个要素组成的，即划分的母项、划分的子项和划分的根据。如以路面的结构性质作为划分根据，可以将“路面”(母项)分为“柔性路面”(子项)、“刚性路面”(子项)、“组合式路面”(子项)，等等。概念的划分应遵守四条规则：(1)划分所得的各子项的外延之和应该等于母项的外延；(2)划分所得的各子项，其外延必须相互排斥；(3)每次划分必须按同一标准进行；(4)划分必须按层次逐级进行。

5. 关于概念间的关系

客观世界的各个事物是相互联系的，反映事物的概念之间也是相互联系的。概念之间的关系按其外延间的性质来说，可分为六种关系。即：(1)同一关系。它是指两个概念的外延完全重合的关系。如“中国国家图书馆”与“北京图书馆”。(2)从属关系。它是指一个概念的外延包含另一个概念的全部外延的关系。其中外延大的概念称为属概念(上位概念)，外延小的概念称为种概念(下位概念)。如“图书馆”与“大学图书馆”。(3)交叉关系。它是指两个概念的外延部分互相重合的关系。如“图书馆员”与“青年人”。(4)矛盾关系。它是指两个概念的外延互相排斥，其外延之总和等于该属概念的外延。如“工程师”这一属概念下的“男工程师”与“女工程师”。(5)反对关系。它是指两个概念的外延相互排斥，但其外延之和小于该属概念的外延。如“国家”这一属概念下的“社会主义国家”与“资本主义国家”。(6)并列关系。它是指属于同一属概念的各个同层次的种概念之间的关系，有相容的并列关系和不相容的并列关系两种。相容的并列关系是指同一个属概念包含着的几个同层次的种概念，其外延是相互交叉的，如“科学家”这一属概念下的“化学家”、“生物学家”、“农学家”，等等；不相容的并列关系是指属于同一属概念的几个同层次的种概念，其外延彼此排斥，没有任何重合之处，如“教育”这一属概念下的“初等教育”、“中等教育”、“高等教育”，等等。

6. 关于分析与综合逻辑方法

分析与综合这一逻辑方法是形式逻辑中归纳法的一种。分析是指在思维过程中把客观对象分解为各个部分、方面和因素，然后分别加以考察的逻辑方法。如我们在研究某种语言时，可以从其语音、词汇、语法等方面加以考察。而综合是指在思维过程中把客观对象的各个部分、方面和因素结合成为一个统一体加以考察的逻辑方法。分析与综合在认识的方向上是相反的，但两者互相联系，缺一不可。一般是先分析后综合，分析是综合的基础，综合则是分析的发展。如当我们考察了某种语言的语音、词汇、语法等方面以后，还需要将各个方面结合起来，才能对某种语言有一个整体上的认识。

二、概念逻辑原理在文献分类法中的应用

编制文献分类法需要广泛地应用前面提到的概念的内涵与外延及其反变关系、概念的限定与概括、概念的划分及其规则、概念间的相互关系等概念逻辑原理以及分析与综合逻辑方法。这集中体现在两个方面：一方面，概念的限定、概括原理与概念的划分原理，能够为文献分类法的等级结构体系的建立提供逻辑基础。概念的限定与概括、概念的划分实质上就是利用概念内涵与外延的反变关系，即通过增加或减少概念的内涵(缩小或扩大概念的外延)来形成一系列新的具有隶属、并列关系的概念，从而表达各种客观事物及其内在联系。编制文献分类法时，运用概念的限定、概括原理与概念的划分原理(两者可简称为概念的划分与概括原理)，就能够将概括文献内容与事物的各种类目组成一个纵向为层层隶属、横向为并列列举，纵横交织的体系。它既体现类目的从属关系，又体现类目的并列关系的等级结构体系。文献分类法中的体系分类法就是以概念的划分与概括原理作为逻辑基础的。另一方面，概念的分析与综合原理能够为文献分类法的分面组配结构的建立提供逻辑基础。前面提到，分析与综合就是将客观对象分解为各个部分、方面和因素加以考察，又将客观对象的各个部分、方面和因素结合成为一个统一体加以考察的逻辑方法。从概念逻辑的角度来看，分析就是将一个属概念分解为若干个同层次、具有并列关系的种概念；同一层次中的每一个种概念又能以相对意义上的属概念形式分解为若干个种概念。例如，属概念“图书馆”可分解为“各类型图书馆”、“图书馆工作”、“图书馆藏书”、“图书馆工作者”等若干个同层次的、具有并列关系的种概念。其中，“各类型图书馆”可分解为“大学图书馆”、“中学图书馆”、“省级公共图书馆”等；“图书馆

工作”又可分解为“分类”、“编目”、“参考咨询”等；“图书馆藏书”又可分解为“图书”、“期刊”、“电子出版物”等。综合就是依据概念内涵与外延的反变关系以及概念的交叉关系原理，将两个或两个以上的有关概念加以合成，由其外延的重合部分形成一个新概念。如将“大学图书馆”、“分类”、“图书”三个概念加以合成，就能形成“大学图书馆图书分类工作”这一新概念。这一新概念的形成过程就是对有关概念进行分析与综合的过程。因此，形式逻辑中作为归纳法之一的分析与综合这一逻辑方法，实际上也是概念的分析与综合方法。编制文献分类法时，运用概念的分析与综合原理，就能够将概括文献内容与事物的各种类目按不同的分类标准，组成一个个分面，形成“基本分面-亚面-类目”的结构体系，有关分面中的各个类目可以相互组配，表达新的事物和主题概念。文献分类法中的分面分类法就是以概念的分析与综合原理作为逻辑基础的。

第二节　文献分类法的科学分类原理

一、科学分类概述

要理解文献分类法的科学分类原理，应该先了解科学分类的有关知识。我们知道，科学就是关于自然、社会和思维的知识体系。科学是适应人们实践活动的需要而产生和发展的。据统计，现在总共已有 3 000 多门学科。①这许许多多学科中每一门学科都有自己特定的研究对象与一定的研究内容。由于学科之间的相互渗透和人们不断运用先进的研究方法与手段，以致各门学科的研究范围都处于动态之中，不断涌现出新的学科分支。就各门学科之间的关系来说，它们并非是互相孤立、毫不相干的，而是有着这样或那样的联系。由于边缘学科、综合性学科的不断出现以及自然科学与社会科学之间的相互渗透、相互制约、共同发展，使整个科学体系成为一个纵横交错的有机统一体。由此就提出了一个问题：如何把各种知识系统化，建立相应的科学体系。这就涉及科学分类的问题。“科学分类即学科分类。知识分类包括学科分类和事物分类。”②“科学分类既是知识分类活动中的一个组成部分，

---

① 中国标准化研究院. GB/T13745—2009 学科分类与代码[S]. 北京：中国标准出版社，2009.

② 张琪玉. 情报语言学词典[M]. 北京：北京图书馆出版社，2000：298.

也是知识分类的高级认识阶段。”①那么，什么是科学分类呢？科学分类就是：“根据一定的原则，把人类知识划分为各个学科或知识门类，确定各个学科和知识门类的相互联系，以及在人类知识体系中的位置。”②另一释义：“科学分类是一门研究科学之间关系的学问。它考察各门科学之间的区别和联系，确定每门科学在科学总联系中的地位，揭示整个科学的内部结构，建立相应的分类体系。”③

人们对学科知识进行分类所形成的科学分类体系有正确的，也有不够正确或不正确的。19世纪中叶以前，许多哲学家、科学家如亚里士多德、培根、笛卡儿、霍布斯、洛克、圣西门、黑格尔、孔德等都提出过科学分类体系。其中有些分类体系，在历史上起过积极的作用。但也有一些分类体系，由于对思维和存在的关系问题不同程度地缺乏正确的反映，以致这些分类体系虽然其中含有某些合理的因素和方面，但从整体上看，难以正确地、客观地揭示出各门学科之间的固有联系。19世纪中叶，由于细胞学说、进化论、能量守恒和转化定律的发现以及在力学、数学、物理学、化学、生物学、地质学、天文学等领域里的研究取得了前所未有的进展，使人们深化了对自然界发展规律的认识，这就为建立崭新的科学分类体系提供了可靠的基础。恩格斯以辩证唯物主义观点总结了当时自然科学发展的伟大成就，同时吸取了历史上各种科学分类思想的合理部分，批判地继承了圣西门科学分类思想中的唯物主义原则和黑格尔科学分类的辩证发展的合理思想，把科学分类的客观原则和发展原则有机地统一起来，提出了以物质运动形式的区别与固有次序作为区分和排列各门科学的根据这一观点。他在《自然辩证法》中精辟地指出：“每一门科学都是分析某一个别的运动形式或一系列互相关联和互相转化的运动形式的，因此，科学分类就是这些运动形式本身依据其内部所固有的次序的分类和排列，而它的重要性也正是在这里。”④在实践上，恩格斯把各种运动形式概括为五种基本运动形式，即机械的、物理的、化学的、生物的、社会的五种基本运动形式。按照物质运动本身从简单到复杂，由低级到高级的发展顺序来排列各门科学。应该说，恩格斯的科学分类理论在科学

---

① 陈洪澜. 知识分类与知识资源认识论[M]. 北京：人民出版社，2008：134.

② 《中国大百科全书》总编委会. 中国大百科全书(第二版)[M]. 北京：中国大百科全书出版社，2009：3.

③ 陈克晶，吴大青. 科学分类问题[M]. 北京：人民出版社，1980：1.

④ 马克思，恩格斯. 马克思恩格斯全集(第20卷)[M]. 北京：人民出版社，1971：593.

分类思想史上具有里程碑的意义。一个世纪以来，特别是20世纪60年代以来，科学技术发展突飞猛进，日新月异，在科学研究的各个领域中，人们发现了许多新的物质形态和运动形式。钱学森等许多科学家、哲学家对科学分类问题提出了新的见解，科学分类体系必将随着人类认识的深化而不断充实和完善。

二、科学分类原理在文献分类法中的应用

科学分类原理在文献分类法中的应用，主要是指建立文献分类法的基本类目体系要以科学分类为基础，要充分利用科学分类的成果。

建立文献分类法基本类目体系为什么要以科学分类为基础呢？这是因为科学分类能够为建立文献分类体系提供可靠的依据。科学分类要遵循两条原则，一条是客观原则，另一条是发展原则。客观原则要求按物质运动形式的区别和固有的联系，对学科知识进行区分和排列；发展原则要求对学科知识的划分和排列要体现学科知识从低级到高级、从简单到复杂的发展规律。正因为科学分类遵循客观原则和发展原则，所以它能够确定每一门学科在科学总体中的地位和作用，划清各门学科的研究范围，反映科学的发生、发展过程与发展趋势，揭示出各门学科之间的固有联系与相互渗透、相互影响的关系。而文献是各门学科知识的载体，文献分类法又是类分文献的工具，在确定文献分类体系时，如果遵循科学分类的客观原则与发展原则，显然就能够使文献分类体系在很大程度上体现出各门学科的研究范围及其相互间的关系。运用这种分类体系去组织文献，就能够使文献的排列体现出科学知识的系统性与发展性，特别是将这种分类体系运用在文献的检索系统上，就能够为人们提供一种按学科来检索文献的有效途径，也便于人们从与本学科有内在联系的或相关的学科门类中，查阅到能够解决问题的文献。文献分类法基本类目体系的建立要以科学分类体系为基础，问题只是在于以什么性质的科学分类体系为基础。《杜威十进分类法》采用了17世纪初英国哲学家培根的科学分类体系，在顺序上加以倒排(倒转培根法)。现代文献分类法应该以正确反映客观世界、符合科学发展规律的科学分类体系为基础。

需要提到的是，建立文献分类法的基本类目体系要以科学分类为基础，但对基本类目以下的各级类目以及少数基本类目的编列，应充分利用专业分类、事物分类的成果，有时还要按人们的习惯或文献的形式特征编列类目。因此，科学分类并非是建立文献分类体系的唯一基础，科学分类与文献分类两者是有所不同的。

三、文献分类与科学分类的区别

文献分类与科学分类的区别主要表现在以下几个方面：

1. 分类对象不同

科学分类的对象是各门科学知识。作为知识形态的科学是人们认识世界和改造世界的经验总结，是对客观事物的本质及其运动规律的反映。随着人们认识的不断深入，新的认识代替旧的认识，对科学知识的分类，便可以随时用真实概念代替虚假概念，用深刻概念代替初步概念。文献分类的对象是图书馆、文献信息部门所收集的古今中外文献。文献的内容并非一律要遵守学科之间的界限，例如，有综合各门科学知识的文献——百科全书，但没有包罗一切知识的学科。同时，对文献的分类没有选择性，对具有科学认识意义与实用价值的文献需要进行分类，并加以保存与利用；对那些错误地或不正确地认识与解释客观世界各种事物、现象的文献，仍然需要进行分类，并加以保存与利用。

2. 分类标准有所不同

科学分类以各门学科研究的特殊对象与特殊运动形式作为唯一的分类标准。平时我们所说的科学分类以学科知识作为分类标准，就是对上述提法的一种通俗说法。应该说明的是，客观事物的特殊对象、特殊运动形式，并非指科学分类有两个分类标准，而是指一个分类标准的不同表述方式。特殊对象是指客观世界中不同事物所具有的特殊本质，而任何特殊对象都具有特殊的运动形式。比如，生命是客观世界中的一种特殊事物，是科学研究的一种特殊对象，这种特殊对象由于它具有同化和异化的特殊矛盾，使它呈现出通过新陈代谢实现自我更新的运动形式。而文献分类有两个分类标准：其一，以文献所反映的学科知识内容作为主要分类标准；其二，以文献的其他显著属性特征作为辅助分类标准。

3. 分类体系及其表现形式有所不同

科学分类体系有两个显著的特点：第一，在分类体系中，反映着客观世界的三大基本领域，即自然科学、社会科学和思维科学以及每一基本领域所包括的各门学科及其各种分支学科、边缘学科。这些基本领域、各门学科与各种分支学科、边缘学科组成了一个相互联系、相互渗透和相互转化的网状结构。第二，分类体系的变革更新比较自由，处于动态之中。这是由于物质世界永远按照自己固有的规律运动着、发展着。随着人们认识和实践的不断深入，随着科学的不断发展，科学分类体系必然会日益充实和完善，它不可能是一个终极的封闭系统。

文献分类体系不完全等同于科学分类体系，它也具有两个特点：第一，这种分类体系，一方面体现着以科学分类为基础，另一方面体现着文献的各种特点，许多类目的设置与排列有着适应人们有效利用文献的特殊性。分类体系中的客观内容既要体现出科学分类体系中所反映的各种学科门类，又要体现出各门学科研究中的许多重要问题、方面与研究手段以及各级、各类学校，特别是高等学校专业设置与课程安排的特点，还要设置那些符合人们检索习惯的类目。同时，文献分类体系中各种类目的容量也不同于科学分类体系那样使人一目了然，它有着多种情况，有的类目容量很单一，只能容纳论述某个学科、某种事物或某个问题的文献；有的类目可以容纳论述几门学科、多种事物或多方面问题的文献；还有许多类目既可以容纳从某方面来论述某个主题的文献，又可以容纳从多方面来论述某一主题的文献。需要指出的是，文献分类体系中的各级、各种类目，许多是以类组的形式来体现的（如《中图法》中“G 文化、科学、教育、体育”，“U664.2 船舶轴系、传动装置、并车装置”）。第二，分类体系的变革更新不像科学分类体系那样自由，而要求有相对的稳定性。这是因为，文献分类体系是用来类分古今中外各种文献的，分类体系不能“朝令夕改”，否则就会引起图书情报部门藏书的频繁改编，以致影响服务工作。当然文献分类体系的相对稳定性是同科学分类体系比较而言的，它并非一个绝对静止的封闭系统。事实上，文献分类体系也是处于不断修改的动态之中。

科学分类体系的表现形式具有两个特点：第一，在描述方式上，可以是线性序列，也可以采用列表式，还可以利用示意图，如角锥形、圆锥形、树枝形等示意图。目前一般认为示意图是比较合理的描述方式。第二，科学分类体系一般不需要采用一套标记符号，但出于某些需要，可以采用代码表示各门学科在分类体系中的级别与位置。文献分类体系的表现形式不同于科学分类体系。由于文献分类的作用主要体现在组织分类排架和建立分类检索系统上，因此，文献分类体系的表现形式具有自己的特殊性：其一，各种类目必然要采取线性排列的形式；其二，必须要用一套标记符号来表示各种类目及其相互之间的关系。

4. 任务与作用不同

科学分类的任务是以物质运动形式的区别和固有次序，对各门学科进行区分和组织，确定每门学科在科学总联系中的地位，揭示整个科学的内部结构。其作用体现在：为制定符合科学发展规律的科学研究规划，确定科学研究的战略目标与科学发展的重点，合理地建立科研体制与科研机构，正确地设置专业，组织不同专业人员协同作战提供可靠的理论依据。

文献分类的任务是：揭示文献的学科知识内容与其他显著属性特征，把具有某种或某些相同属性特征的文献聚集在一起，使千千万万种不同的文献形成一个符合人们检索利用需要的体系。文献分类的作用主要体现在为组织分类排架与建立分类检索系统提供先决条件。

第三节　文献分类法的文献分类标准原理

一、文献分类标准的含义

文献分类标准，也称为文献分类根据，是指划分某一类文献时所依据的某种属性特征。文献分类应以文献的本质属性，即文献所体现的学科知识内容作为文献分类的主要标准，以文献的其他属性特征作为文献分类的辅助标准。

文献作为知识的载体，必然记载着这种或那种知识内容，脱离知识内容的文献是不存在的；文献的其他属性的存在也必然要依附于知识内容属性。根据文献的学科知识内容属性进行分类，能够将千千万万种不同的文献从本质上区别开来，并使许许多多种文献之间体现出这样或那样的联系。同时，文献又是作为人类知识传播的载体而存在的，人们查找文献，就是为了获得文献中所记载的各种知识，以便从事科学研究、生产活动或进行学习。读者也往往从学科知识内容的角度来查找自己所需要的文献。因此，以文献的学科知识内容为文献分类的主要标准，就能够使文献分类具有稳定性与客观性。

文献分类还可以用文献的其他显著属性特征作为分类标准，这也是由方便读者检索、有效利用文献所决定的。例如，对于有些文献，不仅要揭示其学科内容属性，而且还必须要揭示其使用对象、出版物类型、信息符号特征等属性特征，只有这样才能全面地、准确地反映这些文献的客观面貌。还有些文献，为了考虑方便读者使用，也需要按其他属性特征来分类，如文学作品应以国别、时代及作品的体裁作为分类标准，而不宜首先以作品的内容要素作为分类标准。

由上所述，我们可以知道，以文献的本质属性，即学科知识内容作为主要分类标准，具有科学认识上的意义与检索利用价值；以文献的其他显著属性特征作为辅助分类标准，也能适应读者的某些检索、利用要求。需要指出的是，文献分类在大多数情况下，首先要采用主要标准，然后再采用辅助标准，但有时却需要首先采用辅助标准。由此看来，主要标准并不意味着必须要首先采用，辅助标准也并不意味着一律是最后采用。先采用什么标准，后采用什么标准，取决于读者有效检索、利用文献的要求与需要。

二、文献分类标准的选择与运用次序

正确地选择分类标准，合理地规定分类标准的运用次序，对于形成完善的分类体系，提供有效的检索途径，有着很大的作用。①

1. 确定分类标准及其运用次序的意义

文献分类标准的选择是指在文献的诸种可作为分类标准的属性特征中，选择什么属性特征作为分类标准。文献中可作为分类标准的属性特征是多方面的，既可选择这一个属性特征作为分类标准，也可选择另一个属性特征作为分类标准。如果文献的某一种属性特征被选用作为分类标准，就能够将具有该种属性特征的所有文献分别加以集中，为人们提供按该种属性特征检索文献的途径。反过来说，如果文献的另一种属性特征未被选用作为分类标准，这样，本来可以按这个属性特征集中的文献就会被分散到各类，也难以为人们提供按该种属性特征来检索文献的途径。例如，各种桥梁都具有“用途”、“结构”、“材料”等属性特征，如果选择“用途”作为分类标准，各种桥梁的文献可按人行桥、公路桥、铁路桥等分别加以集中，这就为读者提供了按桥梁用途检索各种桥梁文献的途径。但从桥梁结构的角度来检索梁式桥、拱式桥、立交桥等文献，或从桥梁材料的角度来检索石桥、混凝土桥、钢桥等文献就困难了，因为这些文献都被分散在人行桥、公路桥、铁路桥等类中。由此可见，分类标准的选择，对于从什么角度集中文献以及提供什么检索途径起了很大作用。

分类标准的运用次序是指当某类文献需要采用几种分类标准时这几种分类标准运用的先后次序。在建立文献分类体系或将文献归入既定的分类体系时，对有些文献固然可以只采用一种分类标准，但对于许多文献来说，却需要采用多种分类标准，方能适应读者的检索要求。于是就产生了一个先采用什么属性特征作为分类标准，后采用什么属性特征作为分类标准的问题。分类标准运用次序不同，分类体系也随之不同。例如，将桥梁的“用途”、“结构”、“材料”等属性特征都用来作为分类标准，按其运用次序的不同，可分别形成如表 2-1 所示的三种分类体系(按排列组合可形成六种)：

---

① 关于“二、文献分类标准的选择与运用次序”的内容来源于俞君立的《论文献分类标准的选择与运用次序》一文，载《陕西图书馆》1987 年第 3 期，并作了改写。

表 2-1　　　　　　　　桥梁的分类体系

a. 用途→结构→材料	b. 结构→用途→材料	c. 材料→结构→用途
人行桥	梁式桥	石　桥
梁式桥	人行桥	梁式桥
石桥	石桥	人行桥
钢桥	钢桥	公路桥
……	……	……
拱式桥	公路桥	拱式桥
石桥	石桥	人行桥
钢桥	钢桥	公路桥
……	……	……
公路桥	拱式桥	钢　桥
梁式桥	人行桥	梁式桥
石桥	石桥	人行桥
钢桥	钢桥	公路桥
……	……	……
拱式桥	公路桥	拱式桥
石桥	石桥	人行桥
钢桥	钢桥	公路桥
……	……	……
……	……	……

从表 2-1 中可以看到，分类标准的运用次序若采用“a. 用途→结构→材料”，则能分别集中人行桥、公路桥等文献，但各种结构、各种材料桥梁的文献就会程度不同地被分散到各种用途桥梁类中；分类标准的运用次序若采用“b. 结构→用途→材料”，则能分别集中梁式桥、拱式桥等文献，但各种用途、各种材料桥梁的文献就会程度不同地被分散到各种结构桥梁类中；分类标准的运用次序若采用“c. 材料→结构→用途”，则能分别集中石桥、钢桥等文献，但各种结构、各种用途桥梁的文献就会程度不同地被分散到各种材料桥梁类中。由此可见，当采用几个分类标准时，文献只能按最先采用的一个分类标准分别加以集中，越是后采用的分类标准，有关文献的分散程度就越大。所以，分类标准的运用次序实际上也存在着按什么分类标准集中文献，形成什么分类体系，提供什么检索途径的问题。

2. 确定分类标准及其运用次序的依据

选择分类标准与确定分类标准的运用次序，应依据以下几个方面进行：

(1)要符合读者的检索要求与检索特点。

选择分类标准与确定分类标准的运用次序要符合读者的检索要求与检索

特点，这有两个方面的含义：一是指要适应不同职业、不同文化层次读者的检索要求与检索特点；二是指要根据读者的不同需要集中有关文献。不同职业、不同文化层次的读者，对文献的检索要求与检索特点是不尽一致的。例如，科研人员大多要求从学科性强的图书资料、期刊、科研报告、学术论文等知识载体中获得有关具有高度专门化的知识信息，他们往往从学科研究对象、学说、学派、观点等角度来检索文献。工程技术人员检索文献一般侧重于从产品的原理、设计、结构、性能、生产工艺、应用效果或工程种类的划分以及勘测、设计、材料、设备、施工等角度来查阅文献，他们很重视利用专利、产品样本、技术标准等知识载体。教学人员因教材建设与提高教学质量的需要，要求获得国内外同类教材的状况比较、有关领域里的最新研究成果和教学方法的更新与改革等知识内容，他们习惯于从各层次教育的划分与专业设置的角度来检索文献。管理人员作为国家机关、科研机构、工矿企业、高等学校等制定或贯彻有关方针、政策、路线、规划的决策者与执行者，他们很重视利用专题述评、总结报告、动态综述、进展通讯、信息预测等三次文献，以便从中获得带有方向性、全局性的有关知识信息，作为其制定或贯彻有关方针、政策、路线、规划的依据。少年儿童习惯按文学作品的体裁检索文学作品。从上面的列举中，我们可以看到，不同职业、不同文化层次读者的检索要求与检索特点是不相同的。在选择分类标准与确定分类标准的运用次序时，应充分考虑这个因素。

确定分类标准及其运用次序还要考虑按读者的不同需要来集中有关文献。例如，对有关法律的文献，虽有许多属性特征可用来作为分类标准，但把法律类型与制定法律的国家作为分类标准是符合读者的一般习惯的。分类标准的运用次序若同时分别采用“制定法律的国家→法律类型”与“法律类型→制定法律的国家”两种方式，则会形成一个以国家为主与一个以法律类型为主的两种分类体系(见表2-2)。

显然，这两种不同的分类体系，能分别集中有关某国各种法律的文献与某种法律的各国文献，从而便于图书情报部门选择使用，以满足读者的不同需要。

应该指出，为适应不同读者检索、利用文献的需要，同一种文献分类法的各种版本在保持其体系结构与标记制度基本不变的前提下，对某些学科门类或事物也可以建立各自不同的分类体系。例如，《中图法》的“图书版”与“未成年人图书馆版”两个版本中，军事、文学等类的分类体系就有很大的不同。对各军、兵种的著作，“图书版”按先区分国家，后区分各军、兵种建立分类体系；“未成年人馆版”则以各军、兵种作为主要分类标准。对文学作品，“图书版”采用先区分国家，后区分体裁的分类体系；“未成年人图书馆版”则采用了按体裁为主要标准的区分方法。“未成年人图书馆版”对某些类之所以采用不同于“图书版”的分类体系，是因为编者考虑到要符合少年儿童的知识结构、文化水平及检索习惯。

表 2-2　　法律文献的分类体系

a. 国家→法律类型	b. 法律类型→国家
中国 　宪法 　民法 　刑法 　诉讼法 　…… 日本 　宪法 　民法 　刑法 　诉讼法 　…… 朝鲜 　宪法 　民法 　刑法 　诉讼法 　…… 泰国 　宪法 　民法 　刑法 　诉讼法 　……	宪法 　中国 　日本 　朝鲜 　泰国 　…… 民法 　中国 　日本 　朝鲜 　泰国 　…… 刑法 　中国 　日本 　朝鲜 　泰国 　…… 诉讼法 　中国 　日本 　朝鲜 　泰国 　……

(2)要适应具体国家的实际情况。

适应具体国家的实际情况有三个方面的含义：一是指一个国家的社会政治制度、国民经济与科学、文化、教育事业的发展对文献的检索要求；二是指国家机关、科研机构、工矿企业、高等学校对文献的不同检索要求；三是指一个国家的民族历史与文化传统对文献的特殊检索要求。对文献进行分类，在选择分类标准与确定其运用次序时，应考虑上述三个方面的检索要求。例如，对有关世界各国哲学文献的分类，一般以“国家→时代→主要哲学家”作为分类标准，而对有关中国先秦哲学文献，则以“国家→时代→学派→代表人物”作为分类标准。采用这种分类标准，既能客观地反映当时“百家争鸣”的实际，又便于人们查找“诸子百家”的文献，而且事实上，读者检索有关先秦哲学的文献也往往是以“学派”及“代表人物”作为检索途径的。

(3)要按照学科、专业分类的一般规定。

每门学科、每个专业在其发展过程中，必然会按照各自的分类标准将其研究内容形成特定的分类体系。例如，生物学中对生物的分类，是把生物组合成种、属、科、目、纲、门、界的自小而大的类群，其中还可附加若干层次。又如，语言学界对各种语言的分类往往采用“谱系分类法”，按各种语言之间的亲属关系，以“语系—语族—语支”作为分类标准，把世界上的语言分为若干语系(如汉藏语系、阿尔泰语系、印欧语系等)；每一语系再分为若干语族(如汉藏语系分为壮侗语族、藏缅语族、苗瑶语族等)；每一语族又分为若干语支(如壮侗语族分为壮傣语支、侗水语支、黎语支等)；每一语支下再集中各种语言，如在壮傣语支下集中壮语、布依语、傣语等。对文献进行分类，可以充分利用各门学科、各种专业的分类规定。例如，对有关各种语言文献的分类，就应该选择“语系—语族—语支”作为分类标准。当然，从文献分类的实际需要出发，对某些常用语言，不以“语系—语族—语支”作为分类标准，而以语种作为分类标准，将其区分为汉语、英语、法语、德语、西班牙语、俄语、日语、阿拉伯语等，也是具有检索意义的。又如，对于文化、科学、教育、地理等许多学科中所涉及的国家、地区特点，学术界一般以自然区划、地理位置作为分类标准，对有关这方面文献的分类，也应该选择自然区划、地理位置作为分类标准，而不宜以政治制度作为分类标准。

(4)要根据文献出版与收藏的实际情况。

由于社会需要的不同，各种学科、专业发展程度的不同，各种学科、专业的文献在出版的种类与数量上是不一致的。有的学科、专业的文献出版量较大，有的学科、专业的文献出版量较小。同时，图书情报部门由于担负的具体任务与读者对象不同，在收藏文献的种类与数量方面也必然各不相同。因此，选择分类标准、确定分类标准的运用次序，还应该结合各学科、专业文献当前与今后出版、收藏的实际情况，也就是说，要以文献的实际情况作为一种依据。文献多，选用的分类标准可以多一些；文献少，选用的分类标准可以少一些。

(5)要遵守概念的划分规则，但有时又不能囿于这种划分规则。

前面提到，形式逻辑关于概念的划分规则是：①划分所得的各子项的外延之和应该等于母项的外延；②划分的各子项，其外延必须相互排斥；③每次划分必须按同一标准进行；④划分必须按层次逐级进行。遵守概念的划分规则，能够把属于母项的任何一个事物划分到而且也只划分到一个子目中，并且各个子目之间的关系是明确的。毫无疑问，对文献进行分类，应该基本遵守概念的划分规则。但在文献分类实践中，对所有文献的分类都要求严格遵守概念的划分规则是困难的。例如，为了使综合研究彩色电视、工业电视的文献分别加以集中，在对有关电视文献进行分类时，就要同时采用“体制”、“用途”两个分类标准，在电视类下同时分别建立两个平行的子目系列(见表2-3)。

表2-3　**电视文献的分类体系**

电视
　按体制分的电视
　　黑白电视
　　彩色电视
　按用途分的电视
　　工业电视
　　会议电视
　　军用电视
　……

显然，在电视类下，同时采用“体制”与“用途”作为分类标准建立起来的两个子目系列之间，在内容上是相互交叉的。虽然这种分类方法不符合形式逻辑对概念的划分规则，但却能集中综合研究彩色电视、工业电视的文献。反过来说，对有关电视文献的分类，如果严格遵守概念的划分规则，每次划分只按同一分类标准进行，那么要集中或查找彩色电视、工业电视的文献就相当困难了。因此，从文献的实际情况与满足读者的某些检索要求出发，在选用分类标准与确定其运用次序时，在有些情况下，可以不囿于概念的划分规则。这些情况主要是：

① 当需要集中对某一事物从不同角度进行综合研究的文献时，可以不

严格遵守“每次划分必须按同一标准进行”与“划分所得的各子项，其外延必须相互排斥”这两条规则。如上述对电视文献的分类。

② 当需要重点突出某类文献时，可以不严格遵守“划分必须按层次逐级进行”这一条规则。如对有关论述中国哲学、经济、政治、文化、科学、教育等方面的文献，可以越级划分。以经济类为例：

经济
　　中国经济
　　亚洲经济
　　　　东亚经济
　　　　　朝鲜经济
　　　　……

③ 当对某类文献不需要全部再按其他分类标准细分，只需要将该类中某个(或某些)方面的文献加以集中时，可以不严格遵守“划分所得的各子项的外延之和应该等于母项的外延”这一条规则。如对有关家庭教育类文献，如不需要再按其他标准细分，但要集中该类中有关家庭教师的著作，即在家庭教育类下只列出“家庭教师”这一子目，不再列出其他子目，这也是允许的。

第二章 体系分类法

文献分类法有体系分类法与分面分类法两种基本类型。体系分类法是以科学分类为基础，依据概念的划分与概括原理，把概括文献内容与事物的各种类目组成一个层层隶属、详细列举的等级结构体系的一种文献分类法，亦称列举式分类法、枚举式分类法。《中图法》、《中国科学院图书馆图书分类法》(简称《科图法》)、《中国人民大学图书馆图书分类法》(简称《人大法》)、《杜威十进分类法》、《美国国会图书馆分类法》等都是体系分类法。体系分类法由主表、标记符号、复分表、说明和类目注释、索引5个部分所组成。

第一节 体系分类法主表的结构

体系分类法的主表是指由基本部类、基本大类、简表和详表逐级展开而形成的类目表。它是体系分类法的主体。

一、基本部类

基本部类是文献分类表中为便于各种类目的展开而对人类全部知识与客观事物所作的最基本、最概括的划分。基本部类的排列次序称为基本序列。由于人们认识客观世界的角度与方法不同，各种文献分类法的基本部类及其序列也不尽一致。如《杜威十进分类法》虽未明确显示基本部类，但实际上该分类法根据17世纪英国哲学家培根的知识分类思想，以理性知识、想象知识、记忆知识三个部类来展开大类及类目体系。新中国成立后，我国综合性文献分类法的基本部类，基本上采用“五分法”，其基本序列为：

马克思主义、列宁主义、毛泽东思想

哲学
社会科学
自然科学
综合性图书

在五个基本部类中，设置哲学、社会科学、自然科学三个基本部类的依据是毛泽东关于知识分类问题的论述。即："什么是知识？自从有阶级的社会存在以来，世界上的知识只有两门，一门叫做生产斗争知识，一门叫做阶级斗争知识。自然科学、社会科学，就是这两门知识的结晶，哲学则是关于自然知识和社会知识的概括和总结。"①设置马列主义、毛泽东思想这一基本部类，是由于马列主义、毛泽东思想是指导我们思想的理论基础。关于综合性图书这一基本部类，主要是考虑到图书本身的特殊性，即一些内容庞杂的图书如《辞海》、《简明不列颠百科全书》等"类无专属"，按其内容无法归入某个学科性质类目，只能按其形式特征归类，故设置了综合性图书这一基本部类。在国内现行的综合性文献分类法中，《中图法》与《科图法》的基本部类均采用"五分法"，但《中图法》第4版与第5版将其中的"马克思主义、列宁主义、毛泽东思想"与"哲学"两个基本部类与基本大类改名为"马克思主义、列宁主义、毛泽东思想、邓小平理论"与"哲学、宗教"。《人大法》的基本部类采用"四分法"，即总结科学、社会科学、自然科学、综合性图书。其中总结科学这一基本部类包括马列主义、毛泽东思想与哲学。实际上，这种"四分法"与"五分法"并无本质上的不同。

二、基本大类

基本大类，又称基本大纲。它是在基本部类的基础上，根据学科发展和文献出版情况所列出的文献分类法的第一级类目。

文献分类法中基本大类的数量及序列受各学科文献出版数量的影响，特别是与人们对整个学科领域的认识及划分有着密切的关系。一般来说，基本大类保持在20个左右。如《中图法》、《科图法》、《人大法》的基本部类分别为22个、25个、17个。

关于基本大类的序列，哲学、社会科学各基本大类主要是依据各学科领域之间的联系程度，一般都将联系程度密切的有关学科门类加以相对集中。自然科学各基本大类一般采用从总到分、从基础学科到应用技术、从简单到

① 毛泽东选集(第3卷)[M]. 人民出版社，1991：815-816.

复杂、从低级到高级的次序排列，并反映学科之间的内在联系。如《中图法》第5版22个基本大类的次序为：

A 马克思主义、列宁主义、毛泽东思想、邓小平理论
B 哲学、宗教
C 社会科学总论
D 政治、法律
E 军事
F 经济
G 文化、科学、教育、体育
H 语言、文字
I 文学
J 艺术
K 历史、地理
N 自然科学总论
O 数理科学和化学
P 天文学、地球科学
Q 生物科学
R 医药、卫生
S 农业科学
T 工业技术
U 交通运输
V 航空、航天
X 环境科学、安全科学
Z 综合性图书

三、简表

简表是由基本大类与由其直接展开的二、三级类目所形成的一种类目表，亦称为基本类目表。文献分类表中基本大类是第一级类目，由基本大类直接展开的类目称为第二级类目，由第二级类目直接展开的类目称为第三级类目，以此类推。现以《中图法》为例，列出简表的片断：

T 工业技术 （第一级类目）

TP	自动化技术、计算机技术	（第二级类目）
TP1	自动化基础理论	（第三级类目）
TP2	自动化技术及设备	（第三级类目）
TP3	计算技术、计算机技术	（第三级类目）

简表的主要作用是：第一，对基本大类与详表起着承上启下的作用，便于用户查找所需要的详细类目。第二，便于用户进行较大范围课题的检索。第三，供中小型图书馆分类标引使用。第四，供图书情报部门分类标引非专业文献。

四、详表

详表是由简表展开的各种不同等级的类目所组成的类目表，它是类分文献的真正依据。现以《中图法》为例，列出详表的片断：

T	工业技术	（第一级类目）
TP	自动化技术、计算机技术	（第二级类目）
TP3	计算技术、计算机技术	（第三级类目）
TP33	电子数字计算机	（第四级类目）
TP331	基本电路	（第五级类目）
TP331.1	逻辑电路	（第六级类目）
TP331.1⁺1	集成化逻辑电路	（第七级类目）

五、主表中类目之间的关系

前面提到，体系分类法的类目体系是以概念的划分与概括原理作为逻辑基础的。体系分类法中类目之间的关系主要有四种：从属关系、并列关系、交替关系、相关关系。

1. 从属关系

类目之间的从属关系是指一个类与其直接区分出来的子类之间的关系，又称隶属关系。从属关系是通过上位类与下位类的关系来体现的。在这一关系中，被划分的类，称为上位类。由上位类直接区分出来的类，称为下位类。上位类与下位类之间的关系具体体现在三个方面：

（1）上位类与下位类之间，有的是属种关系，如“Q949.7 被子植物亚门”与“Q949.71 单子叶植物纲”；有的是整体与部分的关系，如“F127.6 中国中南地区经济建设”与“F127.63 湖北经济建设”；有的是全面与某一方面的关系，如“F530 铁路运输经济理论”与“F530.1 铁路规划与管理体制”。

（2）上位类与下位类是相对而言的，如“Q3 遗传学”、“Q31 遗传与变异”、“Q311 遗传”三个类，“Q31 遗传与变异”相对于“Q3 遗传学”而言是下位类，而相对于“Q311 遗传”而言又成为上位类。

（3）上位类与下位类是相互依存、密不可分的，有了下位类必有其上位类，有了上位类必有其下位类。对于上位类与下位类之间的关系，还需要明确类系这一概念。类系是指对某个类进行连续划分所形成的一系列具有从属关系的类目。如“F5 交通运输经济→F53 铁路运输经济→F530 铁路运输经济理论→F530.3 铁路建设与发展”这一系列类目就是一个类系。

2. 并列关系

类目之间的并列关系是指由某一个上位类按某种分类标准划分出来的若干个平级的下位类之间的关系。并列关系是通过同位类来体现的。由一个类直接区分出来的各个类，彼此称为同位类。如“G2 信息与知识传播”类下的“G21 新闻事业”、“G22 广播、电视事业”、“G23 出版事业”、“G24 群众文化事业”、“G25 图书馆事业、信息事业”、“G26 博物馆事业”、“G27 档案事业”七个类就是同位类。一组同位类，称为一个类列。如上述七个类目合起来就是一个类列。

在体系分类法中，同位类就其表达的事物概念的外延而言，在一般情况下，是相互排斥的，如“H3 常用外国语”类下的“H31 英语”、“H32 法语”、“H33 德语”、“H34 西班牙语”、“H35 俄语”、“H36 日语”、“H37 阿拉伯语”七个类目；但有时是相互交叉的，如：

U459	各种隧道
U459.1	铁路隧道
U459.2	公路隧道
U459.3	地下隧道
U459.4	穿山隧道
U459.5	水底隧道

关于同位类的排列方法主要体现在以下几个方面：

（1）按各门学科之间的联系程度排列。如：“H 语言文字→I 文学→J 艺术”。

（2）按基础学科到应用学科次序排列。如：“51 数学→52 力学→53物理学→54 化学→55 天文学→56 地球科学→58 生物科学→61医药卫生→65 农业科学→71 工程技术”。

(3)按社会及社会现象的发展过程排列。如：“K11 上古史→K12 古代史→K13 中世纪史→K14 近代史→K15 现代史”。

(4)按学科、专业固有的分类次序排列。如：“Q949.21 绿藻门→Q949.22 蓝藻门→Q949.23 眼虫藻门→Q949.24 甲藻门→Q949.25 黄藻门→Q949.26 金藻门→Q949.27 硅藻门→Q949.28褐藻门→Q949.29 红藻门”。

(5)按事物发展从低级到高级、从简单到复杂的次序排列。如：“G61 学前教育、幼儿教育→G62 初等教育→G63 中等教育→G64 高等教育”。

(6)按一般到特殊、抽象到具体、总论到专论、理论到应用的次序排列。如：“TH70 仪器、仪表的一般性问题→TH71 计量仪器→TH72 坐标器、计算机具、计数器→TH73 物理学与力学一般仪器→TH74 光学仪器→TH75 天文仪器”。

(7)按生产流程或工作程序排列。如：“S372 农产品的收获、打谷、脱粒→S375 农产品的干燥、清除、选择、分级→S377 农产品的加工、包装、运输→S379 农产品的贮藏”。

(8)按人们通常的习惯次序与其他人为次序排列。如：“D41 工人运动与组织→D42 农民运动与组织→D43 青年、学生运动与组织→D44 妇女运动与组织”。

需要提到的是，同位类与同级类是有区别的。同位类聚集在一个类列之内，除基本大类外，同位类必然同属于一个上位类。如“I23 中国戏剧”、“I24 中国小说”、“I26 中国散文”三者就是同位类，它们同属于“I2 中国文学”这个上位类。同级类在类目体系中的等级位置是相同的，有的属于同一类列，如上例中的 I23、I24、I26 各类；但有的却不一定属于同一类列，如“I232 京剧”、“I247 中国当代小说”、“I266 中国现代散文”三个类。由此看来，同位类必然是同级类；同级类有的是同位类，有的不是同位类。

3. 交替关系

类目之间的交替关系是指对表达同一事物的正式使用类目与非正式使用类目之间的关系。我们知道，客观事物是相互联系的。在建立类目体系时，往往有这种情况：某个事物既是某个学科或专业所研究的内容，又是另一个或另一些学科、专业所研究的内容，如生产力与生产关系既是哲学中历史唯物主义所研究的一个重要问题，又是经济学所研究的一个基本问题。对此，文献分类法为了保持某门学科、专业体系的完整性，并使同一类文献加以集中，就对某个事物在某个学科、专业门类下设置正式类目，在另一个或另一些学科、专业门类下设置非正式类目。这种正式类目与非正式类目之间的关系，即类目的交替关系，它是通过设置交替类目来体现的。交替类目是相对于正式类目而言的，它是指在类目体系中具有多种从属关系的非正式使用的类目。交替类目的形式特征是其类号置于方括号“[　]”内，类目下有“宜入×××”的注释。如“[P314.5]冻土学”类下有一条注释：“宜入P642.14”。

文献分类法中编列交替类目的意义是：它是解决事物的多方面联系与文献分类法中类目的单线排列这一矛盾的有效方法之一，可体现同一事物的多种隶属关系，便于分类法用户按实际需要集中有关文献；在分类检索系统中能为读者提供多途径检索。

分类法用户根据实际需要，必要时可以将交替类目改为使用类目。启用交替类目的方法是：

(1)如果交替类目与使用类目体现同一个事物，就将交替类目的交替符号“[　]”及该类目下的注释“宜入×××”删去；对原使用类目加上交替符号“[　]”，并在该类目下加“入×××”类目注释。另外，如果原使用类目下有细目，则要通过仿分形式将其移至启用的交替类目（新的使用类目）中或直接将其移至新的使用类目中。如下例：

交替类目启用前	[TQ426.1]	催化原理 宜入O643.31。
	O643.31	催化原理

交替类目启用后	TQ426.1	催化原理
	[O643.31]	催化原理 入TQ426.1。

(2)如果交替类目与使用类目体现不同的事物，则要分析两者的联系与区别，除删去原交替类目的交替符号“[　]”及该类目下的注释“宜入×××”外，对原使用类目不能简单地加上交替符号“[　]”，就算万事大吉，而是要在启用的交替类目（新的使用类目）和原使用类目下增加有关注释，对各相关类目间的关系加以说明。如下例：

交替类目启用前	[TK514]	太阳能发电装置 宜入TM615。
	TM615	太阳能发电

太阳能发电装置入此。
太阳能、太阳能机械入 TK51。
参见 TM914.4。

交替类目启用后
TK514　太阳能发电装置
参见 TM615、TM914.4。
TM615　太阳能发电
太阳能发电装置入 TK514。
太阳能、太阳能机械入 TK51。
参见 TM914.4。

4. 相关关系

类目之间的相关关系是指除了从属关系、并列关系、交替关系以外的某些类目之间的关联关系。相关关系是通过采用类目参照与多重列类法来体现的。

类目参照是通过参照的形式显示类目之间相关关系的方法之一，其表现形式为参见注释。如“R155.5 食品卫生与检验”类下有一条参见注释“参见 TS207”；“TS207 食品标准与检验”类下也有一条相应的参见注释“参见 R155.5”。这样，通过上述两条参见注释，就将“R155.5 食品卫生与检验”与“TS207 食品标准与检验”两个有密切联系但重点不同的类目联系起来了。上述两个类目中，被参见注释指向的类目称为参见类目。如 R155.5 类下的参见注释指向 TS207 类，TS207 类就是参见类目；同样 TS207 类下的参见注释指向 R155.5 类，R155.5 类也是参见类目。

多重列类法是指在建立类目体系时，对某个类目同时采用几个分类标准，分别建立几组平行子目的方法。这种列类法在分面分类法中被广泛采用，在体系分类法中也可以局部使用。按多重列类法建立起来的几组平行的类目，各类目所表达的事物在内容上是相互交叉的。如：

U448.1/.5　各种桥梁
U448.1　桥梁：按用途分
U448.11　人行桥
U448.13　铁路桥
……　……
U448.2　桥梁：按结构分

U448.21	梁式桥
U448.27	斜拉桥
……	……
U448.3	桥梁：按材料分
U448.32	石桥、砖桥
U448.34	钢筋混凝土桥
……	……
U448.4	桥梁：按形式分
U448.41	斜桥
U448.42	曲弧桥、弯道桥
……	……

以上“U448.11 人行桥”、“U448.13 铁路桥”，“U448.21 梁式桥”、“U448.27 斜拉桥”，“U448.32 石桥、砖桥”、“U448.34 钢筋混凝土桥”，“U448.41 斜桥”、“448.42 曲弧桥、弯道桥”这四组平行的类目所体现的内容相互交叉，各组类目之间具有相关关系。当然，文献分类法中对于这种按多重列类法设置的类目一般都规定了特殊的分类规则。如《中图法》对涉及上述类目的文献规定“入编列在前的类”，例如:《铁路钢筋混凝土斜拉桥》，入 U448.13；《钢筋混凝土斜拉桥》入 U448.27。

第二节　体系分类法的标记符号

一、标记符号的意义

标记符号是文献分类法中用以表示类目的代号，又称分类号。它具有固定类目的位置，明确各个类目的先后次序，在一定程度上显示类目之间的隶属、并列关系以及描述某个类目的含义的作用。在文献分类法中，类目体系与标记符号两者存在着相互依存、互相制约的关系。类目体系是标记符号得以存在的依托，类目体系设置得科学、合理，就能为标记符号的设计与配备提供很大的方便。标记符号则是保证类目体系发挥其使用价值的中介，有了一套高质量的标记符号，人们才能按照一定的类目体系有效地组织藏书、编制分类检索工具与检索文献。显然，标记符号对类目体系有着积极作用。但标记符号对类目体系还有限制作用，主要表现在：一是类目体系配备了标记符号后，就不便改变有关类目的先后位置；二是如果配号方法不恰当，增加新类目就会受到较大的限制。因此，如何做到既充分发挥标记符号对类目体系的积极作用，又尽量使标记符号对类目体系的限制作用降至最低限度，是文献分类法编制、修订与使用中的一个基本问题。

二、标记符号的性能

长期以来，人们在研究与编制文献分类法的实践中对标记符号应具有的性能，尽管表述不尽一致，但已有了这样的共识：标记符号应具有容纳性、表达性、易记性与简短性。这里有两个问题需要明确：一是为什么要强调标记符号的容纳性、表达性、易记性与简短性，如何处理四者的关系；二是体系分类法应如何发挥标记符号的这些性能。

1. 标记符号的容纳性

容纳性又称扩充性，是标记符号应有的一种重要的性能。它是指标记符号不束缚类目体系的发展，能适应任何类系和类列的必要细分和增补，能为新出现的学科或主题配上符合类目体系要求的恰当的标记符号。强调标记符号的容纳性，是由类目体系的动态性所决定的。我们知道，文献分类法是类分古今中外各种文献的工具，其类目体系不能“朝令夕改”，否则会引起图书情报部门藏书的频繁改编，以致影响服务工作，所以类目体系应保持相对的稳定性。但这种相对的稳定性是同科学知识分类体系相比较而言的，文献分类法的类目体系并非一个绝对的、静止的封闭系统。由于科学技术的迅速发展，反映新学科、新事物、新问题的文献大量增长，加上人们对文献分类规律的认识逐渐深化，就必然促使类目体系处于不断完善的动态之中，需要补充新类目，甚至局部地改变原有的类目体系。因此，在编制、修订与使用文献分类法时要强调标记符号的容纳性，以适应类目体系发展的需要。那么，体系分类法的标记符号应如何体现与发挥其容纳性呢？一是应基本上采用层累标记制，并使用小数编号法，还可采用八分法、双位制、借号法、双字母法、字母标记法等，以适应类系的延伸与类列的扩充，即从属类目的深入细分与并列类目（同位类）的不断增加；二是采用空号法，有预见性地留有空位类号，以便于类目删改、订正和增补；三是使用多种辅助符号，加强类目的细分化程度，并在一定范围内采用组配编号法，以适应新学科、新主题的不断出现与文献的专深检索的需要。

2. 标记符号的表达性

表达性也是标记符号的一种重要性能。它是指标记符号能够体现类目体系的结构特点；分类号能够显示文献中各种学科主题之间或某学科主题中各个主题因素之间的相互关系。文献分类法标记符号的表达性主要是通过采用分面标记制、层累标记制等来实现的。如《冒号分类法》采用了分面标记制，其标记符号不仅具有较强的容纳性，而且还具有显著的表达性。对于体系分类法来说，标记符号的表达性主要体现显示类目在分类体系的从属、并列关系与相对位置，便于扩大或缩小检索范围。因此，应采用层累标记制、小数标记制。此外，采用字母与阿拉伯数字相结合的混合号码，以及使用对应编号法与某些辅助符号等，对于增强标记符号对类目体系的表达能力，也具有显著效果。

3. 标记符号的简短性

简短性是标记符号的另一种性能。它是指类号要简短明了，便于藏书排架。我们知道，文献分类法的功能主要体现在建立分类检索系统与组织分类排架两个方面，组织分类排架与编制分类检索系统相比较，分类排架更要求标记符号单纯、简短。因为藏书总是处于经常要被借出和归架的动态之中，如果分类号编制复杂、冗长，必然会影响藏书排架与借阅工作，也会增加藏书改编的工作量。由此看来，标记符号的简短性主要是由文献分类法的组织藏书功能所决定的。在设计与配置标记符号时，应在保证标记符号具有较强的容纳性和一定的表达性的前提下，充分注意标记符号的简短性。通过采用各种变通的编号方法以及根据文献保证原则来确定类目的详略程度，合理分配号码等措施，使类号尽量简短、明了。

4. 标记符号的助记性

助记性是标记符号的又一种性能，它要求配备的类号具有规律性及可理解性，易记、易认、易写、易于计算机处理。标记符号助记性强，有利于提高分类检索的速度与效果，也有利于藏书排架。采取以下措施可增强标记符号的助记性：一是基本大类采用字母制，某些二级类目采用双字母制。如《中图法》采用汉语拼音字母标记 22 个大类目，用双位字母标记工业技术所属的 16 个二级类目，其助记性比采用单纯阿拉伯数字标记大类与某些特定二级类目要强得多。二是将分类表各类中的有关地域、民族、时代以及学科、专业与事物的总论性问题等具有共性的子目集中起来，单独编列复分表，配以固定的号码，使同性质类目的细分规范化，使分类号的结构具有一定的规律性。三是对具有相同区分标准的类目，在采用对应列类法的同时也采用对应编号法。

应该指出，标记符号四个方面的性能是相互联系、相互制约的。单纯追求某一方面的性能，就会降低其他方面的性能，因此，需要依据文献分类法的功能，对四个方面的性能加以协调。应在保证标记符号具有较强容纳性的前提下，增强表达性、助记性与简短性，尽量使四者协调起来。

还应该提到的是，标记符号的性能除上述为人们所共识的四个方面外，是否还应具有兼容性，是一个值得探讨的问题。这里所说的兼容性是指某一种文献分类法在一定范围内允许直接采用其他分类法的有关标记符号，以加强有关类目的细分化程度，更准确地揭示文献主题。《国际十进分类法》(UDC)就允许在一定范围内采用非UDC符号,例如:“589.2(51 * 1/7)中国各地区鸟类分布”,中国云南省鸟类分布的类号可为“589.2(51 * 74)”①。

三、标记符号的种类

标记符号的种类是就所采用符号的形式特征而言的,有单纯号码与混合号码两种。

单纯号码是指采用某一种符合通行习惯并具有一定固有次序的符号系统。它又可分为单纯数字号码和单纯字母号码两种,常见的是单纯阿拉伯数字号码。如《杜威十进分类法》、《科图法》等采用单纯阿拉伯数字号码。

混合号码是指同时采用两种或两种以上符合通行习惯并具有固有次序的符号系统。它一般是字母与阿拉伯数字相结合,如《美国国会图书馆分类法》、《中图法》均采用混合号码。

四、标记制度的基本类型

标记制度是指为文献分类法的类目配置分类号码的方法,也称编号制度或配号制度。比较常见的标记制度有层累标记制、顺序标记制、混合标记制、分面标记制等。

1.层累标记制

层累标记制简称层累制,又称等级标记制,是类号位数与类目等级相适应、层次分明的一种标记制度,它属于结构型标记制的类型。一般用一位或两位符号标记一个大类,再加一位符号标记二级类目,如此层层累加,表示类目的层层划分。层累制的主要优点是:分类号码能够体现类目的等级关系,表达性强,便于扩大或缩小检索范围。其缺点是:类目愈细,类号就愈长,影响号码的简短性;同时,当同位类超过10个时,在采用阿拉伯数字的情况下,难以按等级编号,必须要采用一些灵活的编号方法(如八分法、双位制、借号法等),在一定程度上会影响号码的表达性。现以《中图法》为例说明层累标记制的编号方法:

① 带 * 号后的数字是《中图法》中国地区表中云南省的号码

F	经济	（第一级类目）
F8	财政、金融	（第二级类目）
F83	金融、银行	（第三级类目）
F830	金融、银行理论	（第四级类目）
F830.2	金融、银行体制	（第五级类目）
F830.3	金融组织、银行	（第五级类目）
F830.31	中央银行	（第六级类目）
F830.33	商业银行	（第六级类目）
……	……	

2.顺序标记制

顺序标记制简称顺序制，是对类目体系中不同等级的类目只按其先后次序配置号码的一种标记制度，它属于非结构型标记制的类型。顺序制的主要优点是：配号方法简便，类号比较简短，容纳性强。其主要缺点是：类号不能体现类目之间的相互关系，表达性与助记性较差。为便于理解顺序标记制，现将上例的类目按顺序标记制编号如下：

F	经济	（第一级类目）
F01	财政、金融	（第二级类目）
F02	金融、银行	（第三级类目）
F03	金融、银行理论	（第四级类目）
F04	金融、银行体制	（第五级类目）
F05	金融组织、银行	（第五级类目）
F06	中央银行	（第六级类目）
F07	商业银行	（第六级类目）
……	……	

3.混合标记制

混合标记制简称混合制，是将层累制与顺序制两者相结合的一种标记制度。混合标记制有两种基本形式：顺序-层累标记制和层累-顺序标记制。这种标记制度力求吸取层累制与顺序制的优点。现以《科图法》举例说明顺序-层累制的编号方法：

65	农业科学	（第一级类目）

66	农作物	(第二级类目)
66.1	谷类作物(粮食作物)	(第三级类目)
66.11	小麦	(第四级类目)
66.13	大麦、稞麦(元麦)	(第四级类目)
……	……	
69	畜牧、兽医、蚕蜂、水产	(第二级类目)
……		
71	工程技术	(第一级类目)
72	能源学、动力工程	(第二级类目)
72.1	电能学	(第三级类目)
72.11	电的产生	(第四级类目)
72.111	直流电	(第五级类目)
72.112	交流电	(第五级类目)
……	……	

4.分面标记制

分面标记制一般用于分面分类法,体系分类法适当地采用分面标记制,效果也很明显。关于分面标记制的内容,将在第四章的第二节中介绍。

五、几种特殊的标记方法

为了增强标记符号的容纳性等性能,使标记符号更好地适应类目体系及其发展的需要,在采用上述有关编号方法的同时,还可采用八分法、双位制、借号法、空号法、对应编号法、字母标记法等一些变通措施。

1.八分法

八分法又称"扩九法",是为了适应类列不断扩充而采用的一种编号方法。也可表述为:是用阿拉伯数字"9"作为空位号来扩展同位类号码的一种编号方法。其编号方式为:用数字 1~8 表示 8 个同位类;当同位类超过 8 个时,从第 9 至第 16 个类目分别用 91,92,93,…,98 来表示;当同位类超过 16 个时,从第 17 个至第 24 个类目分别用 991,992,993,…,998 来表示,依次类推。例如:

342	印度尼西亚人
342.1	爪哇人

342.2　　巽他人
342.3　　马都拉人
……　　……
342.8　　巴塔克人
342.91　　巴厘人
342.92　　布吉人
……　　……
342.98　　达雅克人

八分法虽然在数字的位数上不能体现所有同位类之间的并列关系，但由于它用“9”作为空位号来扩展同位类的号码，因此仍能有规律地表示各个同位类。

八分法从理论上说，可以不断地用空位号“9”无限地扩展号码，但号码会愈来愈长。因此一般只采用两次“八分”，当同位类过多时，就采用双位制。

2.双位制

双位制又称百分法，是为了增强类列的容纳性而采用的一种编号方法。它用双位数字表示各个同位类，其具体编号方式为：11，12，…，19，21，22，…，29，31，32，…，99。例如：

I236　　中国地方剧
I236.21　　天津市地方剧
I236.22　　河北省地方剧
I236.25　　山西省地方剧
……　　……
I236.41　　陕西省地方剧
I236.42　　甘肃省地方剧
……　　……
I236.45　　新疆维吾尔自治区地方剧
I236.51　　上海市地方剧
……　　……

双位制从理论上说可以编100个号码，但通常不使用带“0”的双位数字，因此从号码 11 至 99,可以容纳 81 个同位类。

3.借号法

借号法是采用层累标记制时为了增强类列的容纳性而采用同位类借用相应的下级类类号、上级类类号或同级类类号的一种编号方法。

(1)借用下级类类号。为了增强类列的容纳性,个别同位类借用下级类号码。例如:

I207	中国各体文学评论和研究
I207.2	诗歌、韵文
I207.3	戏剧文学
……	……
I207.8	儿童文学
I207.9	少数民族文学
I207.99	宗教文学

借下级号码,多数是借用同位类的最后一个下级类号"9",如上例中"宗教文学"类就是借用"I207.9 少数民族文学"类的最后一个下级类的类号"I207.99"。但有时也出现借用"8、9",甚至"7、8、9"的情况。例如:

I236.65	广东省地方剧
I236.658	香港地方剧
I236.659	澳门地方剧

(2)借用上级类类号。有时为了缩短号码,或对重点类给予较宽裕的号码,便采用下级类借用上级类号码的方法。例如:

K235	三国、晋、南北朝(220—589 年)
K236	三国(220—280 年)
K237	晋(265—420 年)
K238	十六国(304—439 年)
K239	南北朝(386—589 年)

上例中 K236/239 各类均系借用了上级类号码。

(3)借用同级类类号。为了增强类列的容纳性,并缩短类号,在一个类列中,后面的若干个同位类借用与前面同位类相邻近的同级号码。例如:

TU22　　房屋细部构造设计
TU222　　基础(房基)、底脚、拱台
TU223　　梁
……　　……
TU229　　楼梯、坡道、电梯
TU231　　屋顶(屋面)、屋檐
……　　……
TU238　　建筑装饰

上例中 TU222/238 各类是同位类,其中 TU231/238 各类就借用了与 TU222/229 同级的相邻近号码。

4.空号法

空号法是为了适应新类目的增加而采用的一种预留一定数量空号码的编号方法。例如:

R282.7　　各类药材
R282.71　　植物药
R282.74　　动物药
R282.76　　矿物药
R282.77　　海洋药物

上例中预留的空号码 R282.72/.73、R282.75 等可用来表示新增类目。空号法的容纳性是有限的,因为预留的空号有时与新主题应有的位置不一致。为此,文献分类法应尽量做到有预见性地预留空号。顺便要提到的是,分类法中出现的空号除上述有目的地预留空号,以备类目增加外,还有两种情况:一是要求类号分配的一致性而形成的空号,即"对应性空号";二是原有类目删除或调整后,其类号空下来,暂未使用。如《中图法》中 A812、A822、A832、A842 等号码就是属于类目调整后出现的空号。

5.对应编号法

对应编号法是对具有相同区分标准的类目,使其相应部分的号码趋于一致，以增强标记符号易记性的一种编号方法。例如：

H 1	汉语	H31	英语
H11	语音	H311	语音
H12	文字学	H312	文字
H13	语义、词汇、词义（训诂学）	H313	语义、词汇、词义
H14	语法	H314	语法
……	……	……	……
H19	汉语教学	H319	语文教学

6.字母标记法

字母标记法就是在数字号码后增加字母，以实现类列无限容纳性的一种编号方法。国外有些文献分类法比较重视字母标记法。《美国国会图书馆分类法》较广泛地采用字母标记法，用克特字顺号码标记有关事物主题、国别、地名、机构团体名称以及著者名、书名等。《中图法》也采用了字母标记法。例如：

TP312　程序语言、算法语言

依语言名称的前两个字符（以英文字母开始）区分，并按字母序列排。若程序语言名称的前两位字符相同时，则取第三位字母，以此类推。例：ALGOL 语言为 TP312AL……

第三节　体系分类法的复分表

本节介绍复分表的意义、类型、性质与标识符。①

一、复分表的意义与类型

1.复分表的意义

复分表也称为附表、辅助表，是文献分类法的重要组成部分。它是将主表

① 本节内容来源于俞君立、黄葵编著的《〈中国图书馆图书分类法〉（第三版）类目复分方法及其疑难解释》，陕西科学技术出版社 1990 年版，第 1～11 页，并作了改写。

中按相同标准划分某些类所产生的一系列相同子目抽出来，并配以特定号码，单独编制成表，供主表有关类目作进一步复分用的类目表。

我们知道，在编制文献分类表时，主表中有许多性质不同的类目，在对其作区分时，往往采用同一区分标准，区分出来的各子目，具有某种共同的属性特征。如：

世界历史	文学史
中国历史	中国文学史
朝鲜历史	朝鲜文学史
日本历史	日本文学史
英国历史	英国文学史
……	……

世界历史与文学史两个类，不但可以按地域区分，还可以按时代区分，如：

世界历史	文学史
古代史	古代文学史
中世纪史	中世纪文学史
近代史	近代文学史
现代史	现代文学史
……	……

上述地域、时代等区分标准适用于许多类目。事实上，很多文献也需要按这些标准来区分。如果都在各有关类目下分别列出按“地域”分：中国的、朝鲜的、日本的、英国的……按“时代”分：古代的、中世纪的、近代的、现代的……类表的篇幅势必十分臃肿，而且这样的全面、详细列举必然会增加类表中的虚设类目，也难以使类表容纳更多的概念。因此编制分类表时，将各类中有关地域、民族、时代、语种、著作类型与体裁以及学科、专业与事物的总论性问题等具有共性的子目集中起来，单独编列成复分表，作为主表中有关类目据以复分的标准，就十分必要。

复分表的基本作用可归纳为以下几个方面：

第一，简化类表，节省类表篇幅，使类目体系变得系统、简明，增强类表的伸缩性与灵活性。

第二，增强主表中有关类目的细分化程度，使同性质类目的细分规范化，使分类号的结构具有一定的规律性，有利于揭示文献中复合主题的各主题因素。

第三，提高类表容纳更多概念的能力，同时，复分号若带有标识符，并允许主类号与复分号在必要时能够前后调换位置或将复分号插入主类号中间的适当位置，就能使图书情报部门根据本单位的性质与读者需要，局部地改变原有分类体系，集中某些文献，并提供多途径检索。

第四，对于体系分类法来说，编制复分表还有利于体现"文献保证原则"，在一定程度上减少因类目的层层划分、层层列举而带来的虚设某些类目的弊病。

由此可见，编制高质量的复分表对于提高文献分类法的质量与性能是有显著作用的。从国内外一些文献分类法来看，不仅分面组配分类法编制有复分表，而且体系分类法的修订也很重视增设、扩充与改进复分表。如《杜威十进分类法》第 16 版之前仅有标准复分表，第 17 版增加了地区复分表，第 18 版大幅度地扩充了原有的两个复分表，还增设了文学复分表，语言复分表，人种、种族、民族复分表，语种表及人物表 5 个复分表。第 19 版第 1 卷里集中的 7 个复分表的类目数达 8 024 条，占总类目数的 27%，第 20～23 版又对复分表作了全面修订。《中图法》第 4、5 版编制时也把增设、扩充与改进复分表作为修订工作的重点之一，并着重加强对通用复分表的修订，增设了世界种族与民族表，并将原通用时间、地点表扩充为通用时间、地点和环境、人员表。

2.复分表的类型

复分表按其使用范围分为通用复分表与专类复分表。此外，类目仿分具有同专类复分表基本相同的性质，主类号组配也具有复分表的作用。

（1）通用复分表。

通用复分表是供整个分类表各大类中有关类目作进一步区分用的复分表，它通常附在文献分类表的后面。在现行的文献分类法中，通用复分表主要有总论复分表、地区复分表、时代与时间复分表、人员复分表、民族复分表等几种。

总论复分表的内容一般包括两个方面：一是关于学科、专业与事物的总论性与共性问题，如理论与方法论，历史、现状与机构、团体、会议，研究方法、工作方法、生产工艺、管理方法以及教学与普及、读者对象等；二是关于文献类型、信息符号特征方面的类目，如字典、词典、手册等参考工具书，标准、规程与条例，丛书、文集与连续出版物，图表、图谱、地图，非书资料、视听资料等。地区复分表的内容一般包括自然地带（如热带、寒带）、自然地理特征（如陆地、海洋、山脉、河流）、方位区分（如东方、西方、内部、外部）以及世界地区（各大洲）、国家及其所属的省、州、主要城市等。时代与时间复分表的类目一般包括时代、年代以及时令特征,如春、夏、秋、冬等方面的类目。人员复分表按性别、年龄、血缘关系、身体状况、婚姻、文化程度、职业和专业等特征列出有关类目。民族表的内容一般包括世界或某国范围内的各个民族的名称类目。

(2)专类复分表。

专类复分表是供分类表中某大类或某大类中的部分类目作进一步区分用的复分表。

专类复分表是根据各类文献分类的需要而编制的,相对于通用复分表而言,专类复分表的使用范围比较狭窄,它只供某大类或某大类中的有关类目复分时用,其他类不能依此表复分。如《杜威十进分类法》的文学复分表是供文学大类中有关类目复分用的。又如《科图法》"42 文学"大类中的"中国少数民族文学作品细分表":

3	诗歌
4	戏剧
48	电影、电视、广播剧
5	小说
6	散文、杂著
65	报告文学
7	民间文艺
8	少年儿童文学

这个复分表只是供"42 文学"大类中"44.9 中国少数民族文学"类复分用的,其他类不能使用。各种文献分类法中专类复分表设置的数目与编列的层次、深度也不一样。

(3)类目仿分。

类目仿分是指类目表中某些类目下未列出下位类的名称,而仅指明"仿……分"的一种复分方式。被仿分的一组类目,实际上就是一个隐含的专类复分表,其性质与专类复分表基本相同,只是不单独编表而已。类目仿分大体上有三种形式:

① 邻近(或近似)类目仿分。即有些类目具有相同的划分标准,将其中一个类详细列出子目,其他类仿照复分。如《人大法》中"12.7 南极洲地理"类下注:"仿 12.6(北极地区地理)分",北极气候的类号是 12.613,南极气候的类号则为 12.713。邻近类目仿分是类目仿分三种形式中最常见的一种。

② 仿"一般性问题"或"一般著作"分。"一般性问题"或"一般著作"是一种概括性类目,其所属的各子目对有关具体类目具有共性区分的意义。如

《中图法》中 TM31/38 各种电机类均可仿“TM30 电机一般性问题”分，例如：“微电机设计”的类号为 TM380.2。

③ 仿全部类表分。这种情况要求将仿分的类按全部类表复分一次。如《科图法》中“37.666 专业图书馆”类下注：“依学科性质分，以（本表）学科号码附加于本号码之后，例如：农业科学院图书馆的类号为 37.66665。”

应该指出的是，类目仿分与复分表相比较，它能起到前面提到的复分表作用中的第一、二、四个作用，但不能起到第三个作用，即不能起到局部地改变原有分类体系，集中某些文献的作用。这是因为通过类目仿分构成的分类号只是一种整体式分类号，而复分表则可通过采用标识符，使主类号与复分号组配成为分段式分类号。

（4）主类号组配。

主类号组配就是用组配符号将主表中两个或两个以上类目的类号组成一个复合类号，用以表示比原来任何一个类目的内容范围狭窄的新类。主类号组配一般采用“：”号作为组配符号。“：”号称为冒号，也有称为关联符号的。“：”号前后的分类号次序可以调换，即可以轮排。

主类号组配除具有复分表的作用外，还具有三个显著的作用：

其一，表达分类表中未反映的新学科、新技术、新问题，提高分类表容纳新概念的能力。例如，农业环境系统工程在《中图法》中没有列出专类，如果采用主类号组配，则可形成“农业环境系统工程”新类目，其分类号为 S2：X192。

其二，有利于体现学科或事物之间的某些联系，如表示学科或事物之间的因果关系、影响与被影响关系、比较关系、应用与被应用关系等。例如，《中图法》类号“TP399：F716”可表示“计算机在商业技术与设备中的应用”。

其三，主类号组配与轮排法相结合，能在一定程度上缓和体系分类法存在的“集中与分散”的矛盾，提供多途径检索。例如，对于农业环境系统工程方面的文献，有些读者可能会从农业工程的角度来查找，有些读者可能会从环境系统工程的角度来查找，如果用类号 S2（农业工程）：X192（环境系统工程）来表示，显然，就可以为读者提供两条检索途径。

此外，采用主类号组配所形成的分类号，在适应计算机检索系统方面，其优点也是很明显的。

二、复分表的性质与标识符

1. 复分表的性质

依据概念的分析与综合原理编制的复分表，具有共性区分性质与分面组配性质。

（1）共性区分性质。

复分表的共性区分性质体现在：复分表中的类目是表示文献中具有检索意义的共同属性特征，这些具有共同属性特征的类目是供主表中有关类目作复分用的。

对文献的分类是以其学科知识内容与其他显著属性特征作为分类标准的。各种文献反映的学科知识内容固然不同，但毕竟存在着某些具有检索意义的共同属性特征。例如，对于哲学、政治、法律、军事、经济、科学、文化、教育、文学、艺术、历史、地理等学科来说，许多著作必然会反映出国家、地区、时代、民族等方面的内容，即令在自然科学有些学科门类中，如天文学史、历书、区域气候、区域地质、区域矿产、自然地理、生物分布、工业与农业技术等，许多文献也会反映出地域、时代等方面的内容。各种文献所体现的共同属性特征除学科知识内容所涉及的国家、地区、时代、民族外，还有学科的共性问题，如观点、历史与现状、研究方法、实验、技法、工艺以及著作的类型、载体形式、信息符号特征、使用对象等属性特征。上述文献的共同属性特征是客观存在的，也是具有检索意义的；而通用复分表和专类复分表所汇集的就是体现文献中具有检索意义的共同属性特征的各种类目。同时，主表中的许多类目只有以复分表中的有关类目加以复分，才能进一步表达某些文献中复合主题的各个主题因素，提高类表容纳更多概念的能力。因此，复分表的共性区分性质是很明显的。

（2）分面组配性质。

复分表的分面组配性质体现在：每一个复分表实际上就是采用某种分类标准产生出来的一组类目所形成的一个分面；分面中的各个号码不能单独使用，而是需要与主类号进行组配，构成一个完整的、具体的分类号，以表达文献的主题概念。

分面就是按照某种分类标准产生出来的一组类目，复分表就是由以文献的某种共同属性特征作为分类标准产生出来的一组类目所构成的。例如，《中图法》的“世界地区表”就是以文献内容所涉及的地域特征作为分类标准，由一系列的地域与国家类目所组成的地域面；“中国民族表”是以文献内容所涉及的民族特征作为分类标准，由汉族及55个少数民族以及两个有待于识别的民族成分类目所组成的民族面。每一个复分表是一个分面，有时一个分面还可以分成几个“亚面”。例如，《冒号分类法》中的时间点（时间区分表）属于时间面，时间面中实际上还分为“特征时间”亚面与“普通时间”亚面。“特征时间”亚面由白昼、夜晚、春季、夏季、秋季、冬季等一组类目所组成；“普通时间”亚面由史前期、古代、中世纪、近代、现代等一系列类目所组成。每一个复分表中的各个类目均配备特定的号码，用于同主类号进行组配，以表达专指概念。如《中图法》各国文学类所涉及的复分表：

世界地区表（地域面）	各国文学复分表			
	……	体裁面	时代面	……
2　中国 313　日本 561　英国 ……		2　诗歌 3　戏剧 4　小说 5　报告文学	2　古代 3　中世纪 4　近代 5　现代	

表中每一纵列是一个分面，有地域面、体裁面、时代面等。每一个分面中的各个类目均有特定的号码，如地域面中“2”表示中国，“313”表示日本；体裁面中“2”表示诗歌，“3”表示戏剧；时代面中“4”表示近代，“5”表示现代。13/7 各国文学类与世界地区表（地域面）中的各个类目组配或再与专类复分表（体裁面、时代面等）中的各个类目组配，就能在 I 文学大类中组配成某国文学、某国某体裁文学、某国某体裁某时代文学等新主题。如日本文学的类号为 I313；日本诗歌的类号为 I313. 2；日本现代诗歌的类号为 I313. 25。

体系分类法与组配分类法的复分表都具有分面组配性质，但两者在组配分类号的形式上是有区别的。用体系分类法复分表构成的组配分类号是整体式分类号，如 F752. 731. 3 类号表示中国与日本的贸易关系。其中 F752. 7 表示中国对外贸易关系，313 表示日本（《中图法》）。这种分类号的优点是类号较简短；其缺点是难以看出它的分段形式，也难以从类号上识别出构成某一复杂主题概念的各个主题因素，而且复分号只能附加在主类号之后，不能与主类号调换位置。因此，用体系分类法复分表构成的组配分类号对于分类排架系统来说，具有优越性，但对于分类检索系统来说，则存在着很大的局限性。用组配分类法复分表构成的组配分类号是分段式分类号，如 X. 44 ‘N5（该类号表示 1950 年印度经济状况，其中“X”表示经济，“. 44”表示印度，“‘N5”表示 1950 年。《冒号分类法》）。这种分类号的缺点是类号较复杂，但其优点很突出，能够看出它的分段形式，并能从它的分段形式上识别出构成某一复杂主题概念的各个主题因素。像《国际十进分类法》

（体系-组配分类法）的有些复分号既能连接于主类号之后，又能置于主类号之前或插入主类号中的适当位置。因此，用组配分类法复分表构成的组配分类号对于分类排架系统来说，虽不及整体式分类号，但对于分类检索系统来说，有着整体式分类号所不及的优越性。

2. 复分表的标识符

前面提到，用复分表构成的组配分类号有两种形式，一种是整体式分类号，另一种是分段式分类号。从适应分类检索系统，提高检索效率来说，后者的优点是很明显的。但是，用复分表构成的组配分类号要具有分段形式，其前提是复分表要有标识符。

复分表的标识符，是指由主类号与复分号构成的组配分类号中为体现与区分不同分面而采用的专门符号。从现行的文献分类法来看，复分表的标识符有多种形式，如“-”、“（ ）”、“=”、“〈 〉”、拉丁字母、阿拉伯数字“0”、句点“·”、倒逗号“‘”等。例如：

TQ-61　化工词典　（TQ 为化学工业，-61 表示词典。《中图法》）

R730.5=6　近两年肿瘤疗法经验　（R730.5 为肿瘤疗法，=6 表示 21 世纪（2000 年—）。《中图法》）

629.13（41）　英国航空工程　（629.13 为航空工程，（41）表示英国。UDC）

624（05）　土木工程杂志　（624 为土木工程，（05）表示杂志。UDC）

621.43.018“313”　内燃机的冬季性能　（621.43.018 为内燃机性能，“313”表示冬季。UDC）

B933“710.1”　印第安人图腾考　（B933 为原始宗教，“710.1”表示印第安人。《中图法》）

P457.3〈114〉　冬季温度预报　（P457.3 为温度预报，〈114〉表示冬季。《中图法》）

U2855.56‘N59　英国 1959 年降雨量　（U2855 为降雨量，.56 表示英国，‘N59 表示 1959 年。《冒号分类法》）

复分表有了标识符就可以较充分地发挥组配的作用，具体表现在三个方面：

① 使主类号与复分号构成的组配分类号成为分段式分类号，从而有利于识别某些文献中复合主题的各个主题因素。

② 使复分号既能连接在主类号之后，又能置于主类号之前或插入主类号中间的适当位置，从而使图书情报部门能根据本单位的性质和读者需要，局部地改变原有分类体系，集中某些文献。例如：

629.13（41） 航空工程中的英国概况
（41）629.13 英国航空工程
629.1（41）3 运输工程中的英国航空工程 （UDC）

③ 使复分号与主类号能够进行轮排，从而在分类检索系统中为读者提供多途径检索，并适应计算机检索系统。

由此看来，复分表是否有标识符，是衡量复分表质量的标准之一。

第四节 体系分类法的类目注释与索引

一、类目注释系统

类目注释是对类名的补充说明文字，有助于明确类目的含义和类目之间的关系，也有助于用户掌握分类表的使用方法。类目注释的类型主要有以下几种：

1. 类目内容范围注释

指明类目的含义，对类目的内容范围加以划分，说明某类包含与不包含的内容以及某事物的定义、同义词和近义词等。如：

TB9 计量学
计量学是一门研究测量、维持测量统一和准确的科学。
计量管理学入此；总论测量测试、计测的著作入此。
专论入有关各类。例：工程测量入TB22；总论测量的著作入P2；计量仪器制造入TH71；计量仪器使用入有关各类。
（《中图法》）

2. 类目关系注释

指明单纯参照、相互参照以及同交替类目相对应的正式类目。如：

[TE662.2] 油页岩开发与开采

宜入 TD83。

P355　　高空稀薄空气动力学

参见 V211.25。

V211.25　稀薄空气动力学

参见 P355。　　　　　　　　　　　　　　　　（《中图法》）

3. 列类依据与类目编列方法注释

指明类目设置与划分的根据。如：

O613　　非金属元素及其化合物

非金属元素的顺序是按照周期表各族非金属元素自右向左排列（氢和氧除外）。　　　　　　　　　　（《中图法》）

62　　　工程技术

区分根据：62 的区分，总的说来，与技术学科的组织相符……还利用了一切种类的技术教材，尤其是在很大程度上利用了德国专利分类表作为基础。　　　　　　　　　（UDC）

4. 类目沿革（类目修订）注释

说明类目内容范围、类目体系、类名、类号等变化情况。如：

TJ810.6　　测试技术与设备

〈4 版类名：测试技术〉。

{TF742.1}　　平炉电炉双联

〈停用；5 版改入 TF742〉。　　　　　　（《中图法》）

362.293　　麻醉剂

可卡因改入 362.298。

362.298　　可卡因［以前类号为 362.293］　　　　　（DDC）

5. 分类方法注释

指示类目复分方法与组配方法、文献集中与分散方法、特殊分类规则等。如：

F733/737　　各国国内贸易经济

依世界地区表分。如有必要，再仿 F72 分。

（《中图法》）

［Z38］ 专科辞典

专门性辞典、名词术语宜入有关各类。例:《化工辞典》为 TQ-61。如愿集中于此，可用组配编号法。例:《化工辞典》为 Z38 : TQ。 （《中图法》）

155.4 儿童心理学

〉155.42-.45 特殊儿童群体

除非另有规定，按下列优先表次序归类，如 3~5 岁男孩心理入 155.423（不是 155.432）。

超常儿童	155.45
按状态、类型、关系分的儿童	155.44
特定年龄群的儿童	155.42
按性别分的儿童	155.43

（DDC）

6. 同类书区分方法注释

对属于某些特定类目的文献指明其按事物名称、会议届次、写作时期或出版年代取书次号码。如：

R282.71 植物药

依药名排。

D622 全国人民代表大会

依会议届次排。

Z842 中国私家藏书目录

依中国时代表分。

依藏书家排。 （《中图法》）

二、类目索引

1. 类目索引的含义与作用

类目索引亦称分类表索引，是从类目名称字顺途径查找相应分类号的工具。它是分类法的重要组成部分。类目索引的作用主要体现在为用户提供从主题名称字顺途径查用类表，便于用户查找分类表中被分散的有关同一事物的各方面类目以及分类表中未列出的有关新概念。

2. 类目索引的类型

文献分类法的类目索引主要有直接索引和相关索引两种类型。直接索引的特点是将分类表中所有类目及其注释中的有关主题概念，按其名称的字顺排列，每个类目一般只按分类表中的措词在索引中出现一次，在每条索引款目后注明相应分类号。这种索引的编制方法简单，索引款目缺少字面成族的机会，不容易集中相关事项，也难以反映复杂的专指主题。相关索引的特点是揭示各种相关事项，尤其是那些在分类表中被分散了的相关事项。它除了把分类表中的全部类目及其注释中具有检索意义的主题概念按其字顺排列外，还采用一些综合材料的方法，将一个主题的各个方面以及被这一主题所规定的词，都集中在一个主题标目之下。显然，相关索引的主题检索性能是直接索引所远远不及的。一些分类法很重视相关索引的编制，如《杜威十进分类法》、《中图法》都编有相关索引，《中图法》第 4 版索引还采用题内关键词轮排索引的形式，用计算机辅助编制。关于《中图法》第 4 版索引，详见第六章第五节。以下为《中图法》第 2 版相关索引的例子。

功率	
—量测（热工）	TK315
—量测仪表	TK315
，电—测量	TM933.3
，电—测量仪表	TM933.3
，电气化铁路—补偿装置	U223.5⁺3
，反应堆—测量系统	TL362⁺2
，机车	U260.12
，汽车	U461.2
，汽车—测定仪器及技术	U467.4⁺5
，声—计量	TB95

3. 使用索引应注意的问题

使用类目索引应注意以下三个方面：

首先，任何一部类目索引，均不能直接用来类分文献。类分文献需要借助于索引时，应把查到的分类号与分类表中的有关类目认真地进行核对，确定它是不是相符的、最恰当的。

其次，使用任何一部类目索引，事先应理解、掌握该索引的编制体例，索引款目的结构、形式与方法性指示以及使用上的特殊规定。

最后，使用类目索引应优化查检思路与查检途径。例如查检时，一般可从比较专指或稍为泛指的名词入手查，尽量不要从“理论”、“方法”、“历史”、“材料”“设备”等这些通用概念入手查，因为这些概念没有检索意义或检索意义不大，在绝大多数情况下不作为主标题。利用类目索引查检分类表类目，也是一种心智活动，需要感知、思考、推理、判断等一系列的心理因素参与，方能提高查检效果。

第四章 分面分类法

分面分类法是依据概念的分析与综合原理，将概括文献内容与事物的主题概念组成“分面-亚面-类目”的结构体系，通过各分面内类目之间的组配来表达文献主题的一种文献分类法，亦称组配分类法、分析-综合分类法。《冒号分类法》（CC）、《布利斯书目分类法（第2版）》（BC2）等就是分面分类法。另外，有一种体系-组配式分类法，亦称半分面分类法。这是一种在详细列类的基础上，广泛采用各种组配方式编制的分类法，如《国际十进分类法》（UDC）。分面分类法就其组成部分而言，与体系分类法基本一样，一般包括分类表、标记符号、说明与注释、复分表、索引五个部分，但其类表结构与标记方法不同于体系分类法。

第一节 分面分类法的分面类表

分面分类法的类表虽然也像体系分类法那样需要设置若干个基本大类，但其基本大类的展开不像体系分类法那样采用简表、详表对类目进行层层划分、详细列举来形成等级列举式结构，而是在各基本大类下列出若干分面、亚面，各面内类目相互组配，从而形成分面组配式结构。分面类表结构主要体现在分面分析法、分面引用次序与分面排列次序等方面。

一、分面类表中的分面分析法

为了理解分面分析法这一概念，需要先了解什么是分面。分面又称组面，简称面，是按某种分类标准（分类特征）产生出来的一组类目。所谓分面分析法，就是将整个知识领域和一个个知识领域按其不同的属性分解为若干个不同的分面，每个分面再分解为若干个亚面，每个亚面还可分解为若干个更小的子面，面内列出所属各子目的一种编制分类表的方法。

以分面分析法建立的分面类表由两个层次的分面结构所组成。第一层次的分面结构是对整个知识领域进行分面所形成的基本分面结构。如 CC 将整个知识领域归纳为五种基本范畴：本体、物质、能量、空间、时间，这五个基本范畴就是五个基本分面。又如 BC2 将整个知识领域归纳为终端产品、种类、部件、材料、性质、过程、操作、施动者或工具、空间、时间等基本分面。第二层次的分面结构是以第一层次的分面结构为依据，对某一知识领域进行分解所形成的分面结构。如 CC 中图书馆学类的分面结构由图书馆类型、图书馆材料（各种文献）、图书馆活动、空间、时间等分面所组成。又如 BC2 中教育类的分面结构由受教育者（受教育者类型）、教什么（课程）、怎么教（教学方法）、教育施动者（教师）、教育环境（受教育者的活动与性格特点、学习心理及教学过程等）、共同操作（行政、管理学）及其施动者（人员、建筑和设备）、被考察的教育主题的观点（理论、哲学、社会学等）、地点和时间、通用复分等分面所组成。每一分面（或亚面）内按一定的分类特征又列出所属的各类目。如 CC 图书馆学类的图书馆类型分面中列出国家图书馆、大学图书馆、儿童图书馆等类目，图书馆材料（各种文献）分面中列出图书、期刊、档案等类目，图书馆活动分面中列出分类、编目、流通、馆际协调等类目。

二、分面类表中的分面引用次序与分面排列次序

前面提到，分面分类法是按“分面-亚面-类目”建立类表结构体系的。由此就提出了一个问题：如何确定各分面的次序？这就涉及分面引用次序与分面排列次序问题。在分面类表中，分面引用次序是指各种分面被引用的先后顺序。例如，CC 依据具体性递减原则，五个基本分面（基本范畴）的引用次序为“本体→物质→能量→空间→时间”，在此基础上，根据各类情况又规定了各类具体的分面引用次序，如“图书馆学”的分面引用次序为“图书馆类型→图书馆材料（各种文献）→图书馆活动→空间→时间”。又如，BC2 依据目的性原则与依存原则确定的基本引用次序为“终端产品→种类→部件→材料→性质→过程→操作→施动者或工具→空间→时间”。依据这一基本引用次序，各类又制定了具体的分面引用次序。

分面类表中的分面排列次序与分面引用次序是两个既有联系、又有区别的概念。分面引用次序是指各种分面被引用的先后顺序，即各个分面中有关类目的组配次序；分面排列次序是指分类表中各个分面以及面内各类目排列的次序。有的分面类表其分面排列次序与分面引用次序是一致的，如 CC 各

基本类（基本大类和惯用类）的分面排列次序与分面引用次序是相同的，这种情况称为分面排列次序的顺排法。有的分面类表其分面排列次序与分面引用次序是相反的，如在 BC2 类表中，引用次序在最后的分面排在最前面，引用次序在最前面的分面排在最后面，这种情况称为分面排列次序的倒排法。如 BC2 教育类表中分面引用次序为“受教育者→教什么（课程）→怎么教（教学方法）→教育施动者（教师）→教育环境→共同操作及其施动者→被考察的教育主题的观点→地点和时间→通用复分”；而分面排列次序则与分面引用次序相反，即“通用复分→地点和时间→被考察的教育主题的观点→共同操作及其施动者→教育环境→教育施动者（教师）→怎么教（教学方法）→教什么（课程）→受教育者”。

至于分面类表中各分面内类目的排列，则与体系分类法中同位类的排列方法基本相同。

第二节　分面分类法的标记制度

为适应分面类表的组配结构特点，分面分类法的标记制度主要采用了分面标记制和回溯标记制。

一、分面标记制

分面标记制也称为分段标记制或多维标记制，是用分面符号把类号分成若干段，使每一段的号码代表主题的一个方面，以显示类目组配结构的一种标记制度。分面标记制的主要优点是：能够显示类目的组配结构，揭示复合主题中各个主题因素及其联系，表达性强；适应新学科、新主题不断出现的状况，有较强的容纳性；如果将分类号中的每段号码调动位置，就能局部地改变原有分类体系，集中某些文献，并能在分类检索系统中为读者提供多途径检索。其主要缺点是：编号方法比较复杂，号码较长。

分面标记制与分面符号密不可分。分面符号是指分面分类法中为区分不同分面而采用的专用符号。例如，《冒号分类法》中本体、物质、能量、空间、时间五个基本分面分别用逗号“,”、分号“;”、冒号“：”、句号“.”、倒逗号“‘”作为分面符号，如“20 世纪 90 年代中国儿童图书馆图书分类工作”的类号为：2，61；43：51.41‘N9（“2”表示基本类图书馆学；“，61”表示儿童图书馆；“；43”表示图书；“：51”表示分类；“.41 表示中国；“‘N9”表示 20 世纪 90 年代）。

二、回溯标记制

回溯标记制也称回归标记制，是通过直接将分类表中的类号与位于其前的组面的类号组合，以表达一个复杂概念的一种标记制度。BC2就采用了这种标记方法。例如：

J　　教育
JB　　教育管理
JK　　课程、教学大纲、教学内容
JMD　　初等学校

按上列类表，“初等学校课程管理”的类号为JMD（初等学校）+JK（课程）+JB（教育管理）→JMDKB。回溯标记制的主要优点是：号码较简短，表达性和容纳性较强。主要缺点是：配号较复杂，类号不能进行轮排，不能提供多途径检索。

第三节　分面分类法与体系分类法的特点

分面分类法与体系分类法虽然都是依据概念逻辑原理与科学分类原理编制的，但两者各有特点。

一、体系分类法的特点

体系分类法的突出特点体现在以下几个方面：

第一，具有按学科、专业系统地揭示文献内容的功能，便于用户从学科、专业的角度按类检索文献。

第二，等级列举式类表能清晰地显示类目体系中各种类目之间的从属关系与并列关系，便于用户掌握与使用分类法。

第三，等级列举式类表一般采用层累标记制、顺序标记制或顺序-层累标记制，这些标记方法相对于分面标记制、回溯标记制而言，分类号码较单纯，既适用于分类检索系统，又适用于文献分类排架与文献分类统计。

第四，在编制方法方面，体系分类法相对于分面分类法而言，比较简单。

体系分类法的局限性主要体现在三个方面：一是不能充分地揭示文献中大量存在的专深主题和复杂主题，不能像分面分类法那样在类表中随时生成或增补新的主题概念；二是先组式标记不能很好地实现多元检索；三是等级列举式、相对稳定的类表结构不利于随时修订。

二、分面分类法的特点

分面分类法的突出特点体现在以下几个方面：

第一，通过概念组配，能够较准确地揭示文献中大量存在的专深主题和复杂主题及各种主题因素之间的相互关系。

第二，通过概念组配方式，分类表能够随时生成或增补新的主题概念。

第三，分面标记具有较强的表达性，可以对文献进行多面标引，进行多元检索，提供多种检索途径。

第四，分面组配式的类表结构，便于修订与管理。

分面分类法的不足主要体现在三个方面：一是类目体系不如体系分类法那样直观、一目了然；二是类表结构和标记方法比较复杂，在标记和使用上不如体系分类法方便；三是不适用于组织文献分类排架。

由上看来，分面分类法与体系分类法各有所长，各有所短，两者不能相互替代。体系分类法与分面分类法应在保持其自身特点的前提下，尽量相互取长补短。体系-组配式分类法，如《国际十进分类法》实际上就是体系分类法与分面分类法两者取长补短的成功典型。

这里需要指出的是，分面分类法与体系分类法两者虽然在编制方法上有很大的不同，但两者有共同之处：

首先，它们都是依据概念逻辑原理与科学分类原理编制的。

其次，它们具有共同的编制原则。虽然各种文献分类法对其编制原则的表述不尽相同，但其基本内容是比较一致的。目前为人们所共识的文献分类法的编制原则主要有以下 6 条：

① 文献保证原则。它又称文献保障原则，这条原则要求文献分类法编列类目时，要切合文献的出版和入藏情况，以足够的文献作为保障。文献多，类目就分得细；文献少，类目就分得粗。还要根据文献的实际情况来安排类目的次序。

② 用户保证原则。这条原则要求分类法的编制要充分考虑用户的检索习惯和检索需要，按用户的检索习惯和检索需要编制出切合实用的分类法。

③ 科学上和教育上一致同意原则。这条原则要求文献分类法应当以反映科学家和教育家一致意见的知识分类为基础，要与高等学校系科和课程设置、科学研究机构的业务分工和规划取得大体一致的意见，使编制的分类法具有稳定性、灵活性和较高的检索效率。

④ 与知识发展同步原则。这条原则要求分类法在修订中要充分反映新学科、新技术、新主题。新的知识一旦出现在文献之中，分类法中就应当有它的位置。

⑤ 稳定性原则。这条原则要求文献分类法的类目体系、类目设置、列类与划分标准、标记符号在一段时期内保持相对稳定。当然，这条原则并不排斥文献分类法进行必要的修订。

⑥ 兼容性原则。这条原则要求编制、修订文献分类法应依据国际标准或国家标准，所编制的分类法其类号能与其他分类法直接对应或相互转换，并能实现分类表与叙词表的等值兼容，使编制的分类法直接适用于或通过转换适用于多个情报检索系统。

第五章 网络信息分类法

第一节 网络信息、网络用户、网络技术环境的特点

网络信息与传统文献有着巨大的差异，对网络信息的组织和利用，必须立足于对网络信息、网络用户、网络技术环境的特点分析和认识。互联网已经成为当今世界上最大的、无所不有的信息资源宝库，也已经成为人们查找和利用信息资源的主要场所。据互联网理事会、中国互联网络信息中心等机构的统计，截止 2013 年，全世界与互联网相连的主机为 5.67 亿台，其中我国上网主机数为 2038 万台。① 全球互联网网站数量超过 10.6 亿个，网页数量突破 1 万亿个，其中我国网站总量达 320 万个，网页数量为 1500 亿个，预计 2020 年全球网站数量将达到 17 亿个。② 全球网民总数达 30 亿，其中移动宽带的用户数量达 20 亿，我国网民规模达 6.18 亿，互联网普及率为 45.8%，其中手机网民规模达 5 亿，2020 年全球网民预计达到 52 亿人。③ 如此巨大的信息资源库，如此众多的网络资源的利用者，都对网络信息资源的组织和查询提出了越来越高的要求。

---

① 各国互联网主机数列表[EB/OL].[2014-12-01].http://zh.wikipedia.org/wiki/%E5%90%84%E5%9B%BD%E4%BA%92%E8%81%94%E7%BD%91%E4%B8%BB%E6%9C%BA%E6%95%B0%E5%88%97%E8%A1%A8.

② 全球互联网网站数量破 10 亿网民数量逼近 30 亿[EB/OL].[2014-12-01].http://www.199it.com/archives/275398.html.

③ CNNIC. 第 33 次中国互联网络发展状况统计报告[ROL].[2014-12-01].http://www.cnnic.net.cn/hlwfzyj/hlwxzbg/.

一、网络信息的特点

1. 数量巨大而庞杂

Internet 是一个基于 TCP/IP 协议连接各国数亿计算机网络的通信网，是一个集各种信息资源为一体的信息资源网，由于政府、机构、企业、个人都可以在网上发布信息，因此，它已成为无所不有的庞杂信息源，并具有跨地区、分布广、多语种、高度共享的特点。

2. 内容范围广泛

网上的信息涵盖了人类知识的全部领域，既有人文科学、社会科学、自然科学、工程技术信息，也有大量生活服务、娱乐消遣信息。

3. 信息类型众多

网上的信息资源包括网上出版物、动态信息（新闻、广告、交通、天气、股市等）、联机数据库、软件资源、服务信息以及其他信息（个人主页、BBS、E-mail、HTP）。这些信息是数字式的、多媒体的，既有文本的，也有大量图形、图像、音频、视频信息。

4. 动态性高

网上的信息具有高度动态性，不但各种信息处在不断生产、更新、淘汰的状态，而且它连接的网络、网站、网页也都处在变化之中。网络上还有一些信息具有交互式特点，如 BBS、对弈、游戏、聊天、微博、微信、网上购物等。

5. 超文本链接

与传统印刷型文献和物理的电子文献不同，网上信息资源以超文本技术链接，构成立体网状联系的信息资源库，各个国家、各个服务器、各个网页、各个文章上的相关信息都可以通过节点链接起来。

6. 有序与无序并存

由于互联网上的信息没有统一的控制，信息的质量参差不齐，从宏观上看，网上的信息是分散、无序、不规范的；但从某个局部来看，如某个网站、网页、数据库，其信息又是有控制的和相对集中、有序和规范的。

二、网络信息用户的特点

1. 用户范围极为广泛

互联网用户从院士到小学生、从科学家到工人、从企业家到农民、从政府官员到市民、从电脑爱好者到球迷，乃至家庭主妇，无所不有。据我国 2013 年的调查显示，57.2%的用户年龄在 29 岁以下，学生为网络的主要使用群体之一。①

2. 受教育程度差别极大

用户受教育程度，从初等教育到博士教育有着巨大的差异，用户个体的认识和认知特征、知识储备和知识结构各不相同，对知识体系的了解不同；他们的工作岗位和专业不同，对同一概念、同一事物的内涵与外延的理解不尽相同，描述的语言不同，对它们在知识体系中的位置认识也有所不同。据2013年调查显示，我国小学及以下学历网络用户占11.9%，初、高中（包括中专、技校）学历网络用户占67.2%，大专以上学历网络用户占20.9%。②随着网络的普及，这一比例还在降低，说明使用网络对专业知识的要求将越来越低。

3. 利用网络信息的目的和类型存在明显差异

人们上网，有的是为了进行科学研究，有的是为了收集经济信息，有的是为了下载软件，有的是为了听音乐，有的是为了参加讨论或交友，有的是为了学习某门课程或了解某种知识，有的是为了娱乐消遣或购物，这导致了各种用户查询和利用信息的视角不同、方法不同、类型不同、深浅程度不同。

国外的调查显示，大多数网上活动是Web冲浪、电子邮件、寻找消遣的信息、阅览新闻和娱乐信息以及购物。我国的调查表明，上网者为获得网络新闻的占79.6%，为网络音乐的占73.4%，为网络视频的占69.3%，为网络游戏的占54.7%，为网络购物的占48.9%，为网络文学的占44.4%。③网络信息的组织，必须充分考虑和满足用户的各种不同的需要。

4. 用户使用的网络服务不同

由于用户利用网络信息的目的不同，所以他们使用的网络服务也不同。我国最常使用的网络服务是：即时通信86.2%，搜索引擎79.3%，博客和个人空间70.7%，社交网站45.0%，网上支付42.1%，电子邮件42.0%。④显然，即时通信和搜索引擎是用户利用网络服务重要的工具，网络的服务和网络信息的组织决定着网络的利用。

三、网络信息技术环境的特点

互联网是通过TCP/IP协议把全世界计算机网络、网站、网页连接起来的巨大系统，计算机技术、网络技术、通信技术使分布在全球的信息设备和

---

①②③④ CNNIC. 第33次中国互联网络发展状况统计报告[ROL].[2014-12-01]. http://www.cnnic.net.cn/hlwfzyj/hlwxzbg/.

各种信息资源跨越时空地联系在一起，为人们的利用提供了巨大的便利。

数字技术、多媒体技术把不同载体、不同形式的信息搬上互联网，人们利用 PC、平板电脑、数字电视、手机等，不用借助更多的专门设备，就可以浏览文本、图形、声音、图像等信息。

超文本和 WWW 技术实现了 Internet 上客户机与服务器的集合，将全部的 Web 站连接在一起，将全部的相关信息链接在一起，透过它可以存取世界各地的超媒体文件以及各式各样的软件。

人工智能技术、自然语言理解技术、自动索引技术、数据库技术以及相应的硬件，快速地把浩如烟海的动态信息进行过滤、筛选、整序、建库成为可能，也为网络信息各种途径的快速查询提供了技术条件。AltaVista 在一天内就可以把上亿的网页浏览一遍，把新数据加入到自己的索引库，没有这些技术的支持是不可想象的。

网络信息的组织和网络信息分类法的编制，只有与当时的网络信息环境技术相适应，才能最大限度地发挥信息组织的作用。

第二节　网络信息分类法和传统分类法

一、网络信息分类法与传统文献分类法的比较

网络信息分类法与传统分类法虽然都是知识、信息组织的工具，但它们有着重要的区别，主要表现在以下几个方面：

1. 分类的对象

传统分类法以物理的、实体的文献，如印刷型文献、磁带、光盘等为主要处理对象，对文献的内容进行标引和整序。网络信息分类法则以分布在上亿台①服务器上的信息资源为处理对象，对它们进行组织筛选，这些信息是数字式的、多媒体的、动态的、虚拟的。正是处理对象的不同，形成了两种分类法的种种差异。

2. 信息的知识范围

传统分类法以文献收藏部门为使用对象，文献的出版是受控制的、内容是经过一定筛选的，反映人类知识的主体。文献收藏部门各有自己的藏书体

① 各国互联网主机数列表.[EB/OL].[2014-12-01].http://zh.wikipedia.org/wiki/%E5%90%84%E5%9B%BD%E4%BA%92%E8%81%94%E7%BD%91%E4%B8%BB%E6%9C%BA%E6%95%B0%E5%88%97%E8%A1%A8.

系，为特定的用户群服务，收藏的文献经过第二次筛选，范围相对稳定。因此，分类法的知识体系是面向科学知识的分类体系，也具有高度的稳定性。

网络信息分类法以搜索引擎或大型网站为使用对象，网络信息总体上是不受控制的，即便是不同的门户网站或搜索引擎，也均有不同的搜寻范围，其包含的信息范围远远超过任何文献收藏部门，几乎包含了人类的一切知识领域，不管是系统的知识还是零散的知识，不管是理性的知识还是感性的知识，不管是有用的信息还是无用的信息。这一切，要求网络分类法是面向网络一切信息的分类法，并且要有高度的灵活性和适应网络信息的动态性。

3. 分类法的功能

传统分类法的基本功能是通过对全部文献的标引，编制分类检索工具，提供分类检索的手段，通过分类检索工具，可以检索到馆藏的全部文献；组织文献分类排架，为读者和管理人员提取文献提供方便。对文献的分类标引，目前基本上是手工式的。

网络分类法的基本功能是通过对部分网络信息的标引，建立网络信息分类导航系统，提供浏览式的分类查询手段。就同一个网站或搜索引擎来说，通过分类系统查询到的信息远远低于通过自然语言检索的信息，这一方面是因为建立分类导航系统时，对网络信息进行了过滤，另一方面是自动分类的程度低，无力及时处理巨大的网络信息资源。建立和维护网络分类导航系统，主要是手工式的，也有人机结合和全自动式的。

4. 分类标记

使用传统分类法组织文献，分类法、分类检索工具、分类排架的文献是三个独立的实体，类目的排列、分类款目的排列、文献的排列，都需要分类标记，这是传统分类法不可缺少的组成部分。分类标记的使用，既给分类检索工具和文献的组织带来方便，也使分类法的发展受到约束。分类标记的运用有一套复杂的规则，不论是对文献标引还是对文献检索都是不容易掌握的。

网络分类法组织的是虚拟信息，一个类目就是一类相关信息的节点，不涉及信息源的物理排列问题，用户不需要根据分类标记索取信息，也就无需使用分类标记。使用网络分类法组织网络信息，分类法、分类目录、分类组织的网络信息以及相应软件、硬件是一个整体，用户查到了相关的类目就等于检索到了相关的网络信息，不需要知道信息储存的位置或存取的过程。但作为网络信息分类法的后台运作，分类标记还是有用的。

5. 编制方法

（1）从构建分类法的知识框架来看，传统分类法以文献内容的学科属性为聚类的主要依据，形成一个以学科分类和高校专业设置为基础，兼顾文献特点的分类大纲；网络分类法则以网络信息的主题为聚类的主要依据，把相关的信息加以集中，构成符合各类用户查询习惯的分类大纲。

(2) 传统分类法的体系是唯一的，某些分类法虽然局部使用双表列类，但只能择一而用，不能同时并用；网络分类法为适应信息组织的需要，可以有两个或多个分类体系，主分类体系和从分类体系并用，满足不同的查询需要。

(3) 从类目的划分来看，传统分类法基本以学科之间的等级隶属关系，按照比较严格的逻辑划分规则，自上而下层层展开，形成一个严密的、深细的线性体系。为了反映学科之间的横向、交叉联系，尽管使用了类目参照、设置交替类目等手段，但本质上还是一个线性体系。

网络分类法是一个基本按主题聚类的概略分类系统，类目的划分大体按等级关系展开，但为了减少划分层次，使体系简明，并突出重点和包含信息数量较多的类目，划分过程中并不十分严格地按等级层次进行，如跳跃式划分，把不同等级的类目归并在一个上位类下。各个主题间的多重从属联系和相关关系，采用交叉列类、超文本链接和多窗口显示，使信息得到全面的揭示，形成不同于传统分类法的网状分类体系。

(4) 从类目的排列来看，传统分类法从分类大纲到各级子目的排列，都强调类目之间的内容联系和逻辑联系，科学性、规律性和对应性都很强。网络分类法类目的排列，由于同位类数量较大，为了方便、快速、自动地排列，不局限于使用逻辑排列法，也广泛使用按字顺排列、按重要性排列的方法。

(5) 从说明和注释来看，传统分类法的类目注释是标引人员的重要参考，也是读者使用分类目录的参考，除了说明类目含义的注释外，还有大量的归类方法注释、组号方法注释、参照注释；网络分类法是直接面向用户的(属于标引规则的说明不在网上显示)，由于类目之间的横向联系采用交叉列类解决，所以不设参照注释，类目的内容范围注释则以有选择的列举下位类方式为主，便于进行链接。

(6) 从类目名称来看，传统分类法的类名力求科学、准确、规范，并具有很高的稳定性；网络分类法在类名选择上更注意面向各类用户，力求通俗易懂、时新，类名也更为简练，但准确性不如传统分类法，其直接面向用户界面的和面向后台技术运作的类名可以是不一致的。

(7) 从分类法的维护来看，传统分类法由于以印刷版为主，具有组织文献分类排架的功能，加上分类标记对类目体系变化的束缚，所以传统分类法的修订是很慎重的，既要考虑跟踪科学技术发展的步伐，也要考虑用户的使用习惯和文献改编的承受能力，是一项十分费时、费事的工作，通常以若干年为一个修订周期，进行一次版本修订。网络分类法不受上述种种条件的制约，它的修订要方便得多，只要需要，随时都可以进行修订。但网络分类系统的维护要比传统分类法复杂得多、繁重得多，因为它是一个由分类法、分类查询系统、分类的信息库组成的整体，每月、每周、每天，甚至每时都要将新产生的网络信息加进分类系统，把陈旧过时的信息剔除，检查无效的链接，根据网络信息的变化调整类目的设置。

传统文献和网络信息的区别、传统文献收藏部门和网络环境的区别、传统文献用户和网络信息用户的区别，决定了两种分类法诸多的差异。也表明传统分类法如不加以重大的改造，要想充分满足网络信息的知识组织和检索是不可能的。

尽管传统分类法和网络分类法存在种种不同，但它们本质上还是一样的，都是典型的受控语言，都是对文献或网络信息的知识内容进行分类组织。人们不论是对普通文献的利用，还是对网络信息的利用，都是利用其中的知识内容，因此，根据文献和信息的不同特点、根据用户的不同需求、根据文献和信息不同的载体及存取环境，从知识内容出发对信息加以分门别类的组织，揭示知识内容的相关性，构建便于用户浏览检索的知识树，是它们共同的出发点、方法和归宿。

二、传统文献分类法在网络信息组织中的应用

1. 文献分类法在网络中应用的现状

20 世纪 90 年代中期，随着互联网的迅速普及，传统文献分类法也在谋求自身的网络应用，一些著名的分类法被网站或搜索引擎用来组织网络信息。比如应用 DDC 的加拿大的主题信息系统“Canadian Information by Subject”、应用 LCC 的美国依阿华州立大学开发的“Cyber Stacks”等。我国的文献分类法还没有在网上应用的成功范例，虽有个别网站使用了《中图法》，但影响很小。

文献分类法在网络信息组织上的应用，大体有两种类型，一是以某个分类法为依据，经过必要的改造后作为组织网络信息的主体，少数标有类号，多数是建立浏览结构，应用的范围主要是大学、图书馆、学术性网站；二是在设计分类导航系统时，在整体上或局部上参考一个或几个文献分类法的类目体系，这是主要应用形式。文献分类法直接用于网络信息的组织（网站、搜索引擎），就整个互联网来看，目前还处于起步阶段，影响微乎其微。

2. 文献分类法用于网络信息组织的优势

尽管目前文献分类法在网络上的直接应用还微不足道，但其应用的前景是广阔的，一是因为网络信息的急剧膨胀，呼唤更加科学有效的管理办法，"图书馆思维式"的管理办法日益受到重视，促进着文献分类法在网络信息管理中的应用。二是文献分类法具有自己特殊的优势，将会在网络信息管理中发挥着自己的作用，主要体现在：

- 文献分类法几乎都是综合性分类法，涵盖人类知识的各学科领域，具有很高的通用性，对于科学、学术信息的组织更有独特的能力。
- 文献分类法的编制和运用既有成熟的理论和技术支持，也积累了丰富的实践经验，严格的词汇控制和完善的语义网络，有助于对网络信息的筛选和组织。
- 文献分类法是一个完整的知识分类等级体系，类目之间严密的逻辑关系，全面揭示了知识的内在联系，非常适合于浏览检索和对主题进行分类控制，这是目前搜索引擎所不能达到的。
- 文献分类法有着长期的使用历史，并在各种文献数据库中广泛应用，有着深厚的用户基础。
- 文献分类法正在向电子化和分类主题一体化方向发展，更适合于对网络信息的组织。

3. 文献分类法适应网络信息组织的改造

文献分类法要成功地应用于网络信息的组织，就必须在保持自己系统性和严密的逻辑结构的基础上，在适应网络环境，即网络信息环境、网络技术环境和网络用户环境等方面作出重大的努力，并在应用于网络的实践中不断发展自己的理论和技术。综合性文献分类法应用于网络信息的组织，应从以下几个方面进行改进或改造：

- 使大类的设置适合网络信息组织需要，增加必要的非学术信息类目，包容网络上的各类信息和多媒体资源，适当突出信息量大、利用率高的类目。
- 使分类体系适合网络用户查询的需要，把按学科聚类和按主题聚类结合起来，满足不同出发点的浏览查询需要，适应各类网络用户的查询特点。
- 简化类目划分层次，让类目全部为列举式的，归并一些不适合网络信息组织的类目，减少类目含义的隐含性，使类目结构更直观明了，更容易把握。
- 把类目的线性结构改造成网状结构，满足多途径浏览检索的需要。

主要措施是增加类目间横向关系的揭示，以交叉列类方式和超文本链接把相关的主题联系起来，实现非线性的跳跃浏览；在原有类目结构的基础上，通过分面分析和多重列类，实现对一个类目的多标准划分,增加检索入口,这也是减少划分层次的必要手段。

- 类目注释要突出内容含义的说明和类目关系的指引，删除与网络检索用户无关的注释。
- 改造分类标引规则，重点是提高对网络信息多属性、多视角的揭示。
- 分类法的界面（版式）要适应网络环境的特点。
- 向开放式分类法发展，增强与用户的互动，吸收用户参加修改和管理。

第三节　网络信息分类法的功能

网络信息分类法必须能满足网络信息组织的需要，满足网络用户信息查询的需要，适应网络技术环境的特点。网络信息分类法应该具备以下基本功能。

一、满足对互联网上各种类型信息组织的需要

网上所需组织的信息，包括文本的、图形的、声音的、图像的等不同媒体形式，包括正式出版的、非正式出版的以及用户发布的信息，包括相对稳定的信息和高度动态的信息，也包括在电子商务中应用的信息流、物流、资金流汇合的领域。

二、满足对互联网上各个知识领域信息组织的需要

网络信息分类法应该对不论是系统知识还是零散的知识，不论是理性知识还是感性知识，不论是人文社会科学知识还是自然科学知识，不论是学术性知识还是生活服务及娱乐性知识，都要有高度的适应性。

三、具有科学、实用、能满足各类用户浏览查询的动态分类体系

网络信息分类法的分类体系应具有很好的科学性、较严密的逻辑结构、层次简洁而明晰等特点。分类体系应充分考虑用户的查询思维和习惯，便于用户的理解和把握，有很强的查询导向功能。分类体系应具有很强的可扩充性，能满足动态信息组织的需要。

四、充分揭示信息知识内容的相关性

通过分类体系对信息的知识内容和信息的类型进行控制，形成以等级体系为主、网状联系的知识地图，满足不同用户分别从不同的角度查询信息的需求。

五、能对搜索的信息进行有效的控制和过滤

网络信息分类法通过科学使用分类体系和信息标引，应能有效地防止大量无价值、质量差、盲链接的信息进入数据库，提高类目下收录信息的质量，从而提高信息的查准率和有效性，否则就会大大加重用户再筛选信息的负担。

六、面向最终用户

网络信息分类法从体系的实用性和直观性，从友好的界面到检索帮助，应都能体现“以人为本”的原则，突出系统的易用性。不同的用户利用网络信息有相对稳定的一面，因此应为不同的用户建立自己的知识分类系统，进行个性化设置，提供相关的功能。

七、能与主题检索相互配合

在网络信息检索系统中，分类的宽泛浏览检索与使用自然语言的专指直接检索，应是不可分割的完整统一体，浏览查询功能与语词检索查询功能相互配合，可满足用户不同角度、不同思路的查询需要。

八、有丰富的信息输出

网络信息分类法应有统一的网站，有网页信息输出格式和尽量丰富的输出信息，以便用户判断信息的有用性。除了标题、URL、语种（汉语编码）等外，还应有较准确、精练的内容描述以及信息的重要性、新颖性、点击次数等标识。

第四节　网络信息分类法的编制

网络信息分类导航系统是一个由查询界面、类目体系、各级类目及其链接的网络信息、网络信息搜索及标引技术、索引数据库等组成的整体，其中的查询界面、类目体系、各级类目及其链接的网络信息是它的分类法部分。

网络信息分类法的编制、实现和维护与传统分类法既有相似之处，又有很大的区别。

一、知识分类体系的构建

网络信息分类法是面向一切网络信息的，首先要根据搜索引擎或网站的性质，搜索和收录重点设计分类大纲，即大类或一级类目。分类大纲把全部网络信息划分为几个大范畴，是全部类目划分的起点，也是浏览查询的起点。对此，综合性搜索引擎或网站与专业性搜索引擎或网站有着明显的不同。对于综合性搜索引擎或网站来说，分类大纲应该涵盖人类全部知识领域和信息类型。

1. 聚类的标准

网络信息分类法聚类的主要标准应当是“主题和专题”，而把学科和专业作为辅助的聚类标准。只有这样才能满足广大网络用户希望在一个主题或专题下查全相关信息的检索需求，而按学科、专业聚类和展开系统，将增加浏览查询的难度，不是广大网络信息用户都能掌握的。因此，综合性网络信息分类法是一个关于主题的分类系统。专业搜索引擎或网站的分类法，则可以以学科或专业为主要聚类标准，或者与主题聚类结合起来运用。

2. 大类的设置

一级类目的设置是向用户展现知识范畴的整体框架，大类的数量通常以15~20个为宜。数量太少，会将相关性不大的信息挤进一个类目中；数量过多，某些需要集中的主题可能被分散，也不便于用户在一个屏幕里迅速把握分类体系的脉络，选择浏览入口。一级类目的设置，除了社会科学与人文科学、科学技术、政治、经济、教育等与学科分类共同的知识领域外，还应把网络信息丰富、用户查询和利用率很高的主题或专题有选择地列为一级类目，如休闲娱乐、新闻媒体、生活服务等；有些知识在学科分类中的层次较低，但它们是用户所普遍获取的信息，应该突出列类，如计算机与互联网、汽车等；除了知识内容属性以外，某些形式的查询入口也是大类设置的重要依据，如国家和地区、参考资料、个人主页等。这些按某种形式设置的类目，若进一步细分下去，就是以信息的知识内容为分类标准了，也就是说，它们实际上是一些独立、平行的类目体系。显然，这与传统分类法的分类大纲有重要的差异。

不管是传统分类法还是网络分类法，大类的设置都要有较高的稳定性，这是因为人类的知识生产在一定的阶段上总体是稳定的，这对读者或用户把握一个特定的分类系统是十分必要的。通常一、二级类目构成网络信息分类法知识组织的核心框架（传统分类法一般为1~3级类目），这是一个较稳定的体系。网络分类法的其他各级类目，也都需要保持相对的稳定性，但稳定性一般随着类目级位的降低而降低，越往下，动态性就越高，就越能适应网络动态信息的组织。

3. 分类体系展开的层次

网络分类法体系展开的层次，决定着分类导航系统、知识地图的详略程度，层次越多越深，知识被组织得越细密，每一个类目下信息的相关性就越高，但同时也会使知识树的枝叶越来越茂密，处于较低层次的信息就越隐秘，不容易被查找到，削弱了分类导航系统的直观浏览功能。从目前各大中文网站和搜索引擎来看，分类体系的层次基本都控制在3~6级之间，这个经验是根据目前网络信息的实际情况和用户浏览查询心理总结出来的，比较符合网络分类法体系层次的要求。

4. 类目的种类

由于网络分类导航系统是由分类法、分类目录和网络信息构成的统一体，从这个角度讲，类目包括“子类”与“网站”两种。每一个子类下都包括可继续延伸的下一级子类和划分到终点的网站。网站是分类系统展开的最末级，点击后就进入不属于分类系统的网页。

尽管网络分类系统是着眼于对信息的知识内容进行组织，但信息的载体、信息的某种形式也是用户查询信息的重要入口，因此在网络信息分类法中，包括内容性类目和形式性类目，而形式性类目的比例较传统分类法要高，如免费资源、杂志、MP3、论坛、图库、组织机构等。

网络分类法是网状的知识组织结构，一个事物、一个主题，在分类体系中有一个根据其主要属性定位的主要位置，同时可以根据该事物的其他属性交叉地编列于各个相关类中，因此又有主要类目和交叉类目之分。

在一个类下，把内容宽泛、各个下位类不能容纳的信息归纳为“综合网站”集中收录，是网络分类法的实用做法，相当于传统分类法设置的总论性类目，而其他类目则属于专论性类目。

5. 类目的名称

类名是类目内涵和外延的概括和缩影。要使用户通过类名基本了解本类的内容范围，就要做到类名的准确、通用和精练。准确，就是要通过字面准确揭示该类包含的知识内容，减少用户的猜测和犹豫；通用，就是要通俗易懂，尽量使用网络信息本身和用户查询最常用的术语作为类名，常用的缩略语也可以作为类名，必要时加以注释，例如Flash、Linux、B2B（商家对商家）。用户检索界面的视觉效果，也是确定类名的要素之一，为了界面的醒目、紧凑，一级类目的名称尤其要精练，有的搜索引擎甚至采用字数相同的类名。与传统分类法不同，网络信息分类法的类名可以有两套，一套是类名的简称，用于用户检索界面，如“电脑网络”；一套是类名的详称，用于信息的标引，特别是自动分类，如“计算机、通信、互联网”。

6. 多分类体系的运用

为了便于用户查询，网络分类法可以在主要分类体系之外使用其他的划分标准，建立次要分类体系，这种多分类体系，我们可以称为“主-从分类体系”。这与传统分类法的双表列类是不同的，“双表列类法”是在某个大类的内部局部使用，且只能择一而用，不能同时使用。而“主-从分类体系”是面向整个网络分类法，可以根据需要在任何层次并行使用。次要分类体系通常用于“热门”信息或本网站信息的组织，使某类用户更便于查找，例如：

网易的主分类体系（各网站的信息）

娱乐休闲	电脑网络	经济金融	医疗健康	文学作品
艺术分类	生活资讯	体育竞技	教育学习	情感绿洲
政法军事	少儿乐园	社会文化	新闻出版	旅游自然
科学技术	公司企业	个人主页		

网易的从分类体系（本网站的信息）

新闻	体育	财经	电脑	游戏	影视	音乐	女性
生活	房产	职业	旅游	科技	健康	文化	教育

二、类目的划分与设置

1. 分类标准及使用次序

从总体上来说，网络分类法是主题分类法，以“事物”为主要的聚类标准。但在不同的知识领域，不同的划分层次则应该根据知识内容的特征和用户检索需求特征进行具体的分析，学科、专业、体裁、时间、形态等，都可能成为分类标准。

传统分类法编制时，主要使用概念逻辑方法对类目进行划分，即每一次划分使用一个分类标准，逐级进行，层层展开。一个类目在划分中使用什么分类标准，有什么样的信息聚类方向，就为用户提供了相应的查询入口。在同一层次划分中使用的分类标准越多，查询入口就越多，用户就越可能按某种特定的需要，较准确地查到所需信息。由于网络信息的多样性，用户及其信息需求的多样性，单一的逻辑划分法无法满足网络信息的组织与检索的需求，因此，“多重列类”成为网络分类法类目划分的重要方法。划分选取的标准，应是事物主要的特征和用户查询时最可能使用的特征。多重列类法的广泛使用，也会有效地减少类目划分的层次。但是，多重列类法如不加控制地使用，或缺少必要的辅助措施，将会造成类目的混乱，加重用户判断的负担，增加漏检的可能。

2. 类目的均衡性

类目划分中要照顾到类目设置的均衡性，也就是说，同一级的各个类目包含的信息不应相差太悬殊。例如，中文雅虎的“艺术与人文”大类下划分为（括号内为收录的网站数）：

表演艺术（298）	设计艺术（415）	视觉艺术（955）
文化与团体（12）	艺术家（40）	艺术史（5）
参考资料（24）	工艺品（37）	人文（2245）

很显然，这里仅“人文”一个类目所包含的信息便超过了其他艺术类目的总和。查找“艺术家”，是在第二级类目，而查找文学家，则为“艺术与人文→人文→文学→作家”，到了四级类目。类目设置得不均衡，将会增加不必要的浏览路径，影响分类导航的效果。

3. 突出重点的类目

网络分类法一个很重要的特点，就是要根据多数用户查询的需要，把信息量大、点击频率高的知识范畴突出列类，不考虑它在科学分类体系中所处的层次如何，只有这样，才能使大多数用户在浏览中迅速进入感兴趣的视野。既然要根据检索需要突出列类，那么，跨越必要的逻辑层次设置类目，在网络分类法的编制中也是一种必要的技术。

4. 类目设置的规律性

某些形式性类目如果再按知识的内容进一步细分，应当尽量采用分类法已经建立起来的知识体系，这种用相同分类标准划分时设置的大体相同的对应性类目，有助于用户对分类体系的理解和记忆，也使类目体系更加严谨，但这是目前网络分类法薄弱的一环。

三、类目交叉关系的处理

任何事物都具有多种属性，具有多向成族的特点，事物之间是相互关联的，构成错综复杂的联系，如等级从属关系、相关并列关系等。知识组织与控制的目的就是要根据事物内在的关联性，把众多、零散的知识纳入一个有序的系统并加以优化，成为便于查询和利用的知识。揭示事物的相关性和根据事物的相关性整序，是知识组织的基本手段。

在文献分类法中，由于受目录和藏书线性排列的限制，事物的多向成族性被强制变成了单向成族，“分散与集中”的矛盾成为先天的痼疾。网络信息的虚拟化和分布式状态以及超文本技术的应用，使得网络分类法可以以网状结构多方位、多层次地揭示知识的内在相关性，并根据用户浏览的需要灵活地处理知识间的交叉关系。

1. 纵向等级关系的处理

从大类到各级类目均可以设置必要的平行体系，按不同的属性分别集中相关的信息，同一信息可以分别在不同的体系或不同等级的类目中展现，例如“期刊”，可在某类中按形式集中全部期刊（按形式成族），再按知识内容细分；可在各个相关类下列出“期刊”（按内容成族），集中本知识领域的期刊；可在各国类目下分别设置“期刊”（按地区成族），集中某国的期刊。这样，用户在浏览过程中随时都可以从所在的路径转向“期刊”的查询。

2. 横向相关关系的处理

采用直接设置“交叉类目”的方式，把与本类相关的知识在此交叉列类，而无须使用传统的“类目参照”揭示，这也是按主题或专题聚类的体现，它有利于用户在浏览中发现新的情报需求。由于用户的多样性和认知水平的差异，在编制分类法时要尽量以不同用户的浏览查询心理，联想与本类相关的知识。

四、类目与信息的排列

1. 类目与信息排列的意义

一个类目下展开有一组平列的同位类，同时收录若干平行的网站信息，这些类目和信息排列的次序一般不会对检索效率产生很大影响，因为一旦一个用户进入这一级类目，便表明他已经浏览到相关的信息，据此可以决定继续选择浏览的类目或网站的信息，或退出这个类目再进行新的浏览。但同位类的排列体现着分类体系的系统性、逻辑性和规范性，有助于用户进行判断和选择，当各个局部成千上万的类目或信息都呈现有序状态时，分类法整体的系统性、逻辑性就显现出来了。一堆杂乱无章的类目和一组井然有序的类目出现在用户视野里时，用户的感觉是不一样的，杂乱会使人烦躁，条理性会让人平和，从而提高浏览的兴趣。特别是用户长时间在信息的海洋里浏览时，这种心理差异的积累，无疑会影响检索效率。一个类下的同位类越多，其网站信息越多，这种排列次序便越重要，对用户浏览的影响也越大。

2. 类目与信息排列的原则和方法

一个类下的子类或网站信息的排列，要向用户提供最便于浏览的次序和最便于判断需求的次序。类目的排列与网站信息的排列有不同的要求，在一个类目下如果既有子类又有网站信息，两者应分别排列。

(1) 类目的排列

类目的排列主要有“内容相关”、“逻辑相关”和“形式相关”的排列次序。

内容相关，就是根据类目之间内容相关联的程度予以排列。反映事物之间内在联系的次序，是最有利于用户按知识内容浏览的次序，便于用户对内容相近的类目进行对比、判断，是主要的排列方法。

逻辑相关，就是按照某种内在的逻辑次序排列，如年代的次序、过程的次序等。

形式相关，就是把某些形式性类目集中排列，以与内容性类目相区分。

因为各个知识领域划分出来的子类有很大的差异，所以要根据类目不同的性质和特点分别选择排列的方法。如果一个类目下是用几个分类标准进行划分的，那么首先应当把同一分类标准划分的子类集中排列。

(2) 网站信息的排列

类目之下的网站信息与子类有很大区别，一是网站信息是类目划分的终点，是类目包含的实际信息；二是网站信息数量大，有时达到数百上千之多；三是网站信息动态性高，远不如类目稳定；四是分类法的各级类目都是靠人工编列的，而类目下的网站信息少有人工编列的，多数是靠程序自动排列的。根据类目下网站信息的这些特点，通常采用以下方法排列：

- 按重要程度排。通常需要人工干预选择，把切题程度高、内容翔实丰富的网站排在前面，起推荐的作用。
- 按点击频率排。这是根据用户利用该信息的次数，确定重要程度的排列方法。
- 按字顺排。这种方法简单、快速，也便于用户按字顺查找相关信息，是目前广为采用的方法，但浏览的引导性不如前两种排列法。

五、类目注释和说明

网络分类法是直接面向用户的、简明直观的分类体系，不需要专门的标记系统，也不需要类目间的组合等，指示管理人员的标引说明隐藏在背后，因此，展现在用户前的分类系统不需要复杂多样的注释。

网络分类法的设计，要达到让用户在浏览过程中很容易判断浏览的方向，减少犹豫和徘徊，也就是通过类名以及与相邻类目的比较，比较确信地选定要进一步浏览的类目。这就要求通过必要的说明和注释，帮助用户了解类目的含义，尽量减少不确定性。网络分类法通常只设内容说明的注释，采用两种方式：

一是通过精练的文字，指明该类包含的内容范围，不包含的内容范围，这种方式目前很少被利用，但应当进行提倡；二是用列举下位类的方式揭示本类的内容范围，或提示重点的内容，或提示热点的内容，或提示隐藏较深的内容。凡类目下提示的内容，用户均可以直接点击进入浏览，不必再层层查询。例如：

◇ 摘自 AltaVista ：直接下位类列举
　Library & Resources
　　Education　Society　Reference…
◇ 摘自搜狐：提示热点
　旅游与交通
　　黄山、桂林、张家界、九寨沟

这里“旅游与交通”是一级类，“张家界”是四级类，点击“张家界”，就不必绕道“旅游与交通→旅游景点→自然风光→张家界”查询了。

六、用户界面

用户界面是面向最终用户的网络分类法的界面，对浏览的便利性、导向性影响很大。网络分类法的设计和编制，用户界面也是一项重要的内容，基本的要求是：

1. 界面的视觉感觉要好

用户界面首先要清新、朴实、大方，类目排列整齐、疏密得当，类名与注释用不同的字体或颜色相区分，周围的辅助栏目要分隔清晰，给用户一个良好的视觉感受，切忌缤纷杂乱的感觉。

2. 不同的类目区分排列

一个类目下如果包含不同性质的子类（如用几个分类标准划分的），宜用一定的版面形式相分隔（如空行、横线等），使用户明确感到类目性质的不同，例如：

音响器材：

贸易公司　按地区分类　国外音响公司

麦克风　音响工程　收音机/录音机　汽车音响

横线之上是地区、机构性质的类目，横线之下是具体产品的类目，清楚醒目。

3. 划分的子类与网站信息分别排列

一个类目下如果既有划分出来的下位子类，也有该类包括的网站信息，它们的性质是不同的，应当分别排列，或辅以必要的文字加以说明。例如：

◇ 摘自 21CN　龙腾世纪：

网站分类 > 政法军事 > 军事与国防

从属子分类共 16 类

* 武器与军备［189］ * 军事文学［48］ * 中国军事［29］ * 世界军事［27］

本级登录网站共 46 个

［1］军事与泥巴［简体］军事消息、评论等，还有专题。★★★★★

4. 设置路径指示

为避免用户在浏览中迷失方向，所有界面均设置“路径指示”是非常必要的，例如：

◇摘自 263 首都在线：

首页 > 电脑 > 硬件天地 > 配件及外设 > 存储设备

◇摘自 Open Directory Project

Top ： Computers： Computer Science ： Distributed Computing（180）

路径指示可以使用户在层层浏览中随时掌握自己所处的位置，起着导航路标的作用，还可以根据指示路径的链接直接返回本类的任何一级类目。

5. 大类之间的跳转要方便

用户在浏览过程中，可能随时放弃对当前类浏览的进程，转向其他大类的浏览。使用“路径指示”需要转到“首页”才能继续查找，为此，可以用固定栏目、下拉菜单、窗口等形式列出大类目录，用户就可以随时根据需要转到其他大类查询了。

6. 设置“帮助”

检索帮助在任何搜索引擎中都是不可缺少的，应当把用户在查询中可能遇到的问题以及检索技巧等做成帮助文件，在所有用户检索界面设置，供用户在查询中随时调用。

除此之外，凡是对用户浏览检索有帮助的信息，都应当反映在用户界面上，如说明各个类目中包含的网站信息量，对新增的类目、重要的类目、推荐的类目作出特殊标记，引起用户的注意等。

第五节　网络信息的分类组织和著录

这里的网络信息组织是指互联网上可被索引的公共信息的组织，不包括各种专门数据库的信息组织。网络信息组织的对象是网站和网页，而网络信息分类组织的对象一般只是网站，也包括一些重要网站的目录，组织的结果是构成概略的分类导航系统，目前只有自然语言的查询系统才将分类导航深入到各个网页的知识单元和字、词单元。网络信息的分类组织包括信息的分类标引、信息的著录以及信息的排列，如同把传统的文献分类、文献著录、文献分类排架合为一个整体的过程。

一、网络信息的分类标引

网络信息的分类标引是根据网站的主要知识内容特征，按照一定的规则，纳入某个分类体系的过程。网络信息分类标引与传统文献分类标引在要求上、程序上是相似的。标引工作主要分为网站分析和归类两个基本过程。

1. 网站的等级

分类导航系统的信息应该是经过筛选的、质量较高的网站，为了向用户提示网站的质量，搜索引擎或门户网站通常按一定的标准，如内容的新颖性、内容丰富翔实程度、被用户点击的次数、被其他网站链接次数以及网页设计等因素划分若干等级，习惯上借用饭店的等级，用“★”来标识。进行标引工作前，应当确定是否对网站划分等级以及如何划分和标识。

2. 网站的主题分析

通过对网站的性质、特点、包含的内容、浏览的价值、更新速度、主要浏览对象、文种、编码等进行全面分析，来确定它所属的知识范畴和重要程度。网站分析主要依据网站主页提供的信息，如网站的名称（标题）、关键词、提要以及网站登录时作者提供的相关信息（如自行选择的类目等），必要时还应当进一步浏览网站的目录，考察网页的内容。目前还没有描述网站的统一规范，这给网站的分析带来了一定困难。很多网站主题不明确、内容庞杂，有些网站虽然有一定的主题，但也夹杂着与主题不相关的信息。因此，在分析中要提炼网站的基本主题，注意提取其有特色、有价值、新颖的信息。

3. 网站的归类

网站的归类要以主题和专题为主，以便把某一主题、专题、事物的知识集中起来，总的归类原则是充分、多视角地揭示网站中有价值的知识内容和有检索意义的形式特征。网站的归类重点要处理好整体和局部、内容和形式的关系。

（1）整体和局部的关系。

一个网站通常除了整体主题之外，还有局部主题，不论是整体主题还是局部主题，都可能既属于某个总论（综合网站）的范畴又属于某个专论的范畴，为了使网站的信息得到充分的揭示，一个网站按其整体主题归入某一主要类目后，要全面审视分类法里还有哪些与该整体主题相关的交叉类目，它的局部主题可归入哪些类目。文献分类“能入专论的，不入总论”的规则在网站分类中是不适用的，一个网站归入某总论性类目后，还要进一步分析是否可归入某专论性类目。

（2）内容和形式的关系。

网络信息是超媒体的，知识的形式特征和载体是用户查询的重要途径。在文献分类中，一个主题要么按内容分，要么按形式分。在网站分类中，既要考虑知识内容，也要考虑形式，当一个网站首先按知识内容归入某类后，还要分析它的形式特征是否很重要，是否可以与某些形式性类目聚类。

二、网站信息的著录

网站信息著录之前要对搜集到的网站信息进行过滤，把不需要的、质量差的网站加以剔除，一个网站如果有多个镜像站，则只保留其主站，来自不同网站的相同搜索结果应进行合并，一个查询结果指向同一网站的不同地址也应进行合并，这样才能减少重复冗余的信息。网站信息的著录是为用户在同类网站中进行浏览选择提供指引，因此，应尽可能地把有利于用户判识网站的信息予以著录。通常，网站应著录以下信息：

网站的名称（主题），名称下面有下划线，以示超文本链接，用户可以直接点击进入网站；网站的编码方式，如［简体］或GB，［繁体］或BIG5，［英文］或English等；网站内容的提要或关键词；网站的互联网地址；网站的生成时间；网页的长度，一般以千（K）字节为单位；网站的其他标识，如序列编号、点击次数、等级标识（通常用★）、新颖度标识（通常用New）、推荐标识（通常用Hot、Cool）、书签等。

网站信息的著录目前没有统一的规范，多数是将各类信息不分段落地集中在一起，少数制定了自己的规范格式。下面是网站的若干著录实例：

◇新浪

美商网［简体，英文］网上公司的建立，推广，贸易撮合及与世界著名服务商的成交服务。

◇搜狐

大家来跳舞<BIG5> – 介绍社交舞，国际标准舞。提供线上教学。

American Ballet Theatre<English> – 美国芭蕾剧院

◇万方

1. 晋江道亨集团公司［简体中文］

网址：http：//www. simengfa. com

简介：生产皮革服装及系列布料、喷胶棉、松棉、软棉等的专业公司。

◇263首都在线

模拟太阳系 Solar System Simulator –［简体］提供了许多的查阅，也有一些比较好的友情链接。

北师大天文学社–［简体］学社简介，下载星表、天文软件、天文文章，天文图片，天文资源

◇21 CN

屏东宝建医院［繁体］包括各科特色，诊疗服务，门诊时间表及社区活动。★★★

◇PCHOME

Mynewton 教育網 HOT!

位于台北市，提供進修園地、學習單、教案及題庫等内容，并可綫上制作試卷。［加入書簽］

◇AltaVista

* Outside Online

Web version of this popular magazine offers news and articles on adventure sports and wilderness destinations. With reviews of outdoor equipment

◇Excite

Motor Trend-Monthly magazine with an emphasis on developments in the motor vehicle industry. Read the classifieds, and find out how to subscribe

◇Hotbot

Centre on Science and Technology Policies - Links to sites on scientific policies, management and administration. Includes a directory of national, regional, international organisations.

◇Dmoz

Fetishville. net- For music fans. 5 Mb for pages, plus more for music files. Banner ads, browser uploads. URL: ´www. fetishville. net/area/you/´.

◇Netscape

Buy Software on Health Education

Buy entertaining, animated software on health education, including asthma, hypertension, smoking prevention and cessation, created by RxMaxwell's team of medical experts.

网站信息著录中最重要的是网站名称（主题）和简介（提要）部分，简介编写大致有三种类型：一是直接抽取网站自身的相关文字，这种方法最简单，但效果有时不佳；二是采用关键词列举的方法揭示网站内容范围，关键词来源于网页或标引人员，这种方法简单实用；三是由标引人员编写精练的提要，这种方法效果最好。网站提要最重要的是把它的主题范围、最有价值的信息以及特点、功能揭示出来，例如“成交服务”、“在线教学”、“图片”、“下载”、“软件”都对用户的信息需求有启示作用。

第六节 网络信息分类组织与主题组织的关系

Internet 的出现特别是 WWW 的问世，使世界的信息传播和利用进入了一个崭新的时代，面对如此浩瀚的信息海洋，人们不禁望洋兴叹。1994 年后，搜索引擎异军突起，成为互联网的佼佼者，给人们的信息查询带来巨大的便利，但单纯的自然语言检索经常会给你提供许多风马牛不相及的信息。搜索引擎开始由注重信息搜集的数量，转向注重信息搜集的质量，这表明信息的数量越大，越需要受到控制，而人工语言在网络信息的整序和检索中将会越来越受到人们的重视。

一、信息的分类查询和主题查询是最基本的查询需要

1. 网络信息检索离不开分类和主题两种基本方法

在互联网上由于信息的数量庞大、形式繁多，用户的身份形形色色，用户的需求多种多样，因此，更需要多种多样的检索方法、更加简便的检索方法、功能更完备的检索方法和更加智能化的检索方法。

浏览检索是一般网络用户最常使用的查询方法，它引导着用户按照初始的目标一步一步接近需求的信息。在浏览中，周围的信息环境会启发或刺激用户新的信息需求，也有可能中途转向更感兴趣的路径。网络用户在查询时有一个潜在的需求：没有十分明确的目的，而是在某个知识范畴里看有什么新信息、有什么自己感兴趣的信息。分类的浏览检索最能满足这种需求。当用户对自己的信息需求所属的类别难以判定，或要全面查找某一事物的信息，或要直接查找某事物，或要在全文范围检索某方面的信息时，分类导航系统就很难满足或无能为力。

按事物或主题的字顺检索是一种直接的检索，可以用语词详细地描述信息需求，不管相关的信息隐藏得多么深都可以挖掘出来，这对于在漫无边际的互联网进行搜索特别重要。由于关键词检索多是在网页中进行全文搜索，在目前人工智能应用水平不高，自然语言理解尚在探索阶段的情况下，其误检率是相当高的。

可见，分类检索和主题检索各有自己的优势和不足，会因对信息需求不同，对事物了解的清晰程度不同、查询的目的不同、查询的思路和习惯不同而有所侧重，但两种方法都是绝对需要的。

2. 互联网上需要分类查询与主题查询的一体化

“搜索，是 Internet 永恒的主题和魅力”，在需求驱动下的搜索才能促使把无序的信息转化为知识。把信息的分类组织和字顺组织有机地结合起来，把分类检索和字顺检索有机地结合起来，把自然语言检索和人工语言控制结合起来，是在相同技术条件下对网络信息进行整序、控制和检索的最有效方法。互联网上信息的数字化和软硬件技术条件为分类查询和主题查询的真正结合奠定了基础。

网络信息的分类、主题一体化整序，就是既对信息进行分类整序也对信息进行字顺整序，把索引数据库的信息通过类目、关键词、信息形式特征、信息编码特征等关联起来，从而向用户提供分类主题一体化的检索功能。所谓分类主题一体化的检索功能，就是用户除了可以独立进行分类检索和字顺

检索并随意转换检索方式外，还能通过分类与主题的相互限定改变检索范围，达到最佳的搜索效果。

单一的检索方式即使功能再强，也无法完全满足不同知识背景的网络用户多种多样的查询需要。比如要查找一个磁盘管理软件，有两种初始途径：

途径之一：从分类入手，进入一个网站的分类导航系统后，大体沿着“计算机→软件→系统工具→磁盘工具”的路径找到特定的软件。

途径之二：从字顺查找入手，有两种可能：第一，当用户不知道有哪些软件或不确切知道软件名称时，会从“系统软件”、“磁盘工具”等关键词查找，由于使用的关键词专指度不同，造成与该搜索引擎标引用词相符程度不同，以致用户检索的路径曲折度和使用的时间也不同，当到达某网站某类中后再挑选需要的软件，这实际已经和分类结合在一起了，因为“磁盘工具”是软件类称而不是名称，没有信息的分类组织，这种模糊查找是无法实现的。第二，当用户知道软件的名称，比如 AUTOption 4.0，可输入软件名称直接快捷查找，如果某网站的信息没有进行分类组织，那么 AUTOption 周围将是字顺相关的软件如 Ace Expert（网页工具），检索到此为止；如果该网站的信息是经过分类组织的，那么 AUTOption 周围就是 1Disk 、Bootit 等磁盘工具软件，在浏览中，用户可能发现比 AUTOption 更好、更需要的软件，这就是分类检索“触类旁通”的导向作用。

在网络信息查询中，分类与主题的一体化结合主要表现在两个方面：

（1）在特定的知识范畴内进行字顺检索。

用户为缩小字顺的搜索范围，一般先选择一定的类目，在该类控制下进行主题检索；或者在浏览过程中发现类目关系比较复杂、不易把握时，在该类中转向字顺检索。这两种不同的思路都是把检索范围控制在一定的知识领域内，达到较精确的检索。目前少数搜索引擎具备这种由分类对主题检索的控制。

（2）用特定的类限定字顺检索。

在进行主题检索时，常使用一定的条件进行限制，以便把检索结果控制在某种范围内。一是使用信息的形式属性加以限定，例如信息的编码属性（如中文/英文，简体/繁体）；信息来源或分布属性（如网站、网址、网页、全文、新闻）；信息的载体、用途、使用对象等属性（如 MP3、图片、软件、硬件、游戏）。经过这样的限定，就可以过滤掉很多无关的信息，多数搜索引擎都具有这种限定功能。二是使用分类系统的知识范畴进行限定，把对某主题、某事物的字顺检索控制在一定的知识领域。例如检索“汽车”时把范围选定在“工程技术”内，就可以把玩具汽车、文艺作品中的汽车等不相关信息过滤掉。目前搜索引擎还不具备这种控制功能。

注意，这种“字顺检索→分类限定”控制，和前面的“分类范畴→字顺检索”控制是不同的，区别在于信息搜索的范围不同。在分类系统内进行字顺检索，检索的结果属于该类的网站信息；使用“字顺检索→分类限定”控制，检索的结果还包含网页、全文信息。在互联网上实现分类检索与主题检索的真正结合，现有的技术条件是具备的，但目前搜索引擎的分类检索与主题检索是独立的两个系统，这是亟待解决的问题。

二、分类法在网络信息组织中的地位日益重要

分类是人类的基本思维方式，是认识事物的基本途径，这种逻辑思维可以使人们从本质上把握事物之间的区别与联系，事物越是缤纷繁杂便越是需要借助分类的方式来认识。互联网上的信息令人眼花缭乱，而且信息越多越无从下手，这就是为什么几个美国大学生把搜集的网站整理成一个分类目录给同学使用时，会引起巨大的轰动，并在此基础上迅速发展成为第一个分类导航系统Yahoo!的原因，这种组织互联网信息的做法为各个搜索引擎争相效仿。当前，除了个别专门用于字顺检索的搜索引擎外（如Google、天网），几乎所有的搜索引擎和门户网站都有自己的分类导航系统。其实分类的运用远不止于搜索引擎，分类在网站的信息组织中已成为最主要的方法。打开任何一个网站，首先见到是形形色色的板块，而每一个板块都是一个分类系统。我们来分析下面两个网站的栏目：

◇ 网易
- 热点栏目
  - 体育　财经　电脑　游戏　影视　音乐　女性……
- 搜索引擎
  - 娱乐休闲　电脑网络　经济金融　医疗健康……
- 网易互动区
  - 社区　聊天　网易PP　婚介交友　短信中心……
- 证券市场
  - 实时行情　股票大观园　投资组合　个股论坛……

◇ AltaVista
- Try your search in
  - Shopping Images Video MP3/Audio News Autos Technology ...
- Shopping

Compare Prices Local Deals & Coupons Web Deals & Rebates …

Tools

Email Translate Maps Directions Yellow Pages …

Business Center

Internet Search Services, AltaVista Enterprise Software …

这些板块都是一个个分类系统，而板块的划分，则构成网站对网络信息第一层次的控制，引导不同的用户从不同的角度开始了 Internet 最初的浏览。试想，如果没有对网络信息的分类组织将会怎样？

在网络信息的组织和检索中还必须充分正视这样的现实，即有一半以上的用户上网是为了休闲娱乐或没有清晰的查询目的，很多用户的心理是“先看看有什么，再决定要什么”，在浏览的过程中引导或刺激信息需求，这是互联网信息传播很重要的特点，而分类导航系统正起到了这种在浏览中查询信息和推荐信息的作用。

除此之外，互联网上的非文本信息占有相当大的比重，并且在信息总量中的比例呈继续增加的趋势。多媒体信息的检索一直是搜索引擎的难题，因为动感、虚幻境界、色调、音色等很难用文字进行表达，在没有专门搜索引擎的情况下，分类体系的聚类功能将成为搜索此类信息可资借鉴的重要手段。

随着互联网的普及和技术条件的支持，网络信息发展得比以往任何时候都要快，甚至小学生也可以在网上发布信息，“垃圾信息”也越来越多，一些专家开始呼吁用“图书馆员的思维”管理网上信息资源，也就是分门别类地把分布式的、无序的信息整理得井井有条，给用户浏览—查询提供最大的便利。如果说第一代搜索引擎注重信息的查全，那么第二代搜索引擎便是“精选网站的搜索引擎”，更注重网站的重要性、网站内容的准确性。这一方面要求自然语言检索具有更高的智能和判断力；另一方面要求分类导航系统涵盖的范围更大，更新的速度更快，筛选的内容更精。可以预见，分类法将在网络信息的组织中发挥越来越大的作用。

第七节 网络信息的自动分类问题

目前，搜索引擎或门户网站的分类导航系统基本都是以人工为主进行网站信息筛选、分类和维护，因此有较高的质量保证。但是由人工进行管理，除了人力开销很大以外，网站信息的收录范围和数量，网站信息的更新速度都受到很大制约，随着互联网上的信息以几何级数增长，这个矛盾将会更加突出，分类导航系统的自动标引和维护将是今后发展的方向。

我们这里讲的网络信息自动分类，是针对网站的整体，针对文本信息而言的。网站没有严格的定义，通常是指互联网上独立进行信息服务或发布信息的、由若干网页组成的集合，其显著特点是它是一个独立的管理单位。在网页集合中首先被浏览器显示、起提纲挈领作用的网页称为主页或首页，一般以 index. html 命名。但有时也习惯把没有独立服务器或规模较小的网站称为主页，如“××个人主页”、“××单位主页”。

一、网络信息与传统文献的差异

网络信息由于与传统文献存在很多差异，所以自动分类的步骤、技术也有所不同。从自动分类这个角度来考察，网络信息与传统文献的重要差异表现在以下几个方面：

1. 动态与静态

网络信息是一种动态信息，它包含的知识内容始终处在变化之中，不论对一个网站还是一个网页来说，既有知识总量的增减，也有某一篇具体文章内容的变化。传统文献一旦形成，就永远处在静态之中，版本的变化则以新的文献形式出现来体现，不会在原来的物理形态上变化。

2. 开放与封闭

网络信息是以节点为中心的分布式的开放信息系统，它的知识范畴可以随着它的超链（hyper link）而不断生长，任何一个网站、网页都不同程度地与互联网上的其他信息相关联；网络信息的开放性还表现在它与用户具有互动的关系。传统文献则是封闭的知识系统，不会与其他知识系统交换信息。

3. 非线性与线性

网络信息的显著特点是以超文本形式存在的，各种信息不是线性排列，可以随着节点任意跳转。传统文献的知识是用线性的方式组织的，只能按照固定的次序阅读。

4. 不规范与规范

传统文献的文档结构都已经逐步规范化，版式也相对固定。网络信息尚没有统一的、共同遵循的数据描述规范，一个网页所提供的对判断其知识内容、知识类别有用的信息存在着很大的差异，这对自动分类是有影响的，它增加了提取信息主题特征的难度。

5. 多媒体与单一媒体

网络信息是以多种媒体形式存在的，文本、图形、图像、动画、音频、视频应有尽有，图形、图像等附带的文本信息是非文本信息自动分类的主要依据。传统文献是以一种媒体形式存在的，印刷型文献附带的磁盘、光盘等则是一种独立的文献形式。

二、自动分类的类型和程序

网络信息的自动分类，就是由计算机辅助人或代替人对分类的对象进行分析，并归入已确定分类体系的相应类目。自动分类是建立在语词共现原理的基础上，通过抽取网络信息的内容特征并进行统计分析，判别出最能代表其信息内容的语词，然后与分类体系的语词类集进行相似性分析，确定其属于哪一个类或几个类，赋予一定的分类标识。

1. 网络信息自动分类的类型

网络信息自动分类根据其目的性，可分为自动聚类和自动归类两种类型（有时也将自动聚类和自动归类作为自动分类的两个过程）。

（1）自动聚类。即由计算机系统对待分类文本进行分析并提取有关的特征，然后对提取的特征进行比较，根据一定的规则将具有相同或相近特征的对象定义为一类。自动聚类的目的是在已有信息中定义符合实际情况的类。在网站的非主要分类体系中，也可以用自动聚类的方法自动生成栏目内的类别。

（2）自动归类。即计算机系统对待分类文本进行分析并提取有关的特征，然后与既定分类系统中对象所具有的公共特征进行相关性比较，将对象归入与其特征最相近的类中。自动归类的目的是把各种信息纳入已建立的分类系统之中，用于搜索引擎或网站分类导航系统的管理和数据实时更新。

自动归类根据使用的技术通常分为基于词的自动分类（词典法）和基于专家系统的自动分类（知识法）两大类，也有人把界于两种技术之间的称为基于信息的自动分类。

① 基于词的自动分类。这是目前较成熟的、使用较多的自动分类技术，核心是把从待分类文本中抽取的代表知识主题的语词与分类系统中代表各个类目含义的语词进行相符性比较，把分类对象归入相符程度最高的类中。基于词的自动分类以分类表与分类规则、词典为基础，主要应用文本分词技术、词频分析技术、权重评价技术、相似度分析技术等。

② 基于专家系统的自动分类。系统在文本中抽取分类特征时具有自然语言理解能力，它抽取最能代表信息中知识主题的概念，在将分类对象的特征与知识库类别特征进行比较时，能模仿专家的思维推理、判断，它的自学功能还能不断完善知识库。基于专家系统的自动分类，核心是知识库和知识表达，知识库是人工建立的分类体系、语义网络和分类规则等，知识库的规模影响着系统的智能水平。由于不同知识领域使用不同的知识表示方法，通常把一个综合的知识库划分成若干专业知识库。

2. 网络信息自动分类的程序

网络信息的自动分类大体包括信息采集、文档表示、抽取分类特征、相似性匹配、网站信息整理等步骤（见图 5-1）。

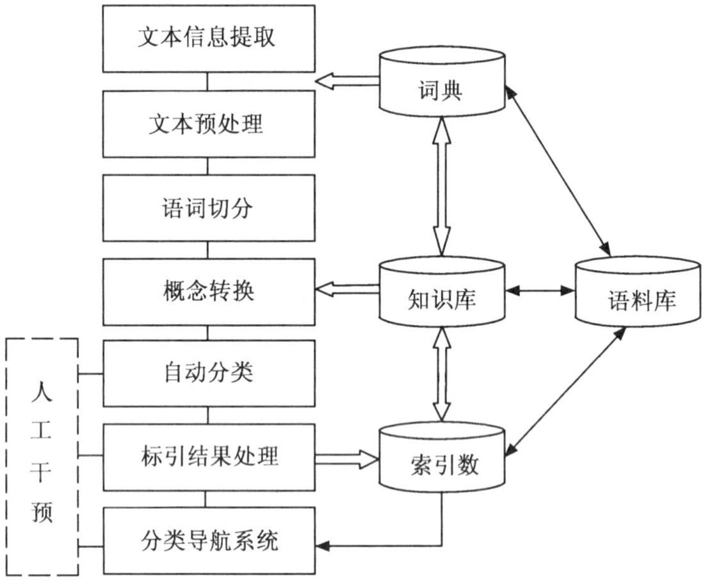

图 5-1　网络信息自动分类步骤

（1）网络信息的搜集由网络机器人（Robot）按一定的规则和策略往复循环地进行，也可以把机器自动搜集与人工搜集结合起来，采集后的信息存放在临时数据库中。

（2）对网站的主页信息进行加工，去掉其中无意义的标记、文字，形成主页的文本。

（3）对主页的结构布局进行分析，根据 HTML 标识分清各个组成部分，如主页的标题、文摘、关键词、总目录、栏目的标题及子目录等，以便判断网站的主题范围。

（4）对文本进行分词，抽取表达网站主题内容的语词。

（5）通过分析语词在网页的重要程度、词频统计，给出语词的权值，再根据权值的大小，决定哪些语词可作为网站主题内容的特征项。

（6）将抽取的特征项与分类知识库所形成的矢量空间模型进行相似性匹配，以能涵盖各特征项的类目为主要类目（包括交叉类目），再找出与其他特征项相匹配的类目为次要类目（包括交叉类目）。这是自动分类的关键一步。

（7）通过人工或计算机编制网站的提要及其他说明标识。

（8）把经过标引、著录的网站存入索引数据库。

（9）把该网站加进分类导航系统，并自动进行排序。

三、网络信息自动分类中的若干问题

1. 人和机器的分工问题

由人工进行网站信息的搜集和标引所建立的分类导航系统，要比通过计算机自动搜索、自动标引建立的导航系统质量高，因为对事物的逻辑分类要比抽取语词建立字顺索引复杂得多，起码短期内人工智能是无法和人脑相比的，因此，网络信息的分类系统应当把人的手工工作和计算机的工作结合起来，根据各自的优势进行分工，使网络信息的分类既高质量又高速度地进行。人机分工可以根据处理信息的内容范围、处理的对象、智能程度、工作性质等方面进行。

2. 网站信息的分析和提取问题

在网络信息自动分类中，“文字的重要性”是抽取分类特征的主要依据。文字的重要性主要表现在：一是某词使用的频率，二是文字信息在网页中的表现形态，三是网页信息对“重要文字”的支持程度。只有将这三个方面的因素综合考虑，才能科学地确定它们的权值，使自动分类建立在客观真实的基础上。

（1）全面分析网站内容的知识范畴。正如传统文献分类时要通过提要、目次、章节的分析来概括文献的整体主题一样，网站的分类也要综合分析它整体属于什么知识范畴，各个局部属于什么知识范畴。

（2）页面中有<title>、<mita >等标记，描述页面的标题<title>、页面描述<description>、关键词<key words>等，它们是分析整体主题的重要依据。

（3）主页导航条（通常以框架的形式或固定页面形式出现），栏目的划分及标题的文字相当于第一级目录结构，其重要性大体与关键词相当。

（4）文字在网页中的位置、字体、字号、特殊标志，往往反映某文字不同的重要性。

（5）网站首页信息的真实性和丰富性对判断一个网站的真实主题和质量十分重要，仅仅扫描首页的文本是不够的，至少要对其第二个层次进行检查，一级标题下是否链接有网页，链接的层次越多，包含的信息越丰富，否则可能是未完成的。首页链接的网页地址如果是在自己网址后展开，说明它自身的信息丰富；如果大量指向其他网址，说明它自身信息匮乏（专门导航的网站除外）。

（6）文本资源除 HTML、TXT 文件外，网上还有 XML、PDF、CAJ 等格式的资源，网页信息抽取系统只有具备识别多种文本的能力，才能全面地抽取网页的主题特征。

（7）除了文本信息资源外，网上还有大量多媒体信息，自动分类时也应当充分予以揭示，否则不能反映网站的真实主题和价值。鉴于多媒体信息描述和检索的复杂性，可采用非文本文件附带的少量文本信息与文件类型相结合的方法判断，比如与“汽车”链接的是大量的 BMP、JPG、GIF 文件，那么“汽车图片”就可以作为分类特征项。通过网页设计常使用的目录，例如 Download、Gallary、Album、Photo、Pics、Image、MP3 等，再结合目录下的文件类型分析，也是检查非文本资源的途径。

（8）专业数据库是网上非常有价值的资源，当一个网站或网页链接着若干数据库时，应当对它给予充分的重视。

（9）一些在文献主题分析时可以忽略的语词，在网络信息抽取和分类中却可能很重要，例如机构、公司、地区、明星等，因为在网络信息分类法中，这些往往是聚类的标准，要因分类法的类目设置而定。

除此之外，在抽取主题特征，设计权重时，网站的类型（如 .gov、.org、.edu、.com、.net）、网站的性质也是一个影响因素，因为相同类型的网站在网页设计上一般都各有自己的共性，表现文字重要性的手法也有共同之处。

3. 分类知识库的构造问题

在网络信息自动分类中，知识库起着至关重要的作用。从网页文本抽取的主题特征要与知识库中的类目所表达的主题进行相似性比较，只有对网页文本主题的表达和对类目主题的表达都达到真实、准确、明晰的程度，才能实现精确的自动分类。

（1）分类知识库要有完备的词典和语料库的支持。不管是网络信息文本还是分类体系的类目，它们的知识内容都是依靠概念——语词来表达和传递的，要把某一概念使用的不同语词进行翻译、转换，就必须借助词典来完成。

语料库是大量能代表某一领域的语言现象的真实语言材料的集合，经过加工的熟语料库进行了词性标注、句法标注和语义标注，词汇的固定搭配、语义特征、词间的约束条件等都可以由语料加工获得，这为消除词汇的歧义提供了依据。

（2）知识库的主要部分是分类法的语义网络系统和分类规则及其关系模型，全部类目的含义、类目间的等级关系、类目间的交叉关系、类目间的链接关系等得到了最完整的描述。网络信息分类法在用户界面只显示类目名称和所属的网站信息，类目的含义是靠等级的限定和承接上级类名内涵实现的，而在分类知识库，则根据每个类名字面就能独立判断其主题内涵及外延。

① 知识库是一个分类主题一体化的术语系统，每一个类目都是一个主题，所有主题按知识领域聚类并编列成等级相关系统。每一个主题既有字顺属性又有类别属性，从而可以方便地进行分类与主题的转换。

② 分类标记。在用户界面不需要分类标记；在知识库可以用分类标记作类目的代号，记录类目的属性、特征、位置、链接，便于系统进行判断、运算和转换。分类标记以严格等级制的数码编号为宜，可使用千分法以保证足够的灵活性和容量，由计算机根据类目体系直接配号和修订，无须人工干预。使用分类标记也有利于类名修改，类名修改后类目的属性、地址、链接无须变动。

③ 类目含义的表示。其表示方式一是用概念规范类名，如“商业经济”规范为“经济　金融　贸易”，使之与其外延相符；二是使用若干主题词组成主题词串，进一步描述类目的知识范畴，作为相关性比较的依据；三是列举该类包括的全部主题概念（不包括属于下级类目的）。信息文本的自然语言经关键词库转换为规范语言后，再与类名、主题词串、包含的主题概念进行相关性比较。

④ 类目关系的表示。类目的等级隶属关系由类目树结构和类目的级别限定。类目的交叉关系表示一个主题按其主要属性归入一个主要类目后，可以再按其他属性归入各相关类目并给以分类标记，指向其主要分类标记。主要分类体系与次要分类体系的对应相关类目也以分类标记相连接，这样，加入一个新网站只要归入主要类目，就可以同时在各相关类目、各次要分类系统下显示。

⑤ 分类规则。它主要是处理上位类和下位类的外延包含关系，以及一个主题概念同时出现在若干类目的归属判断。前者可通过设定一个阈值来判断，即当信息的主题范畴超过多大范围时自动沿等级逻辑链上推到合适的类目。后者主要通过主题词串的组合和上位类的限定来判断。

⑥ 由于各个知识领域的信息在语词、语义、语法等方面都存在着差异，为减少建立统一知识表示模型的难度，可采用按大的知识范畴分别建立数据库的方法，降低自动分类的难度，如计算机与网络、科学技术与工程、社会科学与人文科学等数据库。

⑦ 建立样本库。计算机的推理判断是模拟人的思维方式和过程，建立足够大的样本库，让计算机从人对文本和类别之间相关性的判断来学习这种词汇转换，即学习文本用词和标记类别之间的关联。它是提高自动分类准确度的必要手段。

第六章 《中国图书馆分类法》概述

第一节 《中国图书馆分类法》的发展历程和展望

一、《中图法》的编制背景

《中图法》是为适应我国各类型图书情报机构对文献进行整序和分类检索的需要，为统一全国文献分类编目创造条件而编制和发展的，它与《中小型图书馆图书分类法》（简称《中小型法》）、《大型图书馆图书分类法》（简称《大型法》）有着深厚的渊源。为统一中小型图书馆的分类法，1957年由文化部文化事业管理局主持编制了《中小型法》（草案），在此基础上一些图书馆陆续把它扩充为大型分类法。为解决大型图书馆图书分类的问题，1959年文化部、教育部联合召开会议决定成立以北京图书馆为首的《大型法》编委会并开始编辑工作，1965—1966年印行了初稿，后因“文革”开始而中断。1971年北京图书馆向全国发出编辑《中图法》的倡议，得到全国图书情报界的积极响应，组成了由36个单位参加的编辑组，1973年以试用本发行，经过征求意见和修订后于1975年正式出版了《中图法》第1版。《中小型法》、《大型法》和《中图法》都是为统一全国的文献分类，在政府部门支持下，集中全国的分类专家进行编制的，它们一脉相承，互为基础。《中图法》的基本序列、基本大类、字母数字混合制、交替类目、总论复分表等都继承了《中小型法》，而《大型法》的类目体系、编表技术也为《中图法》所借鉴。

二、《中图法》在修订中发展

《中图法》问世后迅速在全国推广应用，成为我国应用最广泛的分类法，不仅图书情报部门类分文献使用，而且在图书发行、各类数据库乃至互联网也得到了应用。分类法的应用是推动其不断发展的重要因素，根据用户的意见和科学发展的需要，30 多年来《中图法》进行了 4 次版本更新，作了如下修订：

1980 年出版第 2 版，重点清除了极左思潮的影响，改变按政治观点列类的方法，改变了教育类先按国家分的体系，合理安排了新中国成立前有关中国的类目，增补了管理学、系统学、遥感技术、遗传工程等重要学科类目。

1990 年出版第 3 版，对各级类目及标记进行全面的检查、调整和扩充，进一步清除“左”的影响，把“安全科学”与“环境科学”合并为一个类组，使用双表列类法建立了法律类第二分类体系，扩大冒号组配的使用范围，等等。

1999 年出版第 4 版，由于《中图法》使用的范围不断扩大，第 4 版将《中国图书馆图书分类法》更名为《中国图书馆分类法》，确定英文名为 *Chinese Library Classification*，简称 CLC；把经济、通信、计算机技术等作为重点修订的类目，进行了全面扩充和局部体系的调整；修订中利用数据库调查的方法对类目的文献保证情况进行了分析，并据此合并、删除过时的类目，补充新学科类目；将类分图书和类分资料的类目合并为一个版本；增加了“沿革注释”；增设了“世界种族与民族”复分表；尝试把交替类展开为完整的类列；全面对类名和注释进行规范化处理；在修订阶段，《中图法》机读数据格式 CLCMARC 已研制成功，为适应电子版的需要，增加了“指示性类目”等。

2010 年出版第 5 版，这次修订的幅度较大，新增 1631 个类目，停用或直接删除约 2500 个类目，修改类目约 5200 个。重点修订了“F 经济”、“TP 自动化技术、计算机技术”、“U 交通运输”大类，局部调整了“D 政治、法律”、“G 文化、科学、教育、体育”、“TS 轻工业、手工业、生活服务业”等与政治、经济、文化、生活、计算机技术相关大类；合并了使用频率过低的类目；增加了复分标记和“一般性问题”的禁用标记；完善类目的参见注释，补充类目的反向参照；完善附表类型，补充共性复分的新主题，并通过主表类目注释解决附表连续复分的使用问题。还有一些其他常规性修订，如修改类目名称，增强类目的容纳性；增加注释，控制类目划分深度等。使《中图法》第 5 版文献分类体系与学科发展、知识发展体系保持同步，类目体系的规律性增强，类表的实用性提高，使用难度降低，更具有实用性和时代的特征，能更好地满足文献标引，信息检索的需求。

《中图法》的每一版修订都在进步（尽管也有所失误），不断提高对文献整序和检索的适应能力，保持着自己的活力。1985《中图法》获国家科学技术进步一等奖，成为我国图书情报界唯一获得最高奖项的研究成果。

三、《中图法》版本系列的形成

《中图法》为满足不同图书情报机构、不同文献类型分类标引和检索的需要，在发展中逐渐形成了一个系列，包括：

满足不同规模图书情报机构使用的版本，如：《中图法》、《中图法·简本》、《中图法·未成年人图书馆版》等。

满足不同专业图书情报机构使用的版本，如：《中图法·教育专业分类法》、《中图法·测绘学专业分类表》、《中图法·公安科学文献分类表》、《中图法·农业科学专业表》、《中图法·医学专业分类表》、《中图法·劳动科学专业分类表》等。

满足不同文献类型使用的版本，如：《中图法·期刊分类表》。

满足分类主题一体化标引的版本，如：《中国分类主题词表》。

满足计算机编目和检索的版本，如：《中图法》电子版、《中图法》Web 版。

满足从字顺查找类目的工具，如：《中图法索引》。

满足用户标引使用的工具，如：《中图法》使用手册、《中国分类主题词表》标引手册。

满足文献改编和编制书次号使用的工具，如：《中图法修订类目对照表》、《通用汉语著者号码表》。

四、《中图法》的组织与管理

分类法的发展和推广应用与它的组织管理是分不开的，自 1979 年《中图法》正式成立第一届编委会，到 2013 年，已经组建了八届编委会，编委会由全国各系统的分类专家组成，负责《中图法》的管理、研究、交流、修订和推广应用。1984 年国家图书馆还专门成立词表管理委员会，成为《中图法》的常设机构。编委会于 1987 年通过了编委会章程，1996 年通过了《中图法》专业分类法编制规定，这些组织措施保证了《中图法》紧跟时代的步伐不断维护修订、不断提高编辑质量、不断扩大应用范围。

为加强《中图法》与用户的联系，自 1993 年起编辑发行了《〈中图法〉与文献分类信息简报》，2000 年建立了《中图法》网站（http://www.nlc.gov.cn/disk4/zhongtufa）。

自《中图法》问世以来，编委会联合各类图书情报机构多次举办《中图法》学术研讨会、培训班、知识竞赛，编辑出版了有关教材、辅导读物，不但极大地推动了《中图法》的普及和应用，也推动了我国情报检索语言的研究和发展。

五、《中图法》发展展望

1981 年国家标准总局转发了“关于《中图法》作为国家试行标准草案的建议”，《中图法》已经被国内各类型图书馆与其他文献信息机构广泛应用，这种压力也促进了《中图法》努力向更高的方向迈进。在文献信息载体数字化、文献信息管理计算机化、文献信息传输网络化的今天，《中图法》将面对这种新形势不断改进和发展自己，满足信息时代对分类法的需求。

《中图法》的印刷版作为它的核心版本，将会继续朝着跟踪科学的步伐而不断完善的方向、朝着更适应计算机编目和检索的方向发展，主要表现在：适当加速版本更新速度和日常更新，及时反映新学科、新主题；分类款目进一步规范化，类名向叙词化方向发展；注释系统和参照系统更完善；突出“总论-专论”的编制结构，专类复分表向“一般性问题”转化；广泛使用分面分析和多重列类法，提高同一层次主题因素描述能力，为实现机读数据多因素标引、多途径检索创造条件，在计算机检索中从根本上解决“集中与分散”的矛盾；适当简化类目层次结构，简化组号方法，向易用化方向发展。

《中图法》的电子版、Web 版将逐步成为用户使用的主要版本，电子版、Web 版将朝着多功能、易用化、智能化、集成化、可视化、关联化的方向发展，通过开发与检索系统的接口，实现书目数据库的分类浏览检索。

《中图法》将在电子化的基础上实现真正意义上的“分类主题一体化”，并通过后控词表的自动实时更新，实现自然语言检索功能，《中国分类主题词表》的 Web 版将最终成为最受用户欢迎的版本，其服务功能、自动标引功能、知识组织功能显著增强，并成为自动分类的支撑系统。

《中图法》（包括《中国分类主题词表》）的编辑管理系统，在数据格式、系统功能、人机界面等方面不断完善，智能化水平不断提高，实现了系统自动提出调整类目结构、建立新的词间关系、增删类目和主题词的建议，由人工辅助完成日常的管理。

《中图法》Web 版将进一步向易用化、关联化方面改进，界面设计更加人性化，改进检索结果全面显示功能和二次检索功能，增强类号构建组号功能，为用户提供复分、仿分、组配等类号的规范组合导引，增设类表、注释与使用手册条目间的关联链接，增强《中图法》Web版的易用性。

《中图法》将向互联网信息的组织与检索方向迈进，通过体系结构的改造，研发《中图法》搜索引擎版，使传统分类法真正迈上网络信息组织的大舞台，在网络搜索引擎中占据一席之地。

《中图法》的系列将不断扩大，各种类型和专业的版本也会向电子化和分类主题一体化的方向发展。

第二节　《中国图书馆分类法》的编制原则与体系结构

一、《中图法》的编制原则与基本功能

1. 编制原则

《中图法》在其编制及其以后的修订过程中，遵循如下原则：

第一，以马克思主义、列宁主义、毛泽东思想为指导思想，以辩证唯物主义和历史唯物主义为理论依据，以科学技术发展水平和文献出版的实际为基础，将科学性、实用性、思想性有机地统一起来。

第二，以编制分类检索工具和进行文献分类检索为基本功能，兼顾文献分类排架的需要。

第三，分类体系是以科学分类和知识分类为基础，依照从总到分、从一般到具体、从理论到应用的原则构建逻辑系统。分类体系要充分考虑文献分类的特点和需要，文献聚类的方向和集中的程度要以提高分类检索效率为依据，类目设置既要保持相对稳定性，又要有一定的动态性，及时反映新学科、新主题、新事物的发展，不断加以修订，以满足文献分类的需要。

第四，标记系统的设计和标记符号的配置，要充分满足分类体系的展开和不断扩充的需要，有较好的结构性，以揭示类目的等级结构，力求简明、易懂、易记、易用、易于扩充。

第五，兼顾不同类型、不同规模图书馆和情报机构类分文献的需要，编制不同功能、不同载体的系列版本，为全国文献统一分类编目，实现书目数据共享创造条件。

2. 基本功能

《中图法》的基本功能是编制分类检索工具和组织文献分类排架。检索功能要求分类法有一个详尽和巨大容纳力的类目系统和多功能的标记系统；排架功能要求分类法结构简明，类目体系有较高的稳定性并进行单线排列，

标记符号简短。《中图法》为把这两种功能很好地兼顾起来，采用等级列举式的分类体系进行编制，使用概念逻辑划分的方法，层层展开，形成一个树形结构，显示知识分类的等级结构，各个类目不论是纵向还是横向都是相互关联和制约的，全部类目进行线性排列构成类目表。这种等级列举体系，结构清晰，便于理解和掌握，具有很好的系统性和族性检索功能，对文献工作具有多方面的适应性。

在满足分类排架功能的同时，为增强分类法的检索功能，必须提高分类法描述细小专深主题、新主题和多角度揭示同一主题的能力。为此《中图法》在等级列举的基础上，广泛采用类目仿分和复分、有限地采用主类号直接组配等技术提高分类法的组配标引能力。同时逐步增加“多重列类”的成分，以适应在计算机条件下多主题要素标引、多途径检索的需要。

二、《中图法》的体系结构及其编制技术

1. 基本部类与基本大类

《中图法》分为五个基本部类，其基本序列为：马克思主义、列宁主义、毛泽东思想、邓小平理论，哲学、宗教，社会科学，自然科学，综合性图书。

基本大类数量的确定，决定于分类法所包含的独立知识领域，《中图法》在考虑到各学科领域的平衡的基础上，以国际上通用的基本学科划分和专业划分为依据，同时考虑习惯的知识领域划分，设置了22个基本大类，即，A马克思主义、列宁主义、毛泽东思想、邓小平理论，B哲学、宗教，C社会科学总论，D政治、法律，E军事，F经济，G文化、科学、教育、体育，H语言、文字，I文学，J艺术，K历史、地理，N自然科学总论，O数理科学和化学，P天文学、地球科学，Q生物科学，R医药、卫生，S农业科学，T工业技术，U交通运输，V航空、航天，X环境科学、安全科学，Z综合性图书。其中“社会科学总论”和“自然科学总论”不属于独立的学科，用以概括这两个科学领域的综合性知识，这是文献分类的实际需要。由于“工业技术”是一个庞大的体系，文献数量巨大，因此又以双字母标记展开了16个二级类，其重要程度不亚于基本大类。社会科学各大类的排列主要根据大类间关系密切的程度以及与其他部类的关系来确定，大体按“上层建筑→经济基础→意识形态”，即“政治→经济→文化”的次序排列。自然科学各大类则按学科的属性，遵循从一般到特殊、从简单到复杂、从低级到高级、从理论到应用的次序排列，并形成“基础理论/技术科学/应用科学”三个层次。

2. 宏观结构与微观结构

《中图法》的宏观结构包括：①编制说明，对分类法有关事项的总体说明；②基本大类表，揭示分类法的基本学科范畴和排列次序；③基本类目表（简表），由第一、二、三级类目所组成，是分类法的类目体系框架；④主表（详表），是各级类目组成的一览表，主表按功能分为术语（类名）系统、标记系统、注释系统和专类复分表；⑤附表（辅助表），由分类法的8个通用复分表组成；⑥字顺索引，以轮排索引的方式编排，是按类名、事物查找类目的工具；⑦使用手册，是详细阐述分类法的编制理论与技术、各类文献分类规则与方法的指南。这些部分共同构成《中图法》的整体。

《中图法》的微观结构，即类目的构成要素及其组织。类目（包括复分表的子目）是构造分类法的最基本要素，每个类目代表具有某种共同属性的文献集合。《中图法》的类目由类号、类名、类级、注释和参照组成：

类号—TN915.01　通信网理论————类名

通信业务量理论、
网同步等入此。
参见 TM711。
〈3 版入 TN913.21〉　—注释和参数

（类级，用空格和字体表示）

全部类目的系统联系就构成《中图法》的类目等级结构、术语系统、标记系统、注释及参照系统。它们之间相互配合，实现对分类表的词义、词形、类目之间的关系以及先组度、专指度的控制，使分类法具有揭示文献情报内容及其相关性，对文献进行系统化整序和将标引用语与检索用语相符性比较的功能。

3. 各学科门类的编制结构

《中图法》根据不同学科门类的特点确立了不同的编制结构，以满足各学科、专业文献整序和检索的需要。

（1）马列主义、毛泽东思想、邓小平理论类目的编列。

《中图法》A类具有特藏的性质，首先按著作类型区分为原著、传记、学习和研究三大部分，继而采用“依人列类”的方法按经典作家列类，在各经典作家之下，分别再按著作体例、时代细分。原著、传记、学习和研究三大部分都编列了相应的总论性类目。

（2）哲学社会科学类目的编列。

在哲学社会科学类，国家和时代是重要的分类标准，在各学科的理论方法之后，突出序列世界各国的社会、经济、文化活动，这是哲学社会科学类目的基本编制结构。对国家和时代的划分，因学科性质的不同，使用的阶段和层次也有所不同。由于时代的区分一般是限定在一定的区域，所以哲学社会科学类目的时代区分，都规定在国家区分之后进行。下面是以“F4 工业经济”为例的社会科学类目编制的典型结构，对理解《中图法》的编制方法很有帮助。

第一层次	
总论	F0 理论 F1 各国概况
专论	F2 计划经济 F3 农业经济 F4 工业经济 F8 财政金融

第二层次	
总论	F40 理论
专论	F41 世界 F42 中国 F43/47 各国

第三层次	
总论	F420/425 方针、计划
专论	F426 部门经济 F427 地方经济 F429 经济史

（3）自然科学基础科学类目的编列。

《中图法》在自然科学基础科学（即狭义的自然科学）部分，主要是根据研究对象的物质结构或运动形式划分，类目的排列主要依据事物自身的规律和系统，形成“机械运动→物理运动→化学运动→无机物质的宏观运动→生命运动”的基本次序。其中生物学的编制结构与其他学科不同，Q1/8首先编列各种生物的共性方面的问题，如细胞学、遗传学等，作为总论性类目，然后编列 Q91/98 各类生物的专论性类目，这与应用科学的编列方法相同。

（4）技术科学和应用科学类目的编列。

技术科学是以自然科学理论为基础的，针对工程技术中带有普遍性的问题进行应用研究所形成的技术理论性科学。应用科学是改造自然、生产物质产品的理论与技术。医学和农林科学则是技术科学和应用科学的综合体。由于在文献中技术科学和应用科学常常交融在一起，很难区分，因此《中图法》将这两种科学合并编列，不加以区分。技术科学和应用科学类目的编列，一般先依加工的对象或方法划分，再按产品或技术方法进一步划分，各项具体工程技术都按工程的“方面”（即“理论→设计→结构→材料→设备→工艺→运行→工厂→综合利用”）使用统一的体例进行细分。应用科学的基本编制结构如下所示：

总论	一般性问题 通用的方面	关于某类事物 的某一方面
专论	具体技术 具体材料 具体设施 具体产品	关于某种事物 的各个方面

（5）综合性图书类目的编列。

综合性图书是根据文献著述、出版的形式特点编列的。由于该类文献是多学科知识的集合，所以首先按出版物类型划分。该类文献大体分为参考工具书和检索工具书两类。参考工具书按“出版物类型→国家”的次序列类，专科性参考工具书也可按出版形式集中，按学科细分；检索工具书中综合性的与参考工具书基本相同，专科性的一律不区分国别，直接采用组配编号法按学科内容细分。

4. 类目的划分与排列

立类、列类是分类法编制的基本技术，立类是指如何进行类目的设置，列类是对类目进行划分和排列，类目划分中包含着立类过程，两者是密不可分的。

（1）《中图法》立类的基本原则。

类目的设置必须立足于文献分类的实际需要，同时也要有预见性地为成长中的新兴学科或专业设置必要的类目。《中图法》立类时遵循下列原则：

① 文献保证原则。分类法的文献保证原则是通过立类的文献保证原则来实现的，设置类目必须以具有一定数量的相关文献为基础，而不能仅从学科体系的完整性去设置类目。

② 稳定性原则。类目的稳定性是分类法稳定的基础，基本类目的稳定性尤为重要。保证类目的稳定性，就必须使用稳定的因素作为类目划分的标准，另外，提高类目的可延展性是提高类目稳定性的重要措施。

③ 发展的原则。该原则一是要根据科学技术的发展和社会的进步，不断补充新类目；二是要有预见性地为某些表现出强大生命力的新事物编列必要的类目（尽管立类时文献保证不够充分），或留有发展余地；三是及时归

并或删除逐渐失去文献保证的类目。

④ 均衡的原则。《中图法》是一部大型综合性的分类法，在类目设置上要考虑各学科领域类目分布的均匀度，防止某些局部过于概括或过细地展开。

⑤ 类目概念清楚。设置的类目内涵、外延、学科属性与其他类目的关系要清楚。

(2)《中图法》类目的划分。

《中图法》主要是从学科分类和知识分类的角度来揭示文献内容的区别与联系，按学科和专业集中文献。为此要通过对类目的科学划分和组织，把成千上万个类目按学科系统排列、组成一个严密的概念等级分类体系，通过这个等级分类体系，显示各学科知识在分类体系中的位置，揭示学科知识之间的亲疏远近和隶属关系，提供从学科和专业出发检索文献的途径。

① 类目划分的基本原则。类目的划分决定着文献聚类的方向和集中的程度，类目划分一般是选择事物的本质属性中最有检索意义的属性作为划分标准，这样才能提供最佳的检索入口；类目划分时基本上遵循逻辑划分的规则，在同一划分阶段中，一般只使用一个划分标准，以保证划分后的子目外延不相交叉；类目划分力求全面，以保证类列的完整；在划分各个阶段尽量设置相应的总论性类目。

② 类目划分的若干技术方法。由于文献分类的特殊性，编制分类法时实际上不可能严格地按逻辑划分的规则进行，而是根据文献的特征和检索的需要，有所变通地确定类目划分的方法，例如：(a) 在建立局部类目体系时，采用学科、事物的"问题"或"方面"作为分类标准，把某学科或事物包含的全部问题或各个方面，在同一划分层次上进行显示，这是类目划分的基本方法之一，如"P46 气候学"类的划分；(b) 在同一划分阶段中，多数类目使用同一分类标准划分，个别类目采用其他分类标准划分，并排列在类列之后，如"K2 中国史"多数类目按时代划分，少数类目按民族和地域划分；(c) 在类组性的类目下，很难使用同一种分类标准对不同的事物进行划分，而根据类组所包含事物的特征分别选用不同分类标准进行划分；(d) 某些事物具有的若干属性都可作为检索入口，但又不宜在逐次划分过程中分别使用这些属性作为分类标准，就同时使用若干分类标准进行划分；(e) 为满足某些专业特殊的检索需要，有时按一定的属性对某些事物相对集中列类，如在医学类把"肿瘤"等按病因集中列类；(f) 广泛采用交替列类法，为具有双重隶属关系的学科或事物分别编列正式类目和交替类目；(g) 把若干相近的并列概念合并，建立一个类目或类组；(h) 当某上位类

划分出的子目相当多且难以预见时，使用字母标记法列类，如“TP311.138 数据库系统”；(i) 有限地采用双表列类法，满足不同专业性质的单位对局部分类体系的不同需求。

③ 分类标准的使用次序。分类标准的使用次序，决定文献聚合成类的次序和按某种属性集中的程度，决定着分类法局部的类目体系，对分类法的性能有重大的影响。《中图法》选择分类标准与确定分类标准使用次序的基本方法是：(a) 根据学科或事物属性的重要性与检索意义，确定分类标准的使用次序，如文学作品的引用次序是“国家→体裁→时代→题材”；(b) 优先使用的分类标准一般是该学科、事物的主要分类标准，如经济类首先使用经济活动的领域作为主要分类标准；(c) 优先使用能形成具有科学认识意义的类目体系的分类标准；(d) 优先使用具有较高检索意义的属性作为分类标准；(e) 相同的事物或问题展开时通常使用相同的引用次序。

(3) 类目的排列。

科学地排列同位类能体现分类法编制的逻辑性、系统性和规范性，对深入认识分类体系、方便标引和检索有一定的意义。《中图法》类目排列的基本方法是：

①优先使用事物的客观发展次序、事物内部固有的次序、科学的系统次序以及人们认识事物的逻辑次序排列同位类。

②同位类的排列贯穿着从总到分、从一般到具体的逻辑次序。

③当某种人为的次序更有利于检索时，则按人为次序排列同位类，主要是按类目的重要程度、文献的多少、通常的习惯次序以及从现实到历史的次序排列。

④对于性质相同或相似的类列，采用统一或对应的排列方法，以提高助记性。运用复分或仿分的办法将类目展开，也是达到类列的统一排列或对应排列的手段。

5. 类目关系的显示及交叉关系的处理

(1) 类目关系的显示。

《中图法》中每一个类目都是类目体系中相互关联、相互制约的有机组成要素，类目的含义是在一个由上位概念、同位概念、下位概念、相关概念和类目注释构成的语义空间中进行限定的，这是等级体系分类法进行语义控制、显示类目间关系的基本方式。

类目的纵向等级关系包括从属关系和并列关系，主要使用等级结构来显示，分类标记的数位基本能反映类目的级位，在分类表中同时使用不同的字号、字体和排列的缩格来表示。

类目的横向相关关系，主要通过在类目之间建立参照以及通过“××入××”的注释把具有相关关系的类目联系起来。

类目的交替关系即同一关系，使用交替类目来显示，它既能揭示非一个类系内的从属关系，也能通过跨类的指引起到揭示相关关系的作用，因为使用类目与交替类目所在的类目一定存在某种联系。

(2) 学科之间交叉关系的处理。

在等级体系分类法的编制中处理学科间的交叉关系是最复杂的技术之一，《中图法》为既能保证按学科门类编列的系统性，又能充分揭示学科、专业之间的横向联系，对于学科之间的交叉关系分别采用了不同方法予以处理。

① 关于理论及其应用的交叉。《中图法》采取理论与具体应用分别编列类目的原则处理两者之间的关系。为容纳总论某种理论应用的文献，一般编列了“应用×××”的专类，如果某理论类目下未编列总论应用的专类，那么该方面的著作就归入该理论类目本身。关于某种技术、设备、产品及其应用，也采取了上述编列原则。

② 关于自然科学基础理论与应用科学的交叉。《中图法》是把自然科学基础理论与应用科学技术分别编列的，N、O、P、Q 类属于基础理论学科，是系统的理论知识；R、S、T、U、V、X 类属于应用科学，是直接应用于生产的技术和工艺性质的科学；技术科学是对工程技术有普遍意义的技术理论，它虽与应用科学合并编列，但在各类中通常是单独地编列于该类之前。除技术科学之外，各项工程技术都有不同层次的专科理论，这些专科理论均分别编入有关学科。

③ 关于产品的理论、制造及其应用的交叉。产品的理论、制造、应用有着密切的关系，《中图法》在编制时通常都把这几方面的内容编列在一个类列或一个类系之中。当某类产品划分到具体类型时，则以产品为中心，集中该产品各方面的内容。根据不同类的专业特点，也有一些变通的处理方法，如产品的制造与使用是分开编列的；产品的理论、制造、应用（含专论）是集中编列的；某种产品的通用型与专用型是分别编列的；某种产品的制造与产品本身分别编列在不同的学科专业等。

④ 关于交叉学科的编列。学科的交叉化是当代科学发展的一个重要趋势和特点，《中图法》关于边缘学科类目的编列，一般按研究对象所属的学科或边缘学科重点隶属的学科列类，例如地球生物化学入地质学，不入生物化学。在分类法中除列举已形成专门学科的概念外，也编列了一个学科应用到另一个学科而尚未形成新学科的类目，以容纳相关的交叉学科文献。

除此之外，使用编列交替类目、编制类目参照、规定互见分类方法、说明内容划分范围或分类方法，也是处理学科之间交叉关系的手段。有些学科主题因按不同的标准列类，形成类目之间的外延交叉。对此，分类法在注释中说明内容划分范围或分类方法。

6. 类目注释

《中图法》的注释是类目的重要组成部分，对正确了解类目的含义和使用分类法有着重要的指引作用，《中图法》类目注释主要有类目内容注释、类目关系注释、分类方法注释、类目沿革注释等几种类型。其中，类目沿革注释是《中图法》第 4 版特有的注释方式，是关于分类法修订后说明类号、类名及类目内容范围变化的注释，它对用户学习掌握新版分类法或进行文献改编非常实用。沿革注释包括说明类名变化情况、类号变化情况、类目内容变化情况、交替类目变化情况、类目停用情况并指示停用类目改入何类及类目体系变化情况等。沿革注释只记录最近两版修订的信息、新增类目不加沿革注释，沿革注释置于各类注释之后，用“〈 〉”括起。

第三节 《中国图书馆分类法》的标记系统

《中图法》标记符号设计的基本原则是，充分满足类目体系编列及其发展对标记系统的要求，具有较强的容纳性、表达性、易记性、简短性和可扩充性。

一、《中图法》的标记符号和编号方法

1. 标记符号的种类

《中图法》采用拉丁字母与阿拉伯数字相结合的混合制标记符号，以拉丁字母标记基本大类，并可根据大类的实际配号需要再展开一位字母标记二级类目，如“T 工业技术”。在字母段之后，使用阿拉伯数字标记各级类目。为了满足某些类目按名称区分和排列其所属同类事物的需要，也有选择地使用了“字母标记法”，即在类目的最后区分阶段，使用字母标记其下位类目，如“TP312 程序语言、算法语言”。

2. 编号制度

《中图法》的编号制度基本上采用层累标记制。为了满足类系的纵深扩展与类列的横向扩展对标记符号的需要，在基本上遵循层累编号制度的同时，又采取了八分法、双位制、借号法等多种变通措施来增加配号的灵活

性，扩大号码系统的容纳性。另外，为使标记符号具有良好的逻辑性和助记性，《中图法》在为类目（包括通用复分表和专类复分表）配号时，广泛采用统一配号法（如凡涉及国家和地区区分的类目体系，都以“1”表示世界、“2”表示中国、“3/7”表示各大洲及各国或地区）、对应性配号法和空号法等。

二、《中图法》的辅助标记符号

为了进一步增强标记符号的表达能力，适应类号灵活组合的需求，《中图法》还另外采用了一些特殊符号，作为辅助标记符号。

· 间隔符号。用做分类号数字部分的分隔，自左至右每三位数字之后加一圆点，目的在于使号码段落清晰、醒目、易读。

/ 起止符号。在主表或复分表类号中用以表示概括一组相连类号的起止区间；在注释中表示类目仿分的类号区段或参见的类目范围。

[ ] 交替符号。用以标记交替类目，表示该类目是供选择使用的。

- 总论复分符号。该号置于总论复分号码之前，是总论复分号的前置标识符。在主表中也有选择地列举了一些使用总论复分表复分的类目，目的是为了增加注释或将类目进一步展开；个别的则是借用了总论复分号的形式进行配号，以标识某类具有共性的类目，属于不规则的编号法，如“TU-80 建筑艺术理论”。

( ) 国家、地区区分号。用于一般学科性类目下进行国家或地区复分。

= 时代区分号。用于一般学科性类目下进行时代复分，凡具有中国属性的类目使用“中国时代表”复分，而其他类目则使用“国际时代表”复分。

“ ” 民族、种族区分号。用于一般学科性类目下进行民族、种族复分。

〈 〉 通用时间、地点区分号。用于一般学科性类目下进行“通用时间、地点复分表”复分。

: 组配符号。用于连接主类号，表示主类号之间的概念交叉组配。

+ 联合符号。用于连接主类号，表示文献的若干个并列主题。

{ } 停用符号。用于《中图法》修订后，无文献保障或过时或重复或主题不明确的被停用类目。停用类目下均有沿革注释，指示分类标引。

—— 指示性类目提示符号。用一条横线标识，置于一组用“/”连接的类号之上，用来标识类表中的“指示性类目”。“指示性类目”是为给一组类目作共同的注释而设置的，不用来类分文献。

①—⑨复分标记。《中图法》第5版为增强类目复分助记性，降低复分难度，对无直接复分、仿分注释的类目，通过复分标记，指示类目复分和仿分。

⊗禁用标记。《中图法》第5版在“一般性问题”类名后增强了禁用标记，提示分类人员，以避免误标引。

分类号组合时如涉及多种辅助符号的使用，按 -，( )，“ ”，=，〈 〉的顺序组合，用“：”号和“+”号连接的主类号中的辅助符号，也按上述次序组合。例如：TL25-35（711）、TF351.4（545）=53、J523.5“17”=42、X515〈333〉〈313〉。

三、《中图法》标记符号的排列

《中图法》标记符号排列的规则是：类号由左至右逐位对比地进行排列，先比较字母部分，再比较数字部分，字母部分按英文字母固有的次序排列；类号中的阿拉伯数字依小数制排列；数字之后如果还有字母，则在前部类号相同的基础上，再按字母顺序排列；类号中有辅助符号时，在其前的各位符号相同的情况下，按 -，( )，“ ”，=，〈3××〉，〈1××〉，+，：的次序进行比较排列。

第四节 《中国图书馆分类法》的组配技术和复分表

组配技术是分类法的类号合成技术，通过组配达到类目细分或形成新主题类号的目的，是体系分类法缩小类表篇幅、增强标引灵活性的重要手段。《中图法》运用组配技术主要有三个方面，一是编制各种类型的复分表，作为全表或某个局部组配复分的依据；二是采用部分类目仿照已列出的类目进行细分；三是主类号之间使用冒号直接组配，合成新的主题。

一、《中图法》的通用复分表

《中图法》共有8个通用复分表，即“总论复分表”、“世界地区表”、“中国地区表”、“国际时代表”、“中国时代表”、“中国民族表”、“世界种族与民族表”、“通用时间、地点和环境、人员表”。在编制手检工具时，通用复分表只对主表类目起复分作用，不能单独使用。

1. 总论复分表

总论复分表编列出各学科门类均可遇到的共性区分内容，如理论、方法、机构、教学、参考工具书等。复分号由标记符号短横“-”与数字组成。

总论复分表使用的要点是：①主表中任何一级类目均可使用总论复分表复分，复分时将有关号码加在主类号之后即可。②主表中某些类目如已具有总论复分表区分内容，或已编列使用总论复分表复分列举的类目，均不能再使用本表复分。③“C 社会科学总论”中的 C 0/［7］及“N 自然科学总论”中的 N0/［7］，本身就是依照总论复分表体例编制的总论性类目，因而也就无需再使用本表复分。④凡本表中的某些区分内容可以通过专类复分表或类目仿分组号的，均不能再使用本表复分组号。⑤当某一文献涉及本表两种以上区分标准时，在编制手工检索工具时只能选择其中主要的一种据以复分。⑥本表“［-7］文献检索工具”是 Z88/89 的交替类目，用户可结合具体情况决定启用与否，但专书的索引可直接用此号复分。

2. 世界地区表

世界地区表分别依据自然区划、行政区划以及语种、人种、宗教、集团、古代地区等标准划分，对于某些跨洲、跨地域的国家或地区，均分别依据惯例用注释指明其归属于某个地域或地区，或编列总论性类目。

世界地区表使用的要点是：①只有在主表、专类复分表、总论复分表中的类目注明“依世界地区表分”时，才可以直接使用本表复分，组号时将有关复分号码加在主类号之后即可。②凡主表中未注明“依世界地区表分”的类目，需要据本表复分时，须将地区复分号用地区区分号“（）”括起，加在主类号之后。③“世界地区表”中的 3/7 包括洲、地区、国家三个层次的含义，其中洲（如 5 欧洲）、地区（如 56 西欧）都属于“概括性地区”。凡使用本表中属于概括性地区的号码复分后，还需再次依其他标准细分的，必须先在概括性地区号后加“0”，再进行复分。④主表中某些类目号码（用 3/7 连接的一组类目）已具有世界各大洲的含义，使用本表复分时应去掉世界地区子目号中表示洲的号码，如“以色列种植业”为 F338. 261。⑤198. 1/. 8 古代地区，只用于具有历史属性的类目需要再按区域细分，或用于使用“-09”细分后，再用世界地区表进一步区分的类，如“古罗马雕塑艺术”为 J309. 198. 5。

3. 中国地区表

中国地区表按行政区划划分，每个地区下再划分出所辖省、直辖市以及特别行政区。为了便于处理历史文献，在相应地区下编列了旧的省份名称，以［］括起，并注明其设置时期，如“32［辽东省］（1949—1954）”。中国地区表内还编列了一个省区细分的专类复分表：

1/75（类目复分仿分规定）

以下中央直辖市、省、自治区，可依下表分。如有必要，可再加地名的前两个字的汉语拼音首字母细分。例：北京市西城区为13XC；四川省广安地区为712GA；丹徒县为534DT。

1 省（自治区）人民政府所在地
2 各专区、自治州、盟
3 各市、中央直辖市属各区
4 各县、县级市
5 各乡

中国地区表使用要点是：①只有在主表、专类复分表、总论复分表中的类目注明“依中国地区表分”时，才可以直接使用本表复分，组号时将有关复分号码加在主类号之后即可。②凡主表中未注明“依中国地区表分”的类目，需要据本表复分时，须先在地区复分号前加中国代号“2”，再用地区区分号“( ) ”括起，加在主类号之后，如“江苏湖沼治理”为TV876(253)。③凡类目规定先依“世界地区表”分，再依“中国地区表”分的，须在主类号后先加中国代号“2”，再加相应的中国地区号。④“中国地区表”中的2/7包括大区、省两个层次的含义，其中大区（如3东北地区）属于“概括性地区”。凡使用本表中属于概括性地区的号码复分后，还需再次依其他标准细分的（包括本表中的专类复分表），须先在概括性地区号后加“0”，再进行复分，如“东北地区乡土志汇编”为K293.05。⑤主表中某些类目号码（用1/7连接的一组类目）已具各大区的含义，使用本表复分时应去掉子目号中表示大区的号码。⑥各省区可使用专类复分进一步按行政级别划分，并用地区、县、乡名称前两个字的拼音首字母加以标识，如“华西村农宅建筑”为TU241.4（253.5HX）。

4. 国际时代表、中国时代表

国际时代表依世界历史分期编列，首先列出基本历史分期，再按世纪进行划分，其中“现代”细分到年代。中国时代表依中国历史分期编列，首先列出基本历史时期，再按朝代进行划分，属于跨历史时期的时代一般归并于前一个时代，其中，新中国成立后细分到年代。

国际时代表和中国时代表使用要点是：①只有在主表的类目注明“依

国际时代表分”或“依中国时代表分”时，才可以直接使用时代表复分，组号时将有关复分号码加在主类号之后即可。②凡主表中未注明“依国际时代表分”或“依中国时代表分”的类目，而需要进行时代复分的，须在复分号前加时代区分号“=”，再把时代子目号加在主类号之后。其中具有中国属性的类目使用中国时代表复分，其他类目均使用国际时代表复分。③主表中已具有某时代特征的类目，不能再使用时代复分表重复揭示时代特征。④主表中某些类号（用1/7连接的一组类号）已具有特定时代的含义，复分时应去掉时代表中表示该时期的相应号码，如“明一统志”为K290.48。⑤“I212/217各时代作品集”类下注释“依中国时代表分，再依下表分（总集/别集复分表）”，凡涉及使用“中国时代表”中的概括性时代（如4、42、5等）复分号时，均不再使用该专类复分表复分，这是因为这些跨时代的作品集不需要进一步区分，如“唐代文学作品选”为I214.2。

5. 中国民族表

“中国民族表”按中国现有的民族进行编列，以双位数字制编号。

中国民族表使用要点是：①只有在主表的类目注明“依中国民族表分”时，才可以直接使用民族表复分，组号时将有关复分号码加在主类号之后即可。②凡主表中未注明“依中国民族表分”的类目，而需依中国民族表复分的，须先在中国民族子目号前加上中国代号“2”，再用民族区分号“ ”引起，加在主类号之后，如“撒拉族工艺品”为TS938“232”。③主表中某些类号（末位用1/8连接的一组类号），末位号码与本表部分号码含义相同，复分时应去掉与本表含义重复的号码。④凡涉及中国古代民族的文献，均归入“K289古代民族史志”。⑤国内外均有的同一民族（如哈萨克族），应根据论述的重点或宗旨选择使用中国或世界民族表。

6. 世界种族与民族表

“世界种族与民族表”分为种族、民族两部分。其中民族部分先按地区划分，再按民族划分。

世界种族与民族表使用要点是：①只有在主表的类目注明“依世界种族与民族表分”时，才可以直接使用本表复分，组号时将有关复分号码加在主类号之后即可。②凡主表中未注明“依世界种族与民族表分”，而需依世界种族与民族区分的，可将复分子目号用民族区分号“ ”引起，加在主类号之后，如“印第安人图腾考”为B933“715”。

7. 通用时间、地点和环境、人员表

“通用时间、地点和环境、人员表”按季节、时间、方位、部位、环境、人员等通用要素编列，主要用于资料的分类。

通用时间、地点和环境、人员表使用要点是：①主表中的类目凡需按通用时间、地点、环境、人员复分的，均可以使用本表复分，组号时将该复分号码用“〈 〉”括起，加在主类号之后即可，如“雨季对蔬菜品加工的影响”为 TS255.5〈116〉。②凡主表中的类目已明确具有本表区分内容的，则不应再使用本表复分。③某一文献的主题同时涉及通用地点和通用时间复分时，将通用地点复分号置于通用时间复分号之前。

二、《中图法》的专类复分表

《中图法》第 5 版的主表共编列专类复分表 66 个，此外，在“总论复分表”和“中国地区表”中还各编列一个专类复分表。专类复分表的标记符号采用阿拉伯数字，自然科学各类的专类复分号前一律冠“0”，专类复分表的两侧用竖线标记，以示醒目。专类复分表的使用要注意以下问题：

1. 按规定的范围使用

专类复分表只限在类目注释规定的类目范围内使用。专类复分号只能依附于主类号，不能单独使用，使用时将专类复分号按有关类目注释说明加在主类号之后。

2. 按规定的次序使用

专类复分表往往与某些通用复分表结合使用，复分时应严格依据类目规定的使用范围和次序进行复分。例如：

P468.1/.7　区域气候资料
　　依世界地区表分，中国再依中国地区表分，
　必要时再依下表分。

3. 注意专类复分表内部子目的复分

部分专类复分表中的子目，还规定进一步仿专类复分表内部子目分、仿有关主表类目分、依其他专类复分表或通用复分表分，使用时应特别注意有关仿分的规定，例如“G82/89 各项体育运动”使用的专类复分表：某项运动在国际运动会的成绩，要先归入具体的运动项目，然后仿专类复分表的“8 运动成绩”分，再仿该复分表里的“71 运动会”分，最后仿“G811.2 国际体育运动”分。如“第 21 届奥运会游泳成绩”为 G861.108.11。

4. 注意复分中加“0”的问题

主表中社会科学各类，凡属上位类目依专类复分表复分的，应在复分子目号前加“0”。此规定仅限于严格层累制编号的类目，如果某类目在概念上虽是上位类，但在编号上与其下位类采用同级类号者，则不用在复分号前加“0”，如“中国金石文目录”为 K877.21（不加“0”）、“中国石刻图录”为 K877.410.2（需加“0”）。

三、《中图法》的类目仿分

类目仿分和依专类复分表复分，虽然可以使主类号达到相同组配细分的效果，但类目仿分更具有灵活性和对机读数据标引的适应性。《中图法》编制中大量运用类目仿分来压缩类表的篇幅和提高类目组配的灵活性。《中图法》的类目仿分有“仿邻近类目分”和“仿总论性类目分”两种基本类型。

1. 仿邻近类目分

它是指当一组相邻的类目以相同的分类标准展开时，一般将在前的（个别将在后的）一个类目详细展开，后面的类目不再展开列举，而是分别仿照前面已展开的子目细分。仿邻近类目分的特点是，仿分类目与被仿分类目基本是性质相同的类目，某类目所仿分的一组子目，与该类目拟细分的分类标准是一致的。

2. 仿总论性类目分

《中图法》类目编列的基本模式是将一个类区分为两大部分，前面编列总论性类目，按事物的方面横向展开；后面编列专论性类目，按事物类型纵向展开。这两部分的分类标准是不同的。专论性类目仿照总论性类目的划分标准细分，就称为仿总论性类目分，这是揭示事物及其方面的重要技术。《中图法》总论性类目一般用“一般性问题”、“理论”、“通论”、“世界”等方式编列，各类有所不同。

3. 类目仿分的要点

（1）按规定的范围使用。

类目仿分应依据主表有关类目注释规定的范围进行仿分，凡不在限定范围之内的类目仿分，用户如有需要，应在使用本上作出明确的规定，并确保类号不发生冲突。

（2）按规定的次序使用。

类目仿分必须严格根据注释规定的仿分次序进行，以体现分类标准的引用次序，否则将会产生类目展开的逻辑错误及号码的冲突。用户在制定使用本时要根据文献收藏的实际来确定某类本馆使用的类级，如果某类没有细分到底，那么该类规定的类目仿分（包括依专类复分表分）也不得再使用。例如，某馆规定中国历史分到四级类目，那么四级类目以下的“仿 K20 分”也就同时废止，如“北洋军阀史料”应为 K258，而不是 K258.06，因为如果再要细分，只有使用“K258.2 北洋军阀”才符合分类法编制要求。

（3）配号的转换。

当被仿分的是用“/”号连接的一组类目，且采用了借同位类号码编号法时，部分类目将涉及配号的转换。例如：

K815 人物总传（世界）按学科分，仿 K825/826（中国各科人物）分。

TK473 燃气轮机构造，仿 TK413/414（汽油机构造）分。

F724.7 各种商品贸易，仿 F761/769.2（各种商品）分。

（4）越级仿分问题。

在文献标引中，有时根据实际论述的主题并不需要按类目注释要求依次仿分，当跨越规定的某一仿分层次，再继续依其他标准复分或仿分时，应在该复分号或仿分号前加“0”，这个“0”就标志着一个分类标准，可以保证类目展开的逻辑次序，如“中国炮兵战术”为 E271.204，因为跨越了“仿270 分”，不能标引为E271.24（炮兵团的类号）。

（5）复分依据的转换。

某些类目凡属各国仿中国分，又涉及时代属性的，应同时把“依中国时代表分”改换成“依国际时代表分”，如“布什传记”为 K837.127=53。

四、《中图法》分类号中“0”的使用

1.《中图法》分类号中的“0”

《中图法》类号中凡有“0”者，多属于在不同学科间具有相同属性的类目；此外“0”往往还在标引文献时用于类号组合，标识分类标准的转换。一般情况下，具有下列属性的类目多采用数字“0”组号标记：具有理论、方法论内容属性的类目，如“G30 科学研究理论”；有关某学科概况的类目，如“D50 世界政治概况”；具有总论、通论属性的类目，如“K20（中国）通史”；“一般性问题”类目，如“TQ0 一般性问题”；自然科学各类中的专类复分表，其复分号前均冠“0”；有些类目的下位类以双位数字制标记，有时其首位为“0”，如“D911.01 理论”等。

2.《中图法》类目组号加“0”的原因

《中图法》基本上采用层累制编号，类号的级位基本表达类目的等级。一个有下位类的类目（称为“概括性上位类”），表示它已经用某个分类标准进行了划分，并体现在分类号增加一位上，如果该上位类又同时允许仿××类分，那么就会形成另一个与已列举的子目平行的类目体系，且其分类号也是从同一上位类类号后展开的，与已经列举的分类号发生冲突是必然的。这种在上位类通过使用另外的标准划分形成新类目体系的情况，称为“转

换分类标准”。

在文献标引过程中，某些类“转换分类标准”后，为保证新产生的子目系列排列的逻辑性和避免重号，是加“0”的基本原因。通过标引过程的加“0”，使同一个类目按不同分类标准区分出来的子目配有不同的分类标记，达到不同子目系列逻辑排列的目的。除此之外，分类法的不断修订会使原来某些最末级子目因扩充而变成“上位类”，这样一来，该类在未扩充之前曾通过复分、仿分的类号（未加“0”），就会与扩充后新编列子目的类号发生冲突，而且这两种按不同分类标准区分出来的不同性质的子目，也不能逻辑地排列在一起。这个问题在自然科学类表现得最突出，因此，《中图法》在自然科学各类的专类复分表的子目号前均已事先加“0”，并规定仿“一般性问题”分时均须加“0”。

3.《中图法》复分组号加“0”的要点

第一，社会科学各类中，凡具有概括性地区属性的类目，如再依其他标准细分时，组号时均须在主类号后先加“0”再复分。这里“概括性地区类目”既包括分类法已列举的，如“K5 欧洲史”，也包括经复分后形成的，如“I56　西欧文学”。

第二，社会科学各类中的各级上位类，如再依其他标准复分时，均需在主类号后先加“0”再复分。凡上下位类采用同级类号编号者（即非层累制编号），该上位类依其他标准仿分时，则无需在复分号前加“0”。

第三，在社会科学各类，凡属越级复分的，应在最后复分依据的复分子目号前加“0”。

第四，主表中的类目凡仿“一般性问题”分时，均需在仿分号前加“0”。需要注意的是，所谓仿“一般性问题”分，是指转换分类标准的仿分，凡属于仿邻近类目性质分的、个别类目仿“一般性问题”分的、只允许仿“一般性问题”中的部分子目分的，都不在此例。

五、《中图法》的冒号组配

1. 冒号组配法在《中图法》中的应用

冒号组配是将概念相关的两个或多个类目（主类号）通过组配符号“：”连接起来，以表达一个分类表未列举的较专指或较复杂主题的标引技术。《中图法》在我国的分类法中首先引进冒号组配法，以提高体系分类法描述复杂主题的能力，从而在一定程度上增强体系分类法多途径检索的性能。《中图法》对冒号组配的使用作了一定的限制：在类分图书时，只用于使某些专论性问题的集中分类，为用户提供了一种选择，或通过冒号组配法对某些类目进行细分。在类分资料时，可将若干个概念相关的类目组合成未列举的新主题，或对事物进行不同观点的区分。

2. 冒号组配法的使用要点

图书分类，一般按主表规定的范围使用组配编号，资料分类，可根据需要灵活地运用组配编号；凡主表中已经列出的主题，均不得再用冒号组配法组配表达；凡通过主类号的复分、仿分可以表达的主题，不得使用冒号组配法标引；主表类目经复分或仿分后组合的类号，也可以用于冒号组配；用于新主题合成时，要使用概念组配，使用最专指类目的类号进行组配；用于类目细分时，组配类号的级位可根据用户单位该类文献的数量自行确定，并记录在使用本上，以保证该类文献组配标引的一致性。

第五节 《中国图书馆分类法》索引

一、《中图法》索引的功能

索引是《中图法》的重要组成部分，是从类目名称（主题概念）查找分类号的工具。它是将《中图法》全部类目名称及注释包含的主题概念按其名称的字顺排列起来，并分别指明其相应的分类号。它为标引人员和检索用户提供了一条按照字顺查找、利用分类表和分类目录的途径。《中图法》索引始编于第 2 版，是主题标目式的相关索引，第 3 版未编制索引。

《中图法》第 4 版索引收录新版分类法的详表和 8 个附表的全部类目以及注释包含的有检索意义的主题概念。凡不具有检索意义的类目、分类表中列出的停用类目及注释、类表中列出的沿革注释及方法注释、编制说明、《中图法使用手册》涉及的主题内容等，不在索引收录范围之内。

《中图法》第 4 版索引采用题内关键词轮排索引的形式编制。轮排索引是将分类表中全部类目名称及注释包含的主题概念，按单词予以轮排，利用汉语字面成族的原理，将有相同单词的类目名称汇集在一起，排列在某一单词之下，从而可以从那个单词出发，查出含有那个单词的全部类目。使用《中图法》索引可以从分类法的任何部位检索出相关概念，查到对应的分类号；同时也可以利用词素的字顺排列把相关主题的类目集中，起到主题检索的作用。

二、《中图法》索引的结构

索引款目由三部分组成，中部为索引标目（即检索入口词）及其下文，左侧为上文，右侧为索引地址（即分类号）。上文及下文起着限定、说明索引标目的作用，索引标目与其上、下文之和等于一个完整的类目名称。例如：

上　文	↓　检索入口词及其下文	分类号
对数	表	O1-644
三角函数	表	O1-645
特殊函数	表	O1-648
基因	表达	Q344+. 13；Q786
句子	表达方式	H043
	表解	①-64
世界历史	表解	K108

上文从右向左排，入口词从左向右排。

索引的全部款目采用双向排序法，索引标目（即检索入口词）及其右侧汉字由左向右按汉语拼音顺序排列，检索入口左侧汉字由右向左按汉语拼音逆序排列，当类名过长时，使用右首折断的排列方法，例如：

偏二↓
氯乙烯-氯乙烯　共聚纤维　　TQ342⁺. 53

三、《中图法》索引的参照

为了方便用户查找、节省索引的篇幅，索引编制了三类参照。

1. 多音字参照

在多音字之间设置另见参照，以便互相指引，同一音节不同声调的多音字则予以集中，不设参照。如“重（chóng）另见　重（zhòng）”。

2. 压缩轮排款目的参照

此类参照分为两种，一是对于一些通用词一般不予轮排，为之编配一般参照（用→表示），指示查找的方法。如“工艺→此词素不轮排，各种工艺请查其他词素，如准备工艺从准备查起”。二是对于一些非通用词，则采用见参照，指引检索入口。如“病虫害　防治→病虫害防治”。

3. 同义词之间的参照

索引对于同义词不加规范，仅制作两类参照。一是具有同义关系的两个词，其中一个词只带有一条索引款目，另一个词带有多条索引款目，此时制作从前者指向后者的见参照，如“论理学→逻辑学”；二是具有同义关系的两个词，分别带有若干索引款目，索引不予以统一和归并，二者之间制作另见参照，互相指引，如“成人教育　另见　业余教育”、“业余教育　另见　成人教育”。

四、《中图法》索引的编制

1. 编制程序

第 4 版索引用计算机辅助编制，即由人和机器共同分担完成下列步骤：

（1）由计算机处理分类表文本排版数据，自动删去电子数据中的排版符号，删去分类表中的沿革注释和方法注释，提取范围注释及定义注释中的主题概念分别组成类目，并且在分类号末尾添加表示需要复分、仿分等的专用符号。下面是经过处理的数据：

D2　中国共产党
D2-0　党的领导人著作
D20　建党理论
D21　党章
　　党章修改报告入此。

（2）手工处理分类表，根据规则添加一些表示需要拆分类目或增加限定词的若干专用符号，再通过计算机处理将类目和注释处理成一个个独立、完整、语义明确的主题概念。下面是处理后语义完整的数据：

D2　中国共产党
D2-0　中国共产党的领导人著作
D20　中国共产党建党理论
D21　中国共产党党章
D21　中国共产党关于修改党章的报告

（3）计算机自动切分类目名称，然后手工补切。经过切分的类目如下：

D2 /中国/共产党
D2-0 /中国/共产党的/领导人著作

D20 / 中国/共产党/建党理论

D21 / 中国/共产党/党章

D21 / 中国/共产党关于/修改/党章的报告

（4）自动轮排和生成索引款目。

（5）计算机辅助查错，最后由人工增补、校订全部索引款目，添加必要的参照。

（6）计算机辅助编辑、排版，经人工格式校验，最后激光输出轮排索引。

2. 计算机辅助编制系统

为了实现《中图法》轮排索引的机器编制，开发了索引的计算机辅助编制系统。该系统的模块及功能是：

词典生成模块。利用计算机切取分类表中各级类名的关键词，形成一个机读词典，作为自动切词的依据。

人工处理模块。由人工对分类表的类名和注释进行处理，使类名和注释变为语义独立、完整的主题概念。

自动切词模块。利用词典生成模块生成的机读词典，逐词对经计算机处理的分类表的类名进行自动切分。

自动校验模块。由计算机自动对数据文件进行校验和查错，减少人为操作的误差。

索引生成模块。完成索引款目的轮排、款目拼接，生成相应的题内关键词索引款目。

统计管理模块。对生成的索引款目的数量进行统计和监测，以控制索引的轮排系数和最终规模。

五、《中图法》索引的使用

使用《中图法》索引应注意以下问题：分类法索引是通过字顺查找类目的辅助工具，不能直接用于分类标引，查找的结果要回到分类法中进行核对；如果查到分类号的末尾附有表示复分和仿分的专用符号，要按分类法有关规定进行复分、仿分，并将它们转换成专指的分类号；查检时从索引款目中部的检索入口词查起，按字顺次序找到所需的单词，并根据索引的上下文判断类目的含义；要尽量从专指的概念入手查找，而不要使用通用概念查找；要从不同的同义词入手试查，因为索引未收集分类法以外的同义词。

第六节 《中国图书馆分类法》的修订技术

随着科学技术和社会的进步，人们对世界、对科学的认识处在不断发展和调整之中，反映这种认识成果的文献生产也必然随之发生变化。文献特点的变化以及现代化技术设备的应用，又相应使人们的文献情报需求、文献标引方式、文献检索方式等有所变化或调整。分类法作为文献标引、组织、检索的工具，从体系结构、类目设置、使用方法等方面也必须不断作出相应的调整，以适应时代的发展。如果说编制分类法标志着一部分类法的诞生，那么修订分类法则是维护分类法成长、发展的过程和手段。因此，分类法的编制与修订具有同等重要的意义。《中图法》就是在不断的修订中保持着旺盛的生命力。

一、《中图法》版本修订的周期

分类法的修订包括定期的版本修订和日常增补性的修订。版本修订要有一定的周期，因为新版分类法出版后用户有一个学习、熟悉的过程，有一个文献改编的过程；分类法的修订有一个用户意见调查、文献出版调查、科学发展趋势调查、修订策略研究等过程；科学的发展也有一定的周期性和阶段性。修订周期过长，同科学技术发展相比，其滞后性增加，不能及时反映新的科学成就，不利于用户使用；修订周期过短，分类法稳定性降低，用户难以适应，同时也加重了用户改编文献和书目的负担，不利于用户的使用。《中图法》自1973年出试用版，到2010年出第5版，正式版本的修订周期为8、9年，其中用于修订的时间为2~3年。随着《中图法》电子版、网络版的出版和用户的普及，纸质版的修订周期将有所加长，主要是电子版、网络版的应用使阶段性的增补更为方便，完善的日常修订机制和发布机制将减弱分类法对于科学发展的滞后性。

二、《中图法》修订的准备

分类法的版本修订是一项复杂的系统工程，它既是对前一版本的综合检验与评价，又是对新版本的规划、设计和编制；既涉及大量复杂的技术性、事务性工作，又涉及广泛的学术性研究工作。做好修订前的准备，是保证分类法顺利修订的重要方面。《中图法》修订准备工作主要包括以下几个方面：

用户调查。包括标引用户和检索用户对上一版分类法使用中提出的各类意见和建议，标引方式、检索方式、情报需求特点、技术设备条件的变化对新版分类法的要求等。

类目标引频率调查。通过各种书目数据库统计每一个类目用于图书、资料论文的标引频率，从而确定上一版本使用以来的文献保证数据。

学科发展动态调查。通过对相关学科专家调查、有关专业和研究机构的设置调查、有关文献调查，了解新学科、新事物的发展动态和趋势。

文献出版调查。调查一个时期内不同类别、不同类型文献出版的状况、变化、特点和趋势。

国内外分类法调查。了解国内外主要分类法修订的特点、技术、主要类目的变化等，以便借鉴和吸收其他分类法修订的成功经验。

综合分析。通过对上述调查数据的分析，制订新版本修订的指导思想、原则、修订的重点和主要技术。

研究和制订修订工作的程序、修订工作细则、修订工作分工和组织等。

三、《中图法》修订的原则

1. 发展与稳定相协调的原则

稳定性是文献工作各个环节和用户检索的需要，没有稳定性，分类法就失去了作为文献整序工具的意义；发展性是社会进步、科学发展以及文献及技术环境变化对分类法的要求，没有发展，分类法就失去了生命力。发展性要求分类法的知识结构跟上新知识发展的步伐，发挥组织知识的作用；稳定性要求分类法基本体系结构、标记制度、标引方法保持稳定，从而保证文献组织、检索工具的稳定性。发展与稳定是一对矛盾，处理二者之间关系的原则是：发展是绝对的，稳定是相对的；在保持总体的稳定中求发展，以发展为分类法不断注入活力，提高其适应新形势的能力，从而促使它在新状态下形成新的稳定。

2. 文献保证原则

分类法类目的设置要与文献出版、积累的状况相匹配。要做到有类必有相关的文献，有文献就有能容纳它的类；某类文献种类多，类目就设置得详尽，反之，类目就设置得简略；当某类失去必要的文献保证后，就应对有关的类目加以调整、合并、删除。

3. 用户保证原则

分类法的修订要充分考虑用户的使用情况和使用的便利性。如果某类目已被多数用户所使用并已分编大量文献，那么对该类的修订应特别慎重，尽量减少用户改编文献和书目的负担。某些类号虽原来编配得不甚理想，但其使用频率高，修订时一般也不予改动。对于用户在使用中反映强烈的问题，如类目过粗、列类不当、类目含义交叉或不清晰、分类规则不明确等，都应当在修订中加以解决。为了保证用户在换用新版本后有一个学习、改编文献和书目的过程，停用的类号保留一个版次不被使用，也是必要的措施。

四、《中图法》修订的主要技术

1. 扩充类目体系、补充新主题

这是每一版修订的主要内容。扩充类目体系有两个目的：一是全面、系统地补充原来没有的新主题，适用于重点修订学科的增补或扩充；二是增加细分程度，使文献过于集中的类目进一步细分。当一组类目需要扩充细分时，通常采用增加仿总论性类目或仿“一般性问题”分的注释，或增设新的专类复分表；当个别类目需要扩充细分时，通常采用增加类目间仿照复分、增加仿通用复分表复分的注释解决。《中图法》补充新主题主要采用以下方式：

- 增加新的类目。利用原有的空号为新学科、新主题增设新的类目；当特定的位置类号不敷使用时，通常使用各种扩号法增加号码容量，以容纳新的主题；只有在极特殊的情况下，才考虑使用上一版的类号标记新增类目。
- 修订类名，扩大原类目的外延。
- 将含义相关的类目改为类组，容纳新的主题。
- 通过类目注释，增加新的主题内容。

2. 删除陈旧或错误的类目，合并使用频率很低的类目

科学技术的发展必定使一部分旧的理论、技术、工艺、设备逐步被淘汰，与此相关的文献逐渐减少直到停止出版。反映这些过时文献的类目就需根据不同的情况加以合并、调整或删除。在分类法使用过程中发现的没有文献保证的类目、编制错误的类目，也予以删除。

3. 订正错误

对在使用中发现的类名、类号、隶属关系、参照关系、注释方面的错误以及排版、校对、印刷中的错误予以订正。

4. 分类款目的规范化

通过不断的修订，使类名的表述、类号的编配、注释的内容和段落、次序、表述用语、标点、举例等更加规范。但如果对某些类列排列的不规范、配号的不规范加以修订将涉及较多文献的改编时，则不再进行规范化处理。

5. 不断完善注释系统

新版修订时应通过增加定义性注释、类目划分标准注释、内容划分注释、参照注释、示例注释、分类方法注释等完善类目注释系统，使类目本身及类目之间的关系更加明晰。

6. 增加或删除交替类目，修改交替方向

根据对类目之间关系的认识和专业文献情报单位的需求，适当增加或删除部分交替类目，对原来交替方向选择不够科学或不够实用的则予以修订。

7. 局部调整类目体系

通常每一个版本修订时选择一个大类进行重点修订，对于存在严重问题或明显不适应文献标引的类进行局部类目体系的调整。

8. 修订复分表

复分表由于其使用范围不是涉及全表就是涉及某个局部，复分表的修订将涉及大量文献的改编问题。因此复分表的修订一般仅局限于扩大类目外延、增加新类目、增加细分层次、增加注释、增加复分表种类等方面，保持某个类号所表达的主题基本不变。

第七章 《中国图书馆分类法》电子版与网络版

第一节 《中国图书馆分类法》电子版的功能设计与数据格式

一、电子分类法的发展

电子分类法，是指使用软件程序描述分类法的类目和类目体系各个要素之间的联系，通过系统软件在计算机上使用的分类法。电子分类法的特点是分类法数据的数字化，类目的属性和内在逻辑联系被程序详细记录和解释，从而实现多功能检索。

电子分类法的发展至今大体经历了三个阶段，而 DDC 是电子分类法发展的缩影（参看第十一章第一节中的“DDC 的发展历程”）。第一个阶段始于 20 世纪 80 年代的应用计算机编辑和管理分类法阶段，主要特点是用一定的记录方式描述类目的数据，利用计算机进行数据录入、错误检查、查找、编辑、排版、输出等。分类法实现计算机辅助编辑和初步管理，为后来的电子版进行了技术准备。第二个阶段开始于 20 世纪 90 年代的电子（光盘版）分类法阶段，分类法成为在计算机上运行的独立系统，具有浏览检索和分类号、语词检索式检索功能以及各种辅助功能。进入 21 世纪后，电子分类法迈进了发展的第三个阶段，即 Web 版分类法阶段，Web 版分类法是在互联网上获取、使用、更新的分类法版本。在这方面 DDC 走在世界的前列，2000 年率先推出了网络版 WebDewey。UDC 和 LCC 分别在 2001 年推出网络版 UDC Online 和 Class Web①。《中图法》于 2009 年推出《中国分类主题词表》(第 2 版) Web 版，包含《中图法》(第 4 版) Web 版，2011 年推出《中图法》(第 5 版) Web 版②。

二、《中图法》电子版的功能设计

1. 印刷版分类法在使用和维护中的困难性

克服印刷版分类法在使用和管理中的困难性以及适应文献信息组织与检索的自动化发展的需求，是推动传统分类法走向电子化的动力。印刷型分类法在用于文献信息标引和检索中主要的问题是：

翻阅困难。特别是在同时参阅若干个类目时必须在厚厚的一本分类表中来回交替翻阅。

检索困难。从语词入手查找类目是用户的需要，即便分类法配有类目索引或主题索引，从字顺入手在印刷型索引中查找也是十分费事的，更不用说多条件的组合检索了。

固定的线性排列无法跳转。分类法中有大量的交替类目、参照类目，类目之间存在着内容上的复杂联系，类目注释中存在大量通过类号或语词指向相关类目的线索，要从一点跳转到另一点是浏览的需要，但对印刷版分类法来说是天方夜谭。

维护管理困难。分类法类目数量巨大，类目之间关系错综复杂，任何一处的变动都可能连带其他类目的变动，手工操作不但效率低也容易出差错，维护管理的困难性是分类法更新周期长的重要原因。

与自动化系统不适应。当计算机技术进入文献信息的编目和检索领域后，印刷型分类法成了制约提高编目效率和检索效率的主要因素之一，图书情报工作的自动化进程迫切要求改变这种现状。

2.《中图法》电子版功能的设计要求

《中图法》电子版在开发时针对上述问题并参照电子杜威法的功能，制定了整体功能要求。

(1) 有直观方便的显示、浏览功能。它包括：以方便快捷的形式展开类目的等级层次结构，便于在浏览中选择类目；以《中图法》印刷版的格

① 曹树金. DDC、UDC 网络化对《中图法》发展的启示 [J]. 国家图书馆学刊, 2008 (4): 36-38.

② 《中图法》Web 版简介 [EB/OL]. [2014-12-01]. http://clc.nlc.gov.cn/ztfdzbweb.jsp.

式和 MARC 格式显示分类款目；多窗口显示分类法的相关部分；各个窗口的内容可以连动显示；各种显示方式之间随意切换等。

（2）有超文本链接功能。分类款目中任何检索意义的字符都以超文本方式链接，实现信息节点之间的跳转。

（3）有完备的检索功能。检索功能包括：单一条件的检索与复合条件的组配检索、精确检索与模糊检索、截词检索，能从分类表的任何部位检索出相关的文字和类号，检索能限定在分类表各个组件中，限定在各种性质的类目中。

（4）有与编目系统和检索系统通用的接口。不需要专门的程序或通过开放式的接口与编目系统、检索系统实现挂接。

（5）有友好的用户界面和方便的操作形式，有详细的使用帮助，有用户口令管理、用户自加类目注释等辅助功能。

（6）为发展成为分类主题一体化电子检索工具留有余地。

（7）有满足分类法编辑管理的必要功能。电子分类法是分类法管理系统的一个子系统，除了为普通用户提供的浏览、检索等功能之外，还要有从记录控制号、记录 ID 号、调试信息等方面检索的功能。

三、《中图法》电子版的机读数据格式

在电子分类法的研制中，分类法的数据格式是关键，因为电子分类法的一切功能都来自分类法数据的保证。《中图法》电子版的数据格式的设计基于两个原则：一是要与国际和国内的相关格式兼容，满足数据交换的需要；二是要能充分描述《中图法》类目的特点并留有充分的余地。因此，选定在 CNMARC 和国家图书馆“规范数据格式”的基础上研制出《中图法》的分类格式，即 CLCMARC。

在字段和子字段的设计上重点参考了美国国会图书馆 1987 年为分类数据开发的 USMARC 格式。USMARC 对分类法数据的描述相当完备，其中 153 字段和“组号方法块”是分类数据格式所特有的：

153 类号

子字段代码

$a 类号单元：单一类号或类号组的起始类号

$c 类号单元：类号组末尾类号

$h 类目等级

$j 类名

$ k　概略类号组类目等级
$ y　分类表识别：主表
$ z　分类表识别：辅助表号码

组号方法块：

761　附加或仿分说明
763　主表内复分或专用表条目
765　合成类号组成部分
768　引用与优先次序说明

《中图法》机读数据格式的基本结构与 CNMARC 相同，下面是 CLCMARC 格式的基本框架和主要字段的概要情况：

| 记录头标 |

0-4　记录长度
05　记录状态
06-09　执行代码
　06　记录类型代码 1：
　　x=使用类目（规范款目）
　　y=交替类目（单纯参照款目）
　　t=停用类目（单纯参照款目）
　　z=指示性类目（说明款目）
　07　记录类型代码 2：
　　a=主表类目
　　b=通用复分表类目
　　c=专类复分表类目
08-09　未定义　填空
10-23　（略）

| 0-目次区 |

001　记录控制号
005　记录处理时间
152　分类表与版本

指示符 1：版本类型

0 详本

1 简本

2 期刊本

3 儿童本

4 分类-主题本

5 资料本

8 专业本

子字段：

@a 分类表代码 CLC

@b 版本名称　中国图书馆分类法

@c 版本版次　4

@e 语言代码　chi

1-编码信息

100　一般处理数据

2-类目标识

260　类号

指示符 1：类号的编辑制度（相对于直接上位类）

0 层累制

1 八分法

2 双位制

3 借上级类号

4 借下级类号

5 借同级类号

6 借 0 编号

7 使用“-”列举编号

8 顺序制编号（例如：A \ B \ C \ D…）

n 以上都不适用的

子字段：

@a 单一类号或类号组的起始号（必备，不可重复）

@b 旧类号的单一类号或起始类号（已停用的类号）

@c 类号组的结尾号

@h 类级 用两位数字标识：从最高依次

@m 类名（不完全）
@z 附表标识
fb1 总论复分表
fb2 世界地区表
fb3 中国地区表
fb4 国际时代表
fb5 中国时代表
fb6 世界种族与民族表
fb7 中国民族表
fb8 通用时间、地点表
A—Z/1-8 专类复分表标识：专类复分表的位置类号

3-注释块

330 含义范围注释
331 使用说明注释
332 沿革注释
指示符 1：变更情况（指该 260 字段类号的性质）
0 新增类号
1 停用类号
2 占用类号
8 其他
子字段：
@a 所参照的单一类号或起始类号
@b 所参照旧类号的单一类号或起始类号（已停用的类号）
@c 所参照类号组的结尾号
@m 所参照的类名
@n 说明文字
@t 论题
@6 连接字段

4-5 根查块

460 无效类号根查（停用类根查）
560 有效类号根查（相关参见根查）

6-分类号块

675 UDC 类号

676/685 其他分类号

7-主题词块

700-740 （略）

750 主题词

指示符1：对应关系

0 主要对应关系

1 次要对应关系

2 组配对应关系

3 交替对应关系

子字段：

@a 单一主题词或主标题词

@b 主题词限定语（括号内的）

@c 限定组配主题词

@d 交叉组配主题词

@e 倒置组配主题词（正式主题词）

@f 倒置组配主题词（自由词）

@g 一般注释说明

@h 参见注释说明

@i 注释和参见中的分类号

760 自由词

8-用户块

801 记录来源

830 修订说明（用于版本间的补充修订）

在软件开发中还补充了用于记录号转换的009字段和记录类目完全路径的999字段等：

《中图法》MARC记录的样例

00649nxa 2200157 45

001 C004138

005 19991009090909.0

100 @a19991009achiy0108 ea

1520 @aCLC@b 中国图书馆分类法@c4@echi

2600　@ h05@ aF626. 5@ m 通信网络企业
330　@ n 网络工程企业、网络服务商（ISP）、网络经营管理、网址管理等入此。
3312　@ t 网址资源@ n 入@ aTP393. 092@ n
5600　@ 3C037241@ 5knh08@ aTP393. 092@ m 网络浏览器@ t 网址资源
5600　@ 3C004124@ 5ng@ h04@ aF626@ m 电信企业组织和经营管理@ Hxa0@ C4
999　@a ＄ a! 主表@a ＄ 32900 ＄ aF ＄ m 经济＄ Hxa@ a ＄ 34099 ＄ aF6 ＄ m 邮电经济＄ Hxa@ a ＄ 34121 ＄ aF62 ＄ m 电信＄ Hxa@ a ＄ 34124 ＄ aF626 ＄ m 电信企业组织和经营管理＄ Hxa@ a ＄ 34138 ＄ aF626. 5 ＄ m 通信网络企业＄ Hxa
009　c004141

分析《中图法》机读数据格式我们可以看出，分类法的全部数据、类目的各种属性、类目之间的各种关系全部被记录下来，而在印刷版分类法中字面背后的属性和联系是隐含的。下列字段突出反映了《中图法》自身的特点：

（1）06-09 执行代码，记录每个类目的性质和在分类表中的来源，用于类目的限定检索、统计以及生成类表等。

（2）152 分类表与版本，包括《中图法》各个版本，可以据此生成分类法的不同版本。

（3）260 类号，记录类目的名称、类级、编号类型、在复分表中的位置等，是显示类目、建立等级树结构、进行扩检缩检的依据。

（4）3-注释块，把注释分为不同的类型，可以控制注释生成或显示的顺序与段落，注释中凡是与其他类相关联的语词、类号均标注为“@ 6 连接字段”，生成超文本链接。

（5）460 无效类号根查（停用类根查）和 560 有效类号根查（相关参见根查），可以用于把类目之间的各种关系连接起来，实现浏览查阅中的跳转。

（6）750 主题词，实际是与《中国分类主题词表》的接口，装入《中国分类主题词表》的数据，就可以成为分类主题一体化的电子检索工具。

（7）760 自由词，是与自然语言的接口，也是通过分类控制自然语言的工具，只要装入足够的自由词并实现实时更新，就可以实现自然语言的检索。

第二节　《中国图书馆分类法》电子版的使用

一、系统的界面

《中图法》电子版的主框架界面包括：菜单栏、工具栏，窗口有两种，一是检索窗口，它是由类目树框、检索栏、检索结果浏览框组成的子窗口，这是系统启动后默认的窗口，窗口的标题显示在类目树框中当前选择的对象处；二是详细窗口，它是由超文本框和邻近类目框组成的子窗口（见图 7-1）。

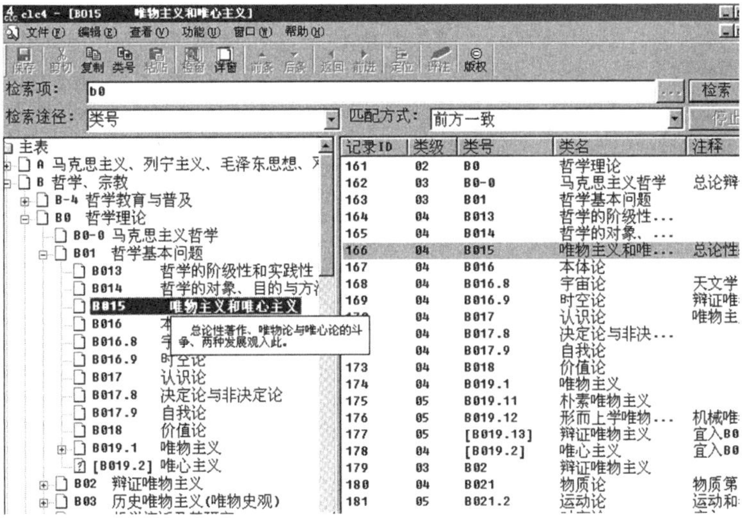

图 7-1　主界面图

1. 菜单栏

菜单栏包括文件、编辑、查看、功能、窗口、帮助等程序菜单，系统功能都可以通过下拉菜单实现。程序菜单的内容会随着窗口活动状态的变化而有所不同。当某些菜单项呈发灰的状态时，表明当前状态下此菜单功能不能使用。

2. 工具栏

工具栏包括保存、剪贴、复制、类号、粘贴、检（索）窗、详（细）窗、返回、定位、评注、版权等，这是程序菜单的便捷按钮方式。当程序处于不同的状态时，某些按钮以发灰状态表示不能使用，某些按钮的功能也发生变化。

3. 类目树框

类目树框展示各级类目详表的等级结构，包括“主表”和“通用复分表”两个部分，类目树框的图标左边有“+”号表明它是“未展开”的类目，图标左边有“-”号表明它是“已展开”的类目，用户可以根据浏览的需要一级一级地把类目展开，或把某些已经展开的类目折叠起来。各级类目的性质用专门的符号加以指示。

例如：

指示性类目

〉K825. 1/828（特殊分类规定）

交替类目

? ［N7］ 自然科学文献检索工具

停用类目

×｛X822｝ 环境质量综合评价

专用复分表子目

| 55 战略导弹部队

类分资料的类目（淡蓝图形）

■ S682. 1+3 君子兰

为了便于不调用详细窗就能看到某类目的注释，当鼠标指向那个类目时，该类目变成粗体并在鼠标下黄色方框里显示该类目的注释。

4. 检索栏

检索栏是用输入文字或符号的方法查找类目的一个窗口，包括：

“检索项”，输入检索字符的地方。

“检索途径”，选择检索数据来源或检索范围的地方，下拉菜单包括类名、类号、复分表等。

“匹配方式”，是选择检索匹配算法的地方，下拉菜单包括前面一致、精确一致、全文检索等。

“>>”高级检索按钮，用鼠标单击可打开高级检索对话框，进行组配检索。

“…”打开结果集按钮，用鼠标单击可打开上一次进行高级检索时指定生成的结果集或装入的结果集。

5. 浏览框

浏览框是装载和显示来自检索窗检索结果的窗口，显示的内容包括“记录 ID”（类目在系统中的唯一代码）、类级、类号、类名、注释。后三项与印刷本《中图法》完全一致。

检索的结果按记录 ID 号自动排列，用鼠标单击浏览框列表中某列的列标题名，可以改变检索结果排列的次序。第一次单击，将改按该列内容的升序排序，再次单击，则按该列内容的降序排序。

浏览框各列的宽度可以随意调整，将鼠标移动到浏览框列表的两个列标题之间的空隙上，按住鼠标左键左右拖动，就可以改变列标题的宽度。

在浏览框中对检索的结果可以灵活地处理：

（1）用鼠标双击选定的某一行，就可以在新窗口显示该类目的详细数据。

（2）在浏览框内，用鼠标左键+Shift 键，可以选中若干个连续的类目；用鼠标左键+Ctrl 键，可以任意选中所点击的类目。

（3）对于选中的类目，单击鼠标右键可以调出一个菜单，选择“保存到结果集文件”，可以将检索结果中选中的部分保存到一个扩展名为 .set 的文件中，这个结果集既可以再次调用，也可以用于和其他检索式的组配检索；选择“复制选定的行”，就将检索结果中选中的部分保存在剪贴板上，可以粘贴在任何文本文件中，这对读者保存检索结果是很有用的功能。

6. 详细窗：超文本框

详细窗是显示分类法某个类目详细数据和它在分类法中位置的窗口，显示的类目既可以是类目树的任意类目，也可以是检索结果中的任意类目。详细窗又分为“超文本框”和“邻近类目框”两个子窗口。其中超文本框显示类目的详细数据，显示分为两种格式，即超文本格式和 MARC 格式，通过窗口右边的按钮可以进行选择（系统默认的是超文本格式）。

（1）超文本格式。在超文本格式界面，类目的版式与印刷版分类法完全相同，这符合用户的习惯，但增加了超文本链接，凡是注释中指向他类的类目，类名用蓝色显示、类号用绿色加下画线显示，点击带下画线的类号，就在详细窗显示注释所链接的类目。与印刷版不同的是详细窗还包括该类目的上位类、下位类以及该类目的生成时间、记录 ID 号、类级和数据来源等，上位类和下位类都使用超文本链接，这对标引者或检索者都是很方便的。在超文本框单击鼠标右键可以调出一个菜单，选择“复制全部文字”，超文本框的全部数据就复制到剪贴板上了。下面是超文本框的一条实际记录：

TU24　民用建筑（显示上位类）

TU241　　居住建筑

　　住宅舞厅入此。

　　住宅内游泳池建筑入TU245.3。

TU241.1/.93　各种住宅（显示下位类）

TU241.1　单幢住宅

TU241.2　集合住宅

TU241.3　集体宿舍

1999-10-09（显示有关数据）

#C045062

类级：05

主表类目

（2）MARC格式。这是类目的MARC格式的记录，可供图书情报专业人员参考。类目的MARC数据可用按鼠标左键拖动的方式选定，再加以复制（见图7-2）。

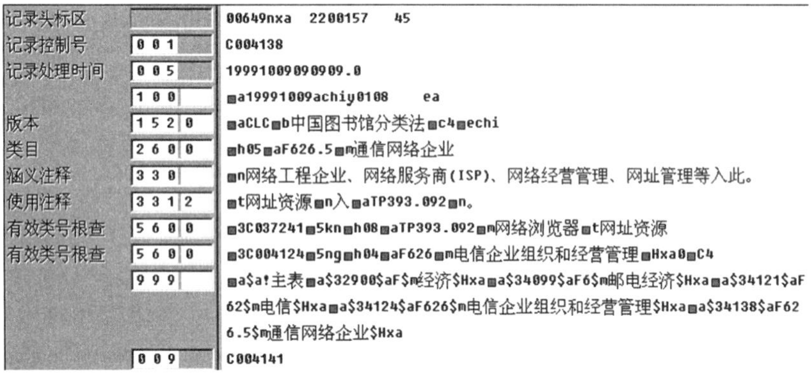

记录头标区		00649nxa　2200157　45
记录控制号	001	C004138
记录处理时间	005	19991009090909.0
	100	■a19991009achiy0108　ea
版本	152 0	■aCLC■b中国图书馆分类法■c4■echi
类目	260 0	■h05■aF626.5■m通信网络企业
涵义注释	330	■n网络工程企业、网络服务商(ISP)、网络经营管理、网址管理等入此。
使用注释	331 2	■t网址资源■n入■aTP393.092■n。
有效类号根查	560 0	■3C037241■5kn■h08■aTP393.092■m网络浏览器■t网址资源
有效类号根查	560 0	■3C004124■5ng■h04■aF626■m电信企业组织和经营管理■Hxa0■C4
	999	■a$a!主表■a$32900aFm经济$Hxa■a$34099$aF6$m邮电经济$Hxa■a$34121$aF62$m电信$Hxa■a$34124$aF626$m电信企业组织和经营管理$Hxa■a$34138$aF626.5$m通信网络企业$Hxa
	009	C004141

图7-2　MARC格式数据

7. 详细窗：邻近类目框

邻近类目框是为了指示超文本窗所显示类目在分类法中的位置而设置的，以便用户通过周围类目的限定进一步判断类目的含义，或转向查看相关的类目。邻近类目框包括该类目的上位类（用朝上的黄箭头标识）、该类目本身（用红箭头标识）、下位类（用朝下的绿箭头标识）、同位类（无标识），这样该类目在分类法的位置就一目了然了。在邻近类目框用鼠标双击任何一个类目，都可以将其调入详细窗显示。

二、系统的设置

在使用《中图法》电子版之前，需要根据各自的实际情况和要求进行必要的系统设置。打开“帮助”菜单，就可以进行浏览框参数配置和系统参数设置。浏览框参数是修改显示的栏标题和宽度，一般无须调整。系统参数设置，包括“启用剪贴板链接口”和“查找前排除非分类号字符串”参数设置，通常应当将参数设置为 on 状态，启用这些功能。

三、窗口的布局、调整、切换和互动

《中图法》电子版为了最大限度地满足用户浏览的需要，在窗口的设置、切换、调整、互动等方面进行了精心的设计，用户可以根据浏览、检索、编目的需要灵活地运用窗口提供的便利。

1. 窗口的选用

窗口主要分为检索窗和详细窗两大类，在它们的内部又有不同的子窗口，除此之外还有评注、装载结果集、功能选择等辅助窗口。用户可以单独显示检索窗或详细窗；可以同时显示检索窗和详细窗；可以同时打开若干个检索窗、详细窗；可以选择在显示有关数据时是建立新窗口，还是在原窗口显示。

在“文件”菜单中有“新开检索窗”、“新开详细窗”，可以在原来类目树展开的基础上打开新的窗口；在“帮助”菜单中有“切至详细窗”、“新窗口”，可以把在检索窗选定的类目切换到详细窗显示，或建立新的窗口；在“功能”菜单中，有“高级检索”，可以调用高级检索窗口，有“观察××”，可以在详细窗观察类目树或在浏览框选中的类目。常常是同一个功能可以分别通过鼠标、菜单、工具按钮来实现，给用户的习惯选择提供了空间。

2. 窗口的布局和调整

用户在使用电子版时，可能会因不同的浏览、检索、编目需要而调整窗口布局和窗口的形状与大小。除了开启新窗口的办法外，系统为用户想得也很周到：

（1）在“查看”菜单中选择“平面布局”，窗口将成为类目树框、浏览框、超文本框、邻近类目框同时显示的整体布局，这时其余的窗口将被关闭。用鼠标指向检索窗和详细窗之间的分割条就会显示一个小箭头，单击鼠标右键就出现一个快捷菜单，选择“分割条两侧交换”，可以上下交换检索窗和详细窗的位置，选择“垂直/水平切换”，可以把检索窗、详细窗的形状作垂直或水平切换；同样，在超文本框和邻近类目之间，也可以作这种切换。

（2）在多窗口存在的状态下，使用“窗口”菜单的“层叠”、“平铺”等功能，可以改变窗口摆放的位置和形状。

（3）不管窗口布局和形状如何，都可以用鼠标左键在窗口的连接处拖动窗口改变大小。

3. 窗口之间的互动

使用电子版分类法时，经常需要在不同的窗口观察同一个类目，当在某一个窗口选中一个类目后，其他不同的窗口也都同时显示该类目，这就是窗口之间的互动。

（1）在“查看”菜单中如果选择“详细窗和类目树互动”，当用鼠标单击检索窗中类目树上的类目时，在详细窗就会自动显示类目树框中所选类目的详细内容；同样，如果详细窗处于活动状态，详细窗的记录发生改变，在类目树框中也自动地展开到相对应的类目。

（2）在“查看”菜单中如果选择“浏览窗和类目树互动”，用鼠标单击浏览框中的类目时，类目树框会自动地展开到相对应的类目；同样，用鼠标单击类目树中的类目时，如果浏览框中有相应的类目，它也会自动处于选定状态（见图7-3）。

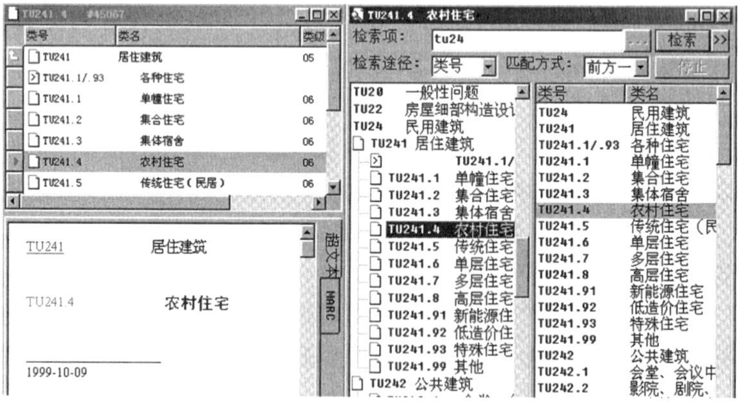

图7-3　多窗口互动（农村住宅）

四、检索功能与检索方法

使用分类法，不管是标引文献也好，还是检索文献也好，都有一个查找类目的问题，特别是要根据一个已知的概念查找分类法里有没有相符或相近的类目、在什么位置。《中图法》电子版提供的检索功能相当完备，不但提供了标引人员和检索用户常用的检索功能，也提供了研究分类法、管理分类法所使用的检索功能。掌握《中图法》电子版的检索方法，要特别了解它的检索途径、匹配方式和通配符的使用等，因为这与常用的文献数据库检索系统有很大的差异。

1. 检索途径

检索途径是指检索的入口和检索对象的来源，《中图法》电子版的检索途径包括：

类号——分类法主表的各种类号都可以作为检索入口，如使用类目类号、交替类目类号、停用类目类号等，输入类号时不区分大小写。

起止类号——是指分类法主表本身用“/”连接的一组起止类号，如G61/79、F513/517，不是指任意连续的起止分类号。输入时须用首尾两个完整的分类号，如G61G79、F513F517。

类名——包括主表类目以及类目注释中有检索意义的字符，不包括注释中的分类组号说明、停用类目注释等，如“依世界地区表分”、“停用；4版改入P413”。

复分表——是指查找的对象为通用复分表或专用复分表本身。查找通用复分表时，必须使用通用复分表的代号（复分表标识符，见本章第一节“《中图法》数据格式”）。查找专用复分表时，须输入某专用复分表挂接的分类号，即用于某类复分的类号，如：Q939、R5等。

复分号与复分表——检索某专类复分表或通用复分表的子目号。检索时先输入子目号（专类复分表子目号的“0”不能省略），加一个竖杠分隔后再输入复分表标识符或专类复分表挂接的分类号，如：02 | R5、-62 | fb1。

起止复分号与复分表——检索某专类复分表或通用复分表内用“/”连接的一组子目号。检索时只输入起止复分号开头的号码，加一个竖杠分隔后再输入复分表标识符或专类复分表挂接的分类号，如：12 | I3/7、1 | fb3。

类级——从类目的级别查找类目，类级用两位数字标识，不足两位时前面补“0”，如：05、10。该功能可用于统计分类法各个级别的类目数量或各个类目中不同级别的类目数量。

类级与类号——从类目的级别和类目的范围两个条件查找一批相关的类

目。检索时先输入要检索的类级的两位数码，再输入要检索的类目范围（即类号），如：06TS，表示查找 TS 类的 6 级类目。

类级与起止类号——指从类级与起止类号两个条件检索类号，先输入类级，再输入完整的起止类号，如：05P1-093P1-097。

所属类目路径——是指在检索中用上位类的内涵，对其所属各级下位类的内涵进行限定，也就是一个下位类的含义受划分展开的路径所限定（上位类和各级上级类构成的路径）。由于体系分类法的各级类目都隐含着其上位类的内涵，但在类名字面上并不一定直接表达出来，这样仅从类名字面上就无法检索到相关内容，例如：

I22　诗歌、韵文
I226　　现代作品
I226. 2　　抒情诗

其中“现代作品”实际含义是“中国-诗歌-现代作品”，但因类名中没有“诗歌”，所以用“诗歌”是检索不到该类的。但下位类通过“所属类目路径”赋予了各级上位类内涵，只要“路径”上有“诗歌”（I22 诗歌、韵文），就可以检索到类名中没有直接显示的相关主题概念。

使用“所属类目途径”检索，也可以是类名与类名、类名与类号的组合。如果使用组合方式检索，类名与类名、类名与类号之间需以“%”为分隔符，如：TS%纤维，表示在 TS 类查找与“纤维”有关的类目，这时“TS102. 2+21 亚麻”也被检索出来，因为上属路径有“TS102 纺织纤维”。

评注文字 ——指检索用户自己在分类法中标记的文字。

评注 ID ——指检索分类法中标记有用户文字的类目（全部或一部分）。

记录 ID ——记录 ID 是电子版分类法 MARC 记录中类目唯一性识别的标识，记录在 001 字段中，在软件调试和维护中很重要。记录 ID 可以是一个数字，也可以是一组连续的数字范围。

记录控制号 ——记录控制号是由记录 ID 前面加字母“c”和若干个“0”凑够 6 位数码组成，如：c004321、c000014。

全部途径——指包括全部的检索点和检索范围。

2. 匹配方式

匹配方式是指检索标识以何种方式与数据库的数据匹配、抽取。检索途径和匹配方式是互相搭配和制约的，选定某种检索途径就决定了使用哪种匹配方式，选定某种匹配方式也就决定了只能选择什么检索途径。它们之间的搭配，有时是系统自动选择，有时是靠人工选择。

精确一致——指只有在检索项与类表内容完全一致时才检索命中。

任意一致——指用户可以通过“通配符”的运用，在类名中选择各种截词方式进行检索。

全文检索——指在数据的任何部位进行相似性匹配，只要各个字段中包含检索项的字符，就能检出。全文检索要与“所属类目路径”、“评注文字”和“全部途径”的匹配模式搭配，也可以使用通配符“%”和“_”。全文检索是一种功能强大、检索速度很快的方式。

相似匹配——专用于分类号的截后匹配，即如果输入的分类号没有检索结果，那么程序会自动截去分类号的最后一个字符重新检索，如果还没有检索结果，那么程序再依次截去分类号的最后一个字符检索，直到有命中结果或分类号只剩下一个字符为止。如：输入 F8104567，将检索到 F810.456。

3. 通配符

通配符是指在检索项中代表一个或若干个任意字符的符号，用于某种截断或模糊检索，《中图法》电子版使用了 3 个通配符，都用于类名检索。

下画线“_”表示通配一个字符。下画线置于类名的哪个地方，就表示该处有一个任意字符。下画线“_”可用于任意一致检索和全文检索。例如使用“农业_计”，可以检索到“农业会计”和“农业审计”。

竖线“|”表示截止。竖线“|”置于类名左边，表示左边无字符，即为前方一致检索（相当于使用“类名-前方一致”检索）；竖线“|”置于类名右边，表示右边无字符，即为后方一致检索。竖线“|”只用于任意一致检索。

百分号“%”表示通配多个字符。置于类名的哪个地方，就表示该处有任意多个字符。百分号“%”可用于任意一致检索和全文检索（注意：在所属类目途径检索中，百分号“%”是作为分隔符使用的，而不是作为通配符）。

4. 检索方法

（1）简单检索。

在检索窗使用一个条件进行检索，这是最常使用的检索方式。

（2）高级检索。

在高级检索窗，可以同时使用几个条件进行逻辑组配检索，也可以进行某种条件的限定检索，每个检索项的要求与简单检索相同。各个检索项之间可以进行“与”（即 AND，同时满足几个条件）、“或”（即 OR，满足其中任何一个条件）、“减”（即 NOT，在检索结果中排除某个条件）的逻辑运算。例如："网络 或 电路 与 TM"，表示在 TM 类中检索有关网络或电路的类目。

在高级检索还有类目种类的限定条件，可以缩小检索范围，例如，可以把检索结果限定在主表类目、使用类目、交替类目、停用类目、复分表类目等范围中。除此之外，高级检索还可以把组配检索的结果限定在一定的类号或者类名范围内（有些与组配检索的效果相同），其中：

"从属于类号"框，可以输入一个或几个大写的分类号，类号之间用逗号（英文输入状态下）分隔，表示组配检索结果限定在上述类目之中。例如，检索项是"装置 与 传动"，限定类号是"TH，TG，U"，表示在 TH 或 TG 或 U 类，查找既有装置又有传动的类目。

"从属于类名"框，可以输入一个或几个完整的类名，类名之间用逗号（英文输入状态下）分隔，表示组配检索结果限定在上述类名（类目）之中。例如，检索项是"经济 或 管理"，限定类名是"林业，园艺"，表示在类名为"林业"或类名为"园艺"的类目中（包括下位类），查找含有经济或管理的类目，检索结果有：

F316.21　经济概况
[S757.9]　林场经营、管理
S624.4　温床管理
……

（3）检索结果集。

每次检索的结果系统都会产生一个结果集，如果要长期保存本次检索的结果集，在浏览框里选定要保存的几个或全部命中项，在"功能"菜单中（或用单击鼠标右键调出对话框）选择"保存到结果集"，输入文件名并选择保存路径后，确认，即可保存，结果集文件要以"~"为起首的字符命名，如 ~j123；如果要临时保存结果集，需使用高级检索方式，输入检索项之后点击"结果集名"右边的"…"，在弹出的对话框里输入指定的结果集名，检索的结果就被临时保存起来，可以随时被调用，关闭系统后检索结果集将不被保存。

生成的结果集可以随时装入浏览框观察检索的结果，也可以在简单检索或高级检索中作为检索项使用。长期保存的检索结果集可通过"文件/装载结果集"命令直接装载到浏览框，或装载到系统内供随时调用（不选"装入浏览框"时）。当系统内保存有本次检索的结果集或装载了以前检索的结果集时，检索窗检索项输入框右边的“…”会由灰色变成黑色，点击它就可以在结果集名表中进行选择。

使用《中图法》电子版检索，要根据各自的需要灵活地运用所提供的检索功能，就文献标引和检索来说，最重要也是最常使用的是类名的前方一致检索与全文检索。实践中，经常是一个检索结果可以由多种检索方法实现，应尽量选择输入简单、速度快的检索方法，比如能用“全文检索”实现的就不使用“任意一致”的匹配方式，因为“任意一致”检索的速度相当慢。

五、用户评注与管理

分类法的使用本是一个单位类分文献的依据，记载着某馆使用分类法的规定和特殊细节，《中图法》电子版为用户提供了相关的功能，即“用户评注”（见图 7-4）。

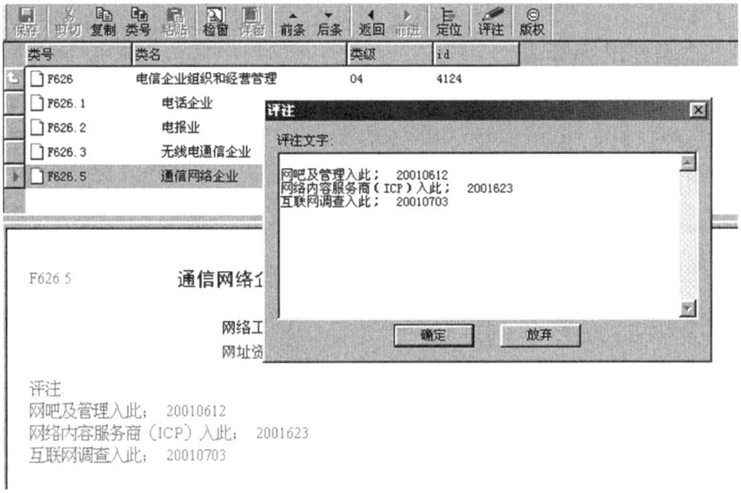

图 7-4 用户评注界面

1. 用户口令

为了保障电子版使用本的数据安全，使所记载的信息不被无授权的人删除或修改，系统首次安装后，需要在“帮助/评注口令管理”窗口设定使用本管理人员的口令（修改口令也在这个窗口）。口令设定后每次开机时都会要求验证口令，不输入口令者不影响电子版的使用，但无权修改电子版分类法所作的使用本记录。

2. 评注的加入与修改

用户记录在电子版中的信息称为“评注”，如果要在某类目下加入评注，应先把该类目调入详细窗，然后用鼠标单击工具栏上的“评注”按钮，或选择功能菜单上的“评注…”命令，在弹出的评注对话框里加入注释文字即可。为使记录内容条理清晰，在输入第一条注释前要先敲一个回车，以后每加入一条都敲一个回车，这样，每一条注释单独成行，便于阅读。加入评注内容后，按回车键或用鼠标单击“确定”，加入的评注内容就以红色的文字显示在超文本框中（如图 7-4 所示）。已经加入的评注文字只要再打开评注对话框，就可以随意修改了。

加入评注后，选择“帮助/为评注创建全文索引”命令，即可开始使用本次加入的注释，否则要等下一次启动系统后方能使用。

3. 评注的查看

如果查看已经加入的评注文字，要在检索栏的检索途径中选择“评注文字”，匹配方式自动会选择“全文检索”。输入要检索的内容，单击检索按钮即可开始检索。检索结果显示在浏览框中。

4. 评注的导出和导入

评注数据库是一个二进制文件，不能直接查看其内容，但可以将评注导出到一个文本文件，也可以把一个文本文件作为记录的评注内容，导入到评注数据库中。

（1）导出评注文字。

当需要集中查看评注记录或编辑、打印，或者进行备份时，需要将评注记录导出。

导出评注的方法是：在检索窗的检索途径选择“评注 ID”，匹配方式选择“前方一致”，在检索项输入域中输入“1-99999”（即评注 ID 号的最大值）并开始检索，所有有评注文字的记录都被检出，列于检索窗的浏览框中，用鼠标选定浏览框中所有的记录行，再选择功能菜单上的“导出评注…”命令，然后在出现的评注输出文本文件名对话框里输入文件名，选择确定，即完成导出评注文字。导出评注所生成的文本文件中，每一行代表一个评注，每行的格式为：

记录 ID+ Tab + 类号 + Tab + 评注内容（Tab 即制表符）

（2）导入评注文字。

有时因系统故障、误删除文件、重新安装电子版分类法等原因，会导致评注记录丢失，这时就需要把导出备份的评注记录装入系统。

导入评注的方法是：选择菜单“帮助/导入评注文字”命令，出现导入评注文字的对话框，在评注文本文件名框中输入或选择要导入的文件名，再选择导入方式，选择“开始”按钮，即完成导入评注操作。导入方式包括“覆盖原有评注”、“和原有评注合并”、“从原有评注中清除”、“优先保留原有评注”四种，可根据不同的需要进行选择。

（3）评注数据备份。

用户所作的评注内容存放在操作系统的临时目录里，查看评注数据库路径的方法是：关闭所有的检索窗和详细窗，只保留主框架窗口；选择“帮助”菜单上的“评注配置信息”命令；在出现的对话框里就显示了评注数据库的目录路径和文件名，通常是 c：\ windows \ temp \ notesdb. bin。因为存放地址是操作系统的临时目录，所以要特别注意，在清理系统临时文件目录中的文件时，要先备份评注数据库，也可以用导出所有评注文字的办法来备份评注数据库。

六、与编目系统的接口

1. 启用剪贴板链接口

为了使不同的编目系统都能使用《中图法》电子版，电子版提供了被编目软件调用的接口，系统以“剪贴板”作为和其他编目软件交互使用的共同接口。使用时首先在“帮助”菜单中选择“系统参数设置”命令，选中“启用剪贴板链接口”，这样电子版软件处于运行状态时就会观察系统的拷贝或剪切命令并作出反应。使用编目软件时，要先启动《中图法》电子版并保持在最小化状态，再运行编目软件。

2. 剪贴板的使用

在编目过程中可以随时调用《中图法》电子版，浏览、检索相关的类目，当确定了选择的类号后，可以使用多种方式把类号通过“复制-粘贴”的方式，粘贴在 MARC 数据的相关字段。

（1）在类目树或者在浏览框中选定一个类目，点击工具栏的“类号”图标，或在“编辑”、“功能”菜单里选择“复制类号”命令，或用鼠标右键调出一个窗口，选择“复制类号×××”，选择的类号都会装入剪贴板。

（2）在详细窗里，直接点击工具栏的“类号”图标，或在“编辑”菜单里选择“复制类号”命令，或用鼠标右键调出一个窗口，选择“复制类号×××”，选择的类号都会装入剪贴板。

（3）除了复制类号到编目系统的相关字段外，《中图法》电子版提供的复制功能还有很多，只要灵活运用，就能给用户带来不少方便。例如：

① 在类目树中选定一个类目后，点击工具栏的“复制”图标，或利用“编辑”、“功能”菜单里的“复制”命令，或用鼠标右键调出一个窗口，选择“复制文字”，所选定类目的类名就会装入剪贴板。当标引的主题词与类名相同或相近时，可以将类名复制到主题词或自由词字段，以提高输入速度。

② 在类目树选定一个类目后，利用“功能”菜单里的“从本节点开始复制类目树文字”命令，或用鼠标右键调出一个窗口，选择“从本节点开始复制类目树文字”，可以将该类目及其所属各级下位类以分类法印刷版的格式复制到剪贴板上。

③ 在详细窗口激活状态，点击工具栏的“复制”图标，或利用“编辑”菜单里的“复制”命令，或用鼠标右键调出一个窗口，选择“复制全部文字”，就可以将分类款目以印刷版的格式复制到一个新建的文本文件上。

④ 在详细窗口的 MARC 记录栏，可以用鼠标拖动的方式选定记录的相关部分，把整个 MARC 记录或某一部分复制下来。

第三节 《中国图书馆分类法》电子版的评价与意义

一、《中图法》电子版的特点

《中图法》电子版是一部相当成功的电子分类法，它是基于 Windows 平台开发的视窗版分类法，既有单机版也有网络版。它的特点主要反映在以下几个方面：

1. 完整的数据格式

《中图法》电子版的开发非常注重数据格式的研究，因为这是实现电子版功能的关键因素。在 CNMARC 基础上，参考 USMARC 的成功经验，结合《中图法》自身的特点，研制出能全面描述《中图法》类目的内容与属性的数据格式，为电子版的开发奠定了基础。

2. 方便的浏览功能

系统运用逐级展开的类目树、浏览窗、详细窗、类目的 MARC 记录窗、邻近类目窗以及超文本技术，为用户提供了宏观结构、类目的上位类和下位类环境、类目细节等多种浏览形式；使用多窗口同时显示不同的浏览检索窗；各个窗口可以任意布局和互动；各种浏览方式之间和各窗口之间可以随意跳转。这样就从根本上克服了线性体系对多层次浏览的制约，这是印刷型分类法所无法做到的。

3. 完备的检索和统计功能

《中图法》电子版的检索功能远远超过了目前中文文献数据库所提供的检索功能，它的检索功能包括：分类法的各个范围的检索，如主表类号与类名、复分表类号与类名、类目注释等；各种匹配方式的检索，如精确检索与模糊检索、截词检索、全文检索、沿类目途径限定的检索等；布尔逻辑检索，如逻辑加、逻辑乘、逻辑减等；各种限定因素的检索，如类级限定、类级与类号限定、类号与类名限定等；电子分类法各个要素的检索，如记录控制号、记录 ID 号、用户评注文字、评注 ID 号等。这些功能使用户可以根据不同的需要以任意条件进行快速检索。这些检索功能同时也是相应的统计功能，不论简单检索还是组配检索，都会显示命中结果的数字，从而为分类法的各项数据统计带来极大的方便。

4. 通用的编目接口

与各种编目系统的接口是电子分类法的必备功能，《中图法》电子版不但以剪贴板的方式解决了与各种编目软件的通用接口，同时用 Datatrans 语言编写了系统的开放式接口，供用户或软件开发商连接使用。

5. 实用的评注功能

在使用电子分类法时又能管理分类法的“使用本”，这对一个单位的分类工作与规则管理是十分重要的。用户可以设定评注的管理口令、随时填加和修改本馆的使用说明、查找已经加进使用本的注释、备份和编辑本馆的说明注释。使用网络版时，一个客户端对类目下评注作了修改或填加，其他所有客户端将同步显示；而用印刷本分类法时，如果一个单位有几本使用本，任何修改都要同步进行，否则就会出现差错。

6. 各种方便用户的措施

电子分类法是面向标引用户和检索用户的分类法，要尽可能地从每一个细节考虑用户使用的方便性。《中图法》电子版在启动各种功能时一般都提供多种调用方式，以满足不同用户的习惯，例如“复制分类号”使用菜单命令、工具栏图标、鼠标右键等都可以完成。另外，《中国法》电子版详细的帮助系统能解答使用中遇到的各类问题。

7. 为主题检索的兼容留有余地

分类主题一体化既是文献信息标引的方向也是文献信息检索的方向，为此，《中图法》电子版在格式设计中也包括了与《中国分类主题词表》相连接的各个字段，能充分描述主题词及其词间关系，很容易把主题词表挂接上，从而为扩充功能，实现检索语言的分类主题一体化奠定了基础。

二、《中图法》电子版的不足与改进

与世界上先进的电子分类法相比，《中图法》电子版也有其不足之处，比如，《中图法》索引的有关内容没有加进去，使它的主题检索功能不足，当类名字面不包含某些概念时便很难检出，而通过“类目所属途径”检索虽然能检出部分相关内容，但往往会造成不少误检；没有《中图法使用手册》的相关内容，那么该手册中延伸的内容和规则无法得到利用。由于《中国分类主题词表》的电子版当时正在研制之中，主题词字段没有注入数据，也影响到它的主题检索功能。

除此之外，在一些功能或细节方面也有需要进一步完善和改进的地方，例如，作为一个完整的分类法，应该加上分类法的前言和各版修订说明，这对用户使用分类法是有用的；在二次检索方面，应该有直接的二次检索功能，否则，使用“结果集”是比较麻烦的；“任意一致”检索提供了一些很有用的特殊检索功能，但检索的速度比较慢；类目树在使用中一级一级展开后，当不需要时还得一级一级进行折叠，如果增加“类目树复位”功能将会节省用户的时间；菜单的项目分类不尽合理，比如“系统设置”列在“帮助”里就不如列在“功能”里更符合用户的习惯；当鼠标指向类目树或浏览框的类目时会显示类目的注释，是很有用的功能，但如果能延迟 0.3～0.5 秒，就可以避免鼠标在屏幕寻找项目移动过程中注释不断闪烁而产生的不良视觉效果。

总之，在电子版分类法设计和实现过程，应当特别强调“以人为本”的原则，运用人体工程学的原理处理好每一个细节，才能在整体上达到最佳效果。

三、《中图法》电子版的意义

《中图法》电子版是我国研制、开发并正式出版的第一部电子分类法，它的问世标志着我国已经进入电子分类法应用阶段，是我国分类法研究和应用的一个里程碑。由于这部电子分类法是以我国影响最大、应用最广的《中图法》第 4 版为母本开发的，也将对我国的文献信息整序工作、分类法理论研究以及相关软件的开发等产生深远的影响。

1. 推动分类法研究和应用的发展

《中图法》电子版的诞生，将会有力地推动我国电子分类法的研究向更广阔和纵深的领域发展，它的经验、它的模式对其他综合性分类法和专业分类法的电子化都有很重要的借鉴意义，同时也为各种分类法的兼容互换创造了必要的条件。分类法的电子化影响着分类法在网络环境下的使用能力，《中图法》电子版研制的成功，为进一步研制开发《中图法》Web 版积累了经验，也为《中图法》走向网络信息组织奠定了基础。

2. 推动图书情报自动化系统的发展

《中图法》电子版投入使用，将有力地推动我国图书情报工作自动化系统的发展。在图书情报自动化系统中，文献的整序和文献的检索是非常重要的两个领域，计算机编目和计算机检索早已广泛应用，但在文献标引环节中特别是分类标引方面，始终是全手工操作，电子分类法的应用无疑会使分类标引的速度更快、质量更高，提高编目工作效率。在文献计算机检索系统中目前只能通过输入类号、语词进行检索，《中图法》电子版将会为实现文献数据库的浏览检索提供分类数据库支持。在图书情报工作自动化系统的参考咨询、业务管理、藏书与流通统计等方面，电子分类法也将发挥出它的作用。

3. 缩短分类法修订周期

《中图法》印刷版的修订周期为 7~8 年，与当今飞速发展的科学技术相比有很大的滞后性，新学科、新主题没有合适的类目容纳时，只能勉强“塞”在一个什么类下，也就造成了新事物、新主题检索的困难性。电子版分类法的修订和制作要比印刷版分类法来得容易、快捷，修订周期有望缩短到 5 年甚至更短，大大缩小了与科技发展、社会进步的差距。分类法在不断的修订中发展与完善是它的生命力所在，电子化为《中图法》注入了新的活力，在文献信息整序和检索中将会发挥更大的作用。

4. 促进分类主题一体化

在情报语言电子化中，分类法电子化的难度比主题词表电子化的难度高，《中图法》电子版研制成功，无疑将会大大促进在电子化的基础上实现情报语言的分类主题一体化，从而为实现文献信息联机检索的分类主题一体化铺平道路。

5. 提高分类法管理质量

分类法的电子化对分类法的质量管理也有着重要的意义，在单纯手工编制、手工维护分类法阶段，不但要投入大量的人力、使用大量的时间，而且质量和速度也难得到保证。分类法的电子版是分类法编辑管理系统的核心，实现分类法的计算机化编辑管理，不但会大大提高管理效率也会进一步提高管理质量。比如在类名和注释的规范化方面、在类目参照的互逆方面，单靠人工在印刷版上检查，其遗漏是难免的，而使用管理系统检查迅速而准确。

在日常维护中，凡属于“牵一发而动全身”的变动，如某类增减注释后，相应引起外延的变化，将波及其他相关类目，使用编辑管理系统就能比较容易地进行相应的调整。

第四节　《中国图书馆分类法》Web 版

《中图法》第五版 2010 年出版后，于 2011 年 12 月推出了第五版 Web 版。《中图法》Web 版是基于 B/S 架构开发的可以在互联网上管理与使用的分类法，是《中图法》电子版（包括局域网版）的延伸。

《中图法》Web 版主界面分为上下两栏，上栏为检索途径选择、用户使用功能设置及管理；下栏分左右两栏，左栏为类目浏览表（类目树），右栏为检索结果显示窗口（初始页面为使用说明），如图 7-5 所示。

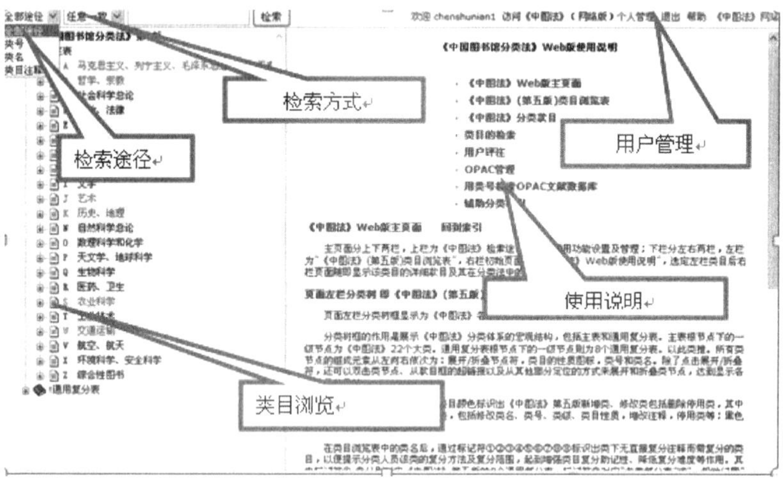

图 7-5　《中图法》Web 版主界面

《中图法》Web 版的浏览、检索功能与《中图法》电子版基本相同，如分类树的展开/折叠、检索途径和检索方式的选择等。为了便于用户了解《中图法》第四版/第五版的差异，在类目浏览表中，通过区分类目颜色标识出《中图法》第五版新增类、修改类包括删除停用类，其中红色为新增类；绿色为修改过的类（包括修改类名、类号、类级、类目性质，增改注释，停用类等）。

《中图法》Web 版可对分类树框中的类目进行 OPAC 文献检索。光标停留在分类树框的类号或类名时会变成手形，此时点击鼠标右键，从快捷菜单上可选择具体的 OPAC 文献数据库，Web 版系统会用当前类在用户所选的 OPAC 文献数据库中进行检索（见图 7-6）。

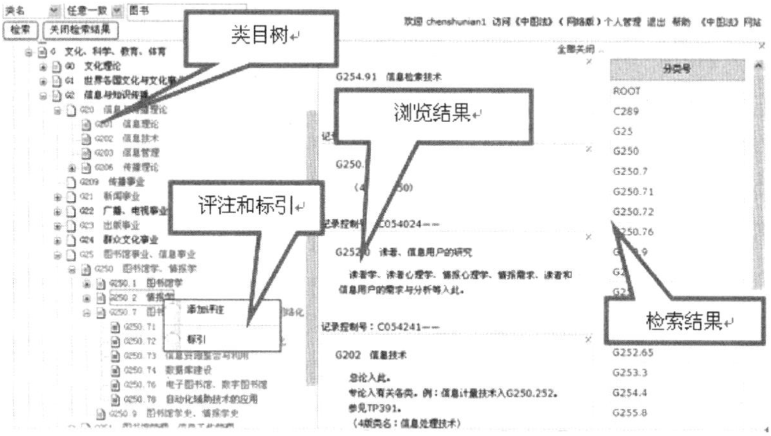

图 7-6 OPAC 文献检索界面

在“个人管理/OPAC 管理”中单击左栏的“OPAC 列表”，系统将已有的 OPAC 检索式以表格方式提供。用户点击“操作”栏中的“加入首选”，既可将 OPAC 检索式加入到首选列表。用户可以填写“OPAC 名称”和“OPAC 地址”，然后点击“增加”按钮来添加自己需要的 OPAC 检索式（详见 http://clc5.nlc.gov.cn/default.aspx#6）（见图 7-7）。

图 7-7 “OPAC 列表”界面

《中图法》Web 版开创了我国大型综合性分类法 Web 版的先河，使分类法的研究、应用和管理进入到一个更高的层次。《中图法》Web 版最大的优点是实现了分类法的动态更新，告别了传统分类法因修订周期长，不能及时反映社会与科技发展的历史，由此也将对分类法的修订理论和方法产生深远影响。《中图法》Web 版实现了 OPAC 检索，使用户在任何时间、任何地方对提供 OPAC 服务的图书馆馆藏资源进行远程检索，从而把《中图法》与网络信息资源检索紧密连在一起。

当然，作为探索中的 Web 版分类法也存在一些不足和待改进的地方，如没有提供组合检索方式；与《中图法》电子版相比页面窗口固定，显示、使用都欠灵活；与用户的互动功能有待开发等。

第八章 《中国图书馆分类法》用于机读数据的标引和检索

《中图法》的编制始于1971年，尽管当时美国国会图书馆已经研制成功机读目录格式并用于文献编目，但计算机在我国图书情报领域的应用还没有起步，文献的分类编目、文献检索都处在全手工阶段。因此，《中图法》的编制完全基于编制手工检索工具和文献排架的需要，以后各版的修订也都未脱离这个模式。进入20世纪90年代后我国图书情报部门的计算机应用迅速普及，有些图书情报部门甚至停止编制和使用卡片式检索工具，使用《中图法》如何进行机读数据的标引，以适应机读数据库检索的要求显得越来越重要。为此，《中图法》使用手册提出了推荐使用的机读数据标引的规则。

第一节 《中国图书馆分类法》用于机读数据标引和检索存在的问题

基于编制手工检索工具的《中图法》（我国现行的其他体系分类法，如《中国科学院图书馆图书分类法》、《中国人民大学图书馆图书分类法》等也是如此）在用于机读数据标引和检索时，主要存在三个方面的问题：

一、分类法编制结构方面的问题

采用等级列举和逻辑划分的方法建立体系结构，使事物、问题按其学科属性聚类的同时，同一事物按不同的学科属性分散；总论性问题与专论性问题分别列类，一事物的总论性内容与其专论性内容分散；一种理论随应用到学科或专业聚类，该理论的文献就不能集中；当某事物的某种属性未被作为分类标准时，就不能从该属性方面加以标引，也就无从检索。这种特定的结构性问题，使其不能对事物进行多角度、多属性的标引，因此造成多途径检索的功能很弱。

《中图法》为了提高标引能力，使用了很多组配方法对类目进行细分（邻近类目仿分不属此列），实际上是对已列举的类目再选用新的标准细分（只不过这些分类标准多属于已经列举的共性问题），一是仿总论性类目分，二是仿“一般性问题”分，三是依专论复分表分，四是使用冒号组配细分。前三种复分属同一种方法的不同形式，其结果和功能对于揭示文献来说与类目详细列举还是一样的，只是使用上更灵活。

二、分类标记制度方面的问题

《中图法》的类号是先组式的、结构式的，不是分段标记，即使是通过仿分、复分等组配手段形成的类号也是先组式的，其特点是号码组合的顺序是严格的，号码一经组成便是凝固的、不可拆分的整体。这种类号的弊病是，尽管它们是一个个主题要素的逻辑集合，每位号码都有一定的含义，但检索时必须从前往后（按照分类标准引用次序）一位位进行，类号之中所包含的主题要素既不能作为检索入口，也不能进行组配检索，因此很难适应计算机检索的要求。

三、标引规则方面的问题

为满足文献单线排列和分类款目组织（基本是单线的）的需要，规定了严格的组号次序，使同一类文献主题取得相同的分类标识；在涉及总论与专论、一般与具体、理论与应用、作用与被作用的主题类型时，规定以专论、具体、应用、被作用的方面为归类依据，使另一方面的主题不能成为检索入口；凡涉及多重列类的类目，规定按重点的主题方面、“最前”或“最后”编列的主题方面归类，使其他主题方面不能成为检索入口。

上述三个方面的制约造成了体系分类法对机读数据标引和计算机检索的不适应性。下面我们通过一个实例，来剖析现有编制结构、标记制度、标引规则在揭示和检索文献时存在的问题。

文献主题：美国20世纪80年代混凝土拱式公路桥桥面冬季施工技术（论文集）。这篇文献涉及8个主题要素，按手工检索工具分类规则应标引为：U448.143.31-53（712）=535，用语言可以表述为：“美国20世纪80年代公路桥桥面论文集”。这个类号用于检索存在以下问题：

第一，类号既长且复杂，用户根本不可能按有关的规则组成这样的类号进行检索，甚至使用完整正确的列举类号进行检索也不容易，这是因为，用户从分类的角度检索该类文献时，只能从他最关心的一两个主题因素去查找类目，即使查到了，比如“U445.43 桥梁冬季施工”，也无法检索到该文献，因为他无从知道这篇文献其实并不归入此类。因此，类目细分的作用只在于使藏书排架和款目排列与分类法的知识体系趋于一致，便于在浏览中发现相关的同类文献。

第二，按照多重列类的分类标引规则，该文献应归入“公路桥”，在“混凝土桥”和“拱式桥”类无法得到揭示，因此也不能成为检索的入口，也就是在“混凝土桥”和“拱式桥”类下没有该文献。

第三，在U448仿分的U441/447一组类目中，由于“U443 桥梁结构”相对于“U445 桥梁施工”来说是专论性的，故只能仿“U443 桥梁结构”分，因此“桥梁冬季施工技术”在组配的类号中也不能体现出来。

第四，按照“能入专论的不入总论”的基本分类规则，该主题必须首先归入“各种桥梁”，再用其他标准细分，这样从总论的角度（如桥梁结构、桥梁施工等）就不能作为检索的入口。

第五，所组成的类号是先组式的，其中包含的各个主题要素既不能作为检索点使用，也不能作为独立的组配单元与其他类号或主题要素进行组配检索。

因此，上述类号在检索中的实际功能只有两个：一是提供从公路桥检索的入口；二是使分类款目按照分类法的知识体系得以有序化，便于集中相关的主题和在大量的款目中甄别所需的文献。然而，它们对于多途径检索和组配检索却是无能为力的。

第二节 《中国图书馆分类法》用于机读数据标引的思路和方法

一、解决问题的基本思路

由于《中图法》已被我国图书情报界广为使用，对其体系结构和标记制度做大的调整是不现实的，因此只能在不影响文献排架的基础上对某些结构作适当的调整，重点通过标引规则的改进，提高《中图法》对机读数据标引和计算机检索的适应能力。基本思路一是涉及多主题因素的文献要充分揭示，二是把原来通过复分组合到分类号中的主题因素分离出来，成为独立的检索入口。基本方法是：

1. 分类表编制方面的措施

更多使用多重列类法列类，提高分类法对文献主题的描述能力，从而为多途径检索创造条件；把自然科学类的“专类复分表”转换为“一般性问题”，因为专类复分表的子目号不能独立表达一个分类体系中的主题概念，不能作为独立的检索点和组配单元使用，转换为“一般性问题”后，既不改变原有类目体系结构，又能使其下位类成为独立的检索点，并能较好地作为组配单元。

2. 标记符号方面的措施

增强分类号分段标记功能，取消对“=”、“（ ）”、“〈 〉”等组配符号的使用限制，并且可以作为独立的检索标识使用；规定中国地区、中国民族在使用前置符号组号时，一律加中国代号“2”，与世界地区和世界民族配号相衔接，为散组标引和组配检索奠定基础。

3. 标引规则方面的措施

首先解决多主题要素文献的标引问题，以充分揭示文献中各个有检索价值的主题要素；其次解决先组类号的分拆问题，使原来“镶嵌”在先组类号中的有关主题要素能分离出来，成为独立的检索点和组配单元。

4. 排架分类号与检索分类号相分离

为避免对已入藏文献产生影响，并使后入藏的文献与已入藏文献使用相同级位的类号进行组织，这就要严格区分“检索用分类号”与“排架用分类号”。以 CNMARC 格式为例（以下同），排架用分类号著录在 905 @ d 字段，检索用分类号著录在 690 @ a 字段，两种不同性质类号的分离，将不会因为新的标引方法对藏书排架产生影响。检索分类号与排架分类号分离后，实际是明确了两者的功能（在以往的标引实践中常常是不加区分的），因此排架用的分类号也可使用较为概括的类号，无需与检索用的分类号相同，这样不但能提高文献排架的效率，同时也能提高藏书排架对分类法修订的适应能力。

二、机读数据标引的方法

1. 专类性类目仿总论性类目、“一般性问题”细分的标引方法

要点是把“专论主类号+总论性类目尾部号”的镶嵌组号形式，改造成为“专论性类目主类号+总论性类目主类号”的独立组号形式。这样一来，不但专论性类号、总论性类号都可以成为独立的检索入口，增强了多途径功能，而且都可以与其他类号自由组配检索，在自然科学部类基本解决了体系分类法“集中与分散”的固有矛盾。由于大量采用多个主类号直接标引，也大大减少了主类号复分和复分中加“0”的复杂性。

（1）根据这个原则，凡是类表中以“总论”（包括“一般性问题”）和“专论”的形式编列的类目，专论性类目如需仿照总论性类目的分类标准加以细分，不论类表中是否有复分的注释，都可以采用专论性类号和总论性类号进行分别标引。例如：

总论		专论	
TN951	雷达原理	TN958	雷达：按体制分
TN952	雷达电子装置	TN958.1	脉冲调幅雷达
……	……	TN959P	雷达：按用途分
TN956	雷达可靠性	TN959.1	侦测雷达
TN957	雷达设备	TN959.7	雷达：按地点分
TN957.2	雷达天线	TN959.72	海用雷达

主题“海用雷达天线”，手检工具标引为：TN959.72

机读数据标引为：

690 @ aTN959.72　　海用雷达
690 @ aTN957.2　　雷达天线
905 @ dTN959.72　　排架分类号

（2）《中图法》中有大量的“仿分”属于未列举的类目仿已列举的类目分（即“仿邻近类目分”），目的是减少类表的篇幅，这种仿分采用的分类标准相同，不属于专论仿总论分的范围，仍需按原规则标引；但一个类目如需进行“仿邻近类目分”，又需仿总论性类目分，则应先按常规仿邻近类目分，作为主类号，同时用相关的总论性类目标引；如果某专论性类目仿“一般性问题”分，但该“一般性问题”没有展开，则用该专论性类目和通过邻近仿分展开后的“一般性问题”分别标引。例如：

TM921.0　一般性问题　　（已列举展开）
TM921.07　安装、运行及维修
TM922.0　一般性问题　　（未列举展开）
　　仿 TM921.0 分。
TM922.5　接触网　　（专论性类目）
　　仿 TM922.0 分。

主题“电力牵引接触网安装”，手检工具标引为：TM922.507

机读数据标引为：

690 @ aTM922. 5　　接触网
690 @ aTM922. 07　　安装、运行及维修

2. 专论性类目依专类复分表分的标引方法

由于自然科学各类的专类复分表多数都是由该类总论性类目压缩而成（为了减少细分的类级），所以可以把对应的总论性类目当做一个大的专类复分表使用（部分类目，如 TD95、U448 等正是这样编列的）。但专类复分表的情况比较复杂：①有的与总论性类目完全对应，如 Q939 下的专类复分表；②有的部分与总论性类目对应，如 U656 下的专类复分表；③有的与两部分总论性类目对应，如 P618 下的专类复分表；④有的无对应的总论性类目，如 X32 下的专类复分表；⑤有的专类复分表的子目还要依其他标准再细分，如 R5 下的专类复分表中的 02；⑥有的专类复分表可以直接改造为“一般性问题”，如 TH2 下的专类复分表。这些问题必须通过对专类复分表的系统改造才能彻底解决。在当前的情况下，使用《中图法》进行机读数据标引时可采用下列的方法：

（1）凡是专类复分表和总论性类目完全对应的，改用专类性类号与总论性类号分别标引，不再使用专类复分表复分。例如：

主题“孢子植物萌发生理”，手检工具标引为：Q949. 104

机读数据标引为：

690 @ aQ949. 1　　孢子植物
690 @ aQ945. 34　　植物萌发生理

（2）凡是专类复分表无对应总论性类目的，仍按手检工具标引规则标引。

（3）专类复分表只部分与总论性类目对应的，首先要使用一个符合手检规则的类号标引，在此基础上可根据需要选择相关的总论性类号标引。如果专类复分表的子目注释可再依某地区表分，那么地区要素可单独用地区号标引，不再将地区复分号加在主类号之后。例如：

主题“甘肃省煤沉积矿床成因”，手检工具标引为：P618. 110. 624. 2

机读数据标引为：

690 @ aP618. 11　煤矿床
690 @ aP611. 22　沉积矿床成因
690 @ a（242）　甘肃省

（4）由于 TH2 本身可以依专类复分表分，而 TH2 经过复分后实际就变成了“TH20 一般性问题”，因此在机读数据标引时放弃使用专类复分表，把它视为“TH20 一般性问题”进行标引（凡属同类性质的，均可这样改造）。例如：

主题“龙门式起重机检修”，手检工具标引为：TH213. 507

机读数据标引为：

690 @ aTH213. 5　龙门式起重机
690 @ aTH207　起重机械维修
690 @ aTH17　机械维修

（5）用于 R5/8 的专类复分表由于比较粗，第 5 版在子目 02/05 下设有了仿 R36、R392、R44、R45 的注释，但这样加细只会使类号更长，解决不了多途径检索和组配检索的问题，因此在机读数据标引时应使用 R5/8 的专论性类目标引，然后再使用与 R1/4 相关的总论性类目标引。例如：

主题“肝硬化的精神因素”，手检工具标引为：R575. 202. 315

机读数据标引为：

690 @ aR575. 2　肝硬化
690 @ aR363. 15　病理：精神因素

3. 社会科学文献的标引

《中图法》社会科学各类类目的编制体例与自然科学类截然不同，基本是按“国家—问题”的结构编列，各个主题要素难以分离出来，再加上还涉及多重仿分、复分问题，因此使用前述标引法容易造成知识体系结构的混乱。采用增加某些主题因素的标引（特别是分类法没有用作划分标准的主题要素），可以缓解检索途径单一的矛盾。基本方法是在给出一个符合手检工具标引的类号后，根据文献主题特点及单位的需要，增加（重复）与标引相关的主题要素，以及相应的地区号、时代号、民族号、总论（理论）性类目类号，以增加检索途径和组配检索功能。例如：

主题“法国学校校园规划”，手检工具标引为：G556.56

机读数据标引为：

690 @aG556.5	符合手检规则的类号	法国教育事业
690 @aG48	增加总论性主题标引	校园规则
690 @a（565）	重复地区因素标引	法国

4. 涉及多重列类及冒号组配的标引

凡属多重列类的类目（包括典型的或非典型的），分类法规定可用冒号组配的类目，以及标引者认为可以用主类号组配表达的主题等，机读数据标引时均使用相关的主类号直接标引。例如：

主题“感应防爆电动机整流子故障”，手检工具标引为：TM357.032：TM32

机读数据标引为：

690 @aTM357	防爆电机
690 @aTM346	感应电机
690 @aTM303.2	整流子
690 @aTM307.1	电机故障
690 @aTM357	防爆电机

5. 总论复分号的标引

（1）在机读数据690字段标引时，总论复分号不再跟在主类号之后，而是单独著录于一个690字段，并且可以重复使用。凡主表中已列举的按总论复分表复分的类号，应作为一个整体类号使用，不再分拆，必要时可用一个690字段重复著录该总论复分号，但必须是列举类号中的总论复分号含义与总论复分表相一致。

（2）总论复分表中-01、-09、-23/-29类下注释可依地区表分，均将地区号单独著录于一个690字段。例如：

主题“上海计算机学会章程”，手检工具标引为：TP3-262.51

机读数据标引为：

690 @ aTP3　　　计算机科学
690 @ a-26　　　学术团体
690 @ a（251）　上海

（3）主表中某些列举的按总论复分表复分的类号下注释“依××地区表分”、“依××时代表分”、“依××民族表分”的，已列举的类号作为一个整体类号使用，将地区号、时代号、民族号单独著录于一个 690 字段。如果用“/”连接的一组类号没有相应的上位类时（如 TU-093/097），应以其中一个与文献主题的空间、时间、民族范围相匹配的类号作主类号。例如：

TU-092　　　　中国建筑史
TU-092. 1/. 7　各时代建筑史　（有共同的上位类）
依中国时代表分。

主题“江苏明清建筑”，手检工具标引为：TU-092. 48
机读数据标引为：

690 @ aTU-092　　中国建筑史　（作为整体类号使用）
690 @ a（253）　　江苏省
690 @ a=48　　　　明清时代
690 @ a-09　　　　重复标引总论复分号
905 @ dTU-092. 48　排架分类号

（4）“-1 现状及发展”，规定依世界地区表分，中国再依中国地区表分，如有必要再依专类复分表分。分两种情况处理：如果本馆不使用该专类复分表（类分普通图书不用此表），地区号单独著录于一个 690 字段；如果本馆拟使用该专类复分表，应按规定的复分次序进行组号，但可以增标地区子目号和总论复分子目号。以“德国通信技术研究水平”为例：

使用该专类复分表的标引	不使用该专类复分表的标引	
690 @ aTN91-151. 601	690 @ aTN91	通信技术
690 @ a（516）	690 @ a（516）	德国

690 @ a-1	690 @ a-1	现状及发展
905 @ dTN91-151. 6	905 @ dTN91	排架分类号

6. 地区、时代、民族、种族、通用时间地点复分号的标引

使用地区、时代、民族、种族、通用时间地点复分号标引，要把握一个基本原则：即利用各通用复分表的子目号都有特定的前置符号区分的特点，将它们均作为一个独立的检索标识从主类号中剥离出来，成为机读数据中能参与组配检索的标识。这样，凡是一个类目没有按其他标准复分、仿分的注释时，文献主题中的地区、时代、民族、种族、通用时间地点要素，都可以把相关的通用复分子目号单独著录于一个 690 字段。

(1) 凡是某类目注释单独依某地区表、时代表、民族表分的（即不再依其他标准细分），标引方法同上述基本原则。例如：

主题"历史上的台湾地震"，手检工具标引为：P316. 258

机读数据标引为：

690 @ aP316　　地震调查
690 @ a（258）　台湾省

(2) 类表上用于表示地区、时代、民族起止范围的指示性类目，如 K281/288、Q152/157、S733/737 等，在标引时应使用其中一个与该主题的空间、时间、民族范围相匹配的类号作主类号。例如：

主题"土家族史志"，手检工具标引为：K287. 3

机读数据标引为：

690 @ aK287　　各民族史志 71/78
690 @ a"273"　　土家族

(3) 中国各省区规定可依"中国地区表"中的专类复分表细分，可将复分后的号码一并作为地区区分号，著录于 690 字段，这样等于将中国地区表加细了，可在一个省（区）内按行政级别和音序集中文献。例如：

主题"新宁县农业地理"，手检工具标引为：F329. 964. 4XN

机读数据标引为：

690 @ aF329. 9　　农业地理

690 @aF327 地方农业地理
690 @a（264.4XN） 湖南新宁县

上述机读数据标引方法虽与传统的标引规则有很大的不同，但只要把握用于排架的分类号不变，且用于检索的分类号其中一个是符合手检工具标引规则的（分类表列举的主类号），那么无论怎样灵活处理也不会对原藏书排架和手检目录体系产生影响。

7. 690字段标识符和子字段问题

由于目前CNMARC格式没有定义字段标识符和相应的子字段，故对新的机读数据标引方法和机读数据检索是不完全适应的：一是对处于手检、机检并行的单位来说，现有的编目软件在生成卡片式目录排检项时，也会将这些著录在690字段的通用要素作为一个检索点输出，这对用户来说是无意义的；二是如果新开发的检索软件拟提供主题的地区、时代、民族因素等限定功能，也因主类号的性质不能区分而无法实现。因此，可以考虑作如下改进：

690 字段标识符1
  0 主类号
  1 通用复分号
690 子字段
  @a 主类号
  @v 版本
  @w 总论复分号
  @x 地区复分号
  @y 时代复分号
  @z 民族复分号

第三节 机读数据标引规则对检索功能的影响

一、传统分类标引规则难以适应机读数据检索的要求

我国现行的文献分类标引规则都是基于手工检索工具的物质条件和需要建立的，着眼于分类款目排列的线性系统，提供的检索功能是从各个检索入口（类别）进行“试错式浏览”，由于检索入口是由复杂的分类法体系和分

类标准引用次序所决定的，且正确的入口往往只有一个，读者对检索的结果（主要是漏检率）无从判断。在进入计算机编目时代后，计算机的存储能力和运算能力在分类检索中并没有发挥出来，原因是没有相应地改造传统的分类标引规则，以适应机读数据库检索的特点，检索途径单一且复杂的根本问题没有解决。

采用本章阐述的标引方法，在不改变类目结构和分类法系统性的前提下，一是增加了对文献多重学科或专业属性的揭示，二是使部分原来凝固在先组类号中的主题因素分离出来，成为可以独立检索和可参与组配检索的主题要素，使检索途径大大扩充、组配检索功能显著提高。分类法编制中设置“总论”和“专论”是类分文献的实际需要，但从另一个角度看却削弱了分类法按学科聚类的系统性，比如“结构力学”体系包括材料、机械、建筑等结构力学，但实际上分散到各个专业了，对于结构力学来说就不系统了。采用“总论”和“专论”双重标引后，实现了总论性主题与专论性主题交叉聚类，很大程度上缓解了体系分类法所固有的“集中与分散”的矛盾，增强了分类法的系统性。与此相适应，检索的方法也有所不同。

二、增强机读数据分类检索的功能

1. 实现多途径检索

由于实行了文献的多属性标引、多类号标引，因此同一主题的文献可以在不同学科、不同专业以及从“总论”与“专论”两个角度都可以检索到。例如：

“气候对东北地区银杏生长的影响”这一主题，如果按常规的标引方法，分类号是Q949.640.8（23），在机读数据库中分类检索的途径也只有一个，即：生物学→植物学→植物分类学→种子植物→有腔有胚植物→裸子植物→银杏纲→东北，中途还不能有偏差。经过改进的标引方法则可以增加新的检索途径：

Q948.112	植物生态—气候因素
Q948.5	植物的地区分布
(23)	中国—东北

2. 组配检索功能显著增强

文献的多属性标引、多类号标引以及分类标识单元的简化，为机读数据的组配检索创造了条件，可以充分利用分类号的组配灵活地控制检索的范围，达到比较精确的检索。例如：

Q949.64 and Q948.5	检索银杏地区分布的文献
Q949.64 and Q948.112	检索银杏与气候因素的文献
S51 and（S329+S502）	检索所有禾谷作物品种的文献
U443.7 and U448	检索所有桥梁附属设备的文献

过去必须通过在各个类目中一一浏览、甄别的检索（如禾谷作物品种），现在通过分类号的组配就可以一次检全了。

3. 有利于在检索中对主题内容进行形式限定

由于通用复分表的子目号均作为独立的检索标识予以标引，所以通用复分表中所有的主题概念，都可以用组配的方式对文献主题进行限定，利用这一特性，可在特定的学科或专业领域，检索包含某一类型的文献。例如：

TD and -27	检索所有矿业会议的文献
S and -6	检索农业类的工具书
F4 and（241）	检索陕西省工业经济的文献（不含分布在 F1 和 F2 中的）
TM3 and（313）	检索有关日本电机技术的文献（不含商品）

4. 有利于与字顺检索相配合

在手工检索工具中，分类检索和字顺检索是不能互相协作的独立检索工具，而在机读数据库中，分类检索与字顺检索是可以相互配合的，只有把不同的检索功能有机地结合起来，才能取得最佳检索效果，把分类法的族性检索与主题法的特性检索结合起来，用分类号限定检索的学科领域，用主题词限定检索的事物，往往可收到一种检索方式无法达到的效果。分类检索点的增多，部分主题要素的分离，为这种配合创造了更多的条件。例如：

U6 and 齿轮	检索船舶工程类涉及齿轮的文献（要配合上位词标引）
化学纤维 and -39	在各类中检索化学纤维新技术应用的文献
激光 and -532	检索有关激光会议录的文献（因“激光”分散于各个类，用分类法组配检索无法实现）

第九章 中国现行的其他文献分类法简介

在我国现行的综合性文献分类法中，除被广泛使用的《中图法》外，还有四部文献分类法被一些图书情报档案部门所采用，它们是《中国人民大学图书馆图书分类法》（简称《人大法》）、《中国科学院图书馆图书分类法》（简称《科图法》）、《中国图书资料分类法》（简称《资料法》）与《中国档案分类法》（简称《中档法》）。

第一节 《中国人民大学图书馆图书分类法》

一、《人大法》的发展历程

《人大法》是中华人民共和国成立后编制的第一部新型的图书分类法。1952 年由张照、程德清主持编成初稿，1954 年、1955 年、1957 年、1962 年、1982 年分别出版第 1、2、3、4、5 版。《人大法》出版后，曾被许多图书馆特别是经济、政法方面的高校图书馆所采用，新华书店和《全国总书目》、《全国主要报刊资料索引》也曾使用过《人大法》。《人大法》第 6 版于 1996 年 3 月由中国人民大学出版社出版。该版是在第 5 版的基础上修订而成的，修订内容主要体现在 6 个方面：

①将第 17 个大类的类名由“综合参考”改为“综合性科学、综合性图书”。

②对原来按政治观点或社会制度区别立类的，凡是能按学科性质区分的，改为按学科立类。

③增删、调整和扩充有关类目。

④更改有关类名，类目注释用语力求简单概括。

⑤对综合复分表和中国地区表、国家复分表的类目作了少量的调整、增补和变动，中国民族复分表增列了“古代民族”类目。

⑥进一步明确标记符号中圆括号“( )”和小圆点“.”的用法，作出了“凡遇表示一位类的双位数类号，则在其后加小圆点‘.’，排除了“例外”这一规定。

二、《人大法》的体系结构

1. 基本部类与基本大类

《人大法》第 6 版分类表分为 4 大部类、17 个基本大类：

总结科学	1	马克思主义、列宁主义、毛泽东思想
	2	哲学
社会科学	3	社会科学、政治
	4	经济
	5	军事
	6	法律
	7	文化、教育、科学、体育
	8	艺术
	9	语言、文字
	10.	文学
	11.	历史
	12.	地理
自然科学	13.	自然科学
	14.	医药、卫生
	15.	工程技术
	16.	农业科学技术
综合性科学、综合性图书	17.	综合性科学、综合性图书

《人大法》所提出的关于图书分类法思想性、科学性、实用性的三项基本精神，曾为我国其他图书分类法作为编制原则而被广泛采用。

2. 编制体例

《人大法》分类表总的分类顺序是：马克思主义、列宁主义、毛泽东思想与哲学→社会科学→自然科学→综合性科学、综合性图书。各类体制，大体一致，分为两部分：凡属于本类总的理论、学科概况、学科史、综合性的标准和规范、通用技术与方法等类目都列于本类的前面，用圆括弧把号码括起来；凡属于本类其他的同等类目，列于前述类目的后面，只标明类号，不用圆括弧，以示区别。例如：

15.	工程技术
15.（1）	工程技术概况
15.（2）	工程技术研究与开发
15.（3）	一般工程技术
15.（4）	工程技术史
……	……
15. 1	水利工程
15. 2	市政、乡政与卫生工程
……	……

三、《人大法》的标记系统

《人大法》严格地采用层累制，号码采用纯阿拉伯数字。以数字的位数表示类目的等级，每一位类号，即代表一类。如遇两位数字表示一类，则在其后面注小圆点“.”，表示仍是代表一类 。例如：

7	文化、教育、科学、体育
71	文化教育行政
……	……
78	成人教育、特殊教育
79	科学研究事业、文化事业
710.	体育

“710. 体育”、“71 文化教育行政”、“78 成人教育、特殊教育”、“79 科学研究事业、文化事业” 等是同位类。

四、《人大法》的复分表

《人大法》第 6 版设有 7 个通用复分表：综合复分表、中国民族复分表、中国时代复分表、中国地区复分表、国家复分表、国际时代复分表、世界地区复分表。使用复分表时，须先加上短横“-”以及复分表的次第号码，再加复分表中的号码。

第二节　《中国科学院图书馆图书分类法》

一、《科图法》的发展历程

《科图法》是根据中国科学院图书馆综合性藏书范围，以及中国科学院所属各研究单位图书馆不同专业的特点而编制的一部体系分类法。《科图法》于 1954 年开始编制，1958 年 11 月由科学出版社出版第 1 版。1970 年 10 月开始修订，1974 年 2 月出版第 2 版的自然科学、综合性图书类表和附表，1979 年 11 月出版第 2 版的马克思主义、列宁主义、毛泽东思想，哲学和社会科学类表，1982 年 12 月出版第 2 版的索引。自 1987 年开始再次修订，修订的内容主要体现在 7 个方面：

①改编部分类目的体系。如将原属于“自动化与远距离操纵”中的“73.87 计算技术、计算机”类，独立出来，重新建立了“73.9 计算机科学技术”类。

②大量增补新学科、新问题、新事物类目。

③订正有关原类名，删除重复类目与空设类目。

④统一编制体例，使类目间的关系与类目的排列更加清晰、合理。

⑤增设“世界各民族区分表”，修订、补充其他通用复分表与专类复分表，进一步完善类目注释。

⑥增加各大类说明，包括对各大类的内容范围、分类体系和分类规则的说明。

⑦本着实事求是的态度，依据文献保证原则，修改有关政治思想方面的类目和注释。

此次修订，历时 8 年，于 1994 年 12 月出版了第 3 版。《科图法》曾于 1986 年获国家科委颁发的科技情报成果二等奖和中国科学院科学技术进步三等奖。

二、《科图法》的体系结构

1. 基本部类及大类

《科图法》以科学分类为基础，结合文献分类的实际需要，将类目体系分成5大部、25大类，其顺序如下：

00　马克思列宁主义、毛泽东思想
10　哲学
20　社会科学
　21　历史、历史学
　27　经济、经济学
　31　政治、社会生活
　34　法律、法学
　36　军事、军事学
　37　文化、科学、教育、体育
　41　语言、文字学
　42　文学
　48　艺术
　49　无神论、宗教学
50　自然科学
　51　数学
　52　力学
　53　物理学
　54　化学
　55　天文学
　56　地球科学（地学）
　58　生物科学
　61　医药、卫生
　65　农业科学
　71　工程技术
90　综合性图书

2. 类目体系

《科图法》是体系分类法，类目采取层层划分、详细展开的方式，形成一个等级分明的类目体系。例如：

53　　物理学
……　……
53.6　　电学与磁学
53.61　　电子原理
53.611　　电子说
53.612　　电场原理
53.6121　　静电场

《科图法》类表中还设置了内容范围注释、例注、交替类目注释、参照类目注释、名称注释、复分与仿分注释、特殊分类方法注释、同类书排列方法注释等。

三、《科图法》的标记系统

《科图法》采用阿拉伯数字单纯号码。号码分为两部分：第一部分采用整数顺序数字，从00~99分配到5大部、25大类及其主要类目中。第二部分基本上采用小数层累制，即在主要类00~99两位数字以后加一小数点“.”，小数点后基本上按小数体系计算，以容纳细分的类目。例如：

20	社会科学	(一级类目)
27	经济、经济学	(一级类目)
28	世界各国经济、经济史地	(二级类目)
29	专业经济与部门经济	(二级类目)
29.1	经济计划与管理	(三级类目)
29.11	国民经济管理	(四级类目)
29.111	经济预测	(五级类目)

另外，还使用了一些灵活的配号方法，如：八分法、双位制、借号法等。

四、《科图法》的复分表

《科图法》第3版共设置有7个通用复分表：①总类复分表；②中国时代排列表；③中国地域区分表；④中国各民族排列表；⑤国际时代表；⑥世

界地域区分表；⑦世界各民族排列表。还设置有 19 个专类复分表：①中国哲学家著作细分表；②中国地方史、志细分表；③其他各国历史细分表；④其他各国经济细分表；⑤其他各国政治细分表；⑥其他各国共产党细分表；⑦其他各国外交细分表；⑧其他各国法律细分表；⑨其他各国军事细分表；⑩各军、兵种细分表；⑪其他各国教育细分表；⑫各项体育运动、体育技术细分表；⑬其他各种语言文字细分表；⑭中国少数民族文学作品细分表；⑮其他各国文学细分表；⑯各种农作物细分表；⑰各种家畜、家禽细分表；⑱其他各种矿细分表；⑲各种化学工业一般著作细分表等。

第三节 《中国图书资料分类法》

一、《资料法》的发展历程

《资料法》目前有四个版本，其中第 1 版、第 2 版、第 3 版分别于 1975 年、1982 年、1989 年由科学技术文献出版社出版。《资料法》第1~3 版属于《中图法》的系列版本，由《中图法》编委会统一管理，具体由中国科学技术情报研究所（后改名为中国科技信息研究所）组织有关科技情报部门在《中图法》的基础上编制而成。《资料法》第 1~3 版与《中图法》第 1~3 版两者在体系结构、类目设置、类目注释、标记符号、复分表等方面基本相同。1988 年《中图法》第二届编委会作出决定：《资料法》在与《中图法》保持两者体系结构一致性的前提下，应与《中图法》在编制上有所不同。其主要区别是：

①分类深度不同。《中图法》主要用于图书分类，起分类检索和分类排架的双重作用，类目的系统划分一般控制在 6 级左右；《资料法》主要用于文献资料的分类检索，类目的系统划分一般控制在 8 级左右。

②组配方法有所不同。《中图法》在指定的类目下采用组配方法；《资料法》为适应文献资料的专深检索和边缘学科文献分类的需要，则可较广泛地使用组配方法。

③附加符号的使用有所不同。《中图法》可采用国家、地区、时代附加符号；《资料法》除能采用上述附加符号外，还可采用民族、时间附加符号与联合符号。

1996 年 6 月原国家科委信息司下发《关于修订〈中国图书资料分类法〉第三版的通知》，专门组建了《中国图书资料分类法》编辑委员会（简称《资料法》编委会），从 1996 年下半年起，《资料法》第 3 版的修订工作开始启动，修订内容主要体现在两个方面：一是类目体系在保持与《中图法》体系结构一致的基础上，除吸收《中图法》第4版新增加的类目外，重点修订和增补了自然科学与工业技术方面的类目。二是增强了《资料法》的组配功能，以适应网络环境下机检的需要。《资料法》第4版于2000年2月由科学技术文献出版社出版。

二、《资料法》的体系结构

《资料法》第4版编列38个基本大类，即：

A 马克思主义、列宁主义、毛泽东思想、邓小平理论
B 哲学、宗教
C 社会科学总论
D 政治、法律
E 军事
F 经济
G 文化、科学、教育、体育
H 语言、文字
I 文学
J 艺术
K 历史、地理
N 自然科学总论
O 数理科学和化学
P 天文学、地球科学
Q 生物科学
R 医药、卫生
S 农业科学
T 工业技术
TB 一般工业技术
TD 矿业工程
TE 石油、天然气工业
TF 冶金工业
TG 金属学与金属工艺
TH 机械、仪表工业
TJ 武器工业

TK　能源与动力工程
TL　原子能技术
TM　电工技术
TN　无线电电子学、电信技术
TP　自动化技术、计算机技术
TQ　化学技术
TS　轻工业、手工业
TU　建筑科学
TV　水利工程
U　交通运输
V　航空、航天
X　环境科学、安全科学
Z　综合性图书

《资料法》第 4 版将《中图法》中“T 工业技术”大类所属的 16 个二级类目（TB/TV 类）作为基本大类。38 个大类的展开采取层层划分、详细列举的方式，形成一个等级分明的类目体系。有些类目的展开可达 8 级以上，类表共设置约 5.6 万个类目。

三、《资料法》的标记系统

《资料法》的标记系统体现在以下两个方面：

1. 标记符号的种类与标记制度

《资料法》第 4 版所采用的标记符号的种类、标记制度与《中图法》相同，即采用字母与阿拉伯数字相结合的混合号码。基本上采用层累标记制，为了适应类列的展开，也采用了八分法、双位制、借号法等灵活的编号方法。在辅助符号方面，《资料法》第 4 版采用了推荐符号、起讫符号、交替符号、联合符号、关联符号、总论标识符号、地区标识符号、时代标识符号、民族标识符号、通用时间地点标识符号等辅助符号。还采用了通用人物标识符号“‘ ’”与通用环境标识符号“《 》”，分别用于区分人物特征和环境特征。例如：子女的继承权为 D923.5‘42’；高温环境下的罐头软包装为 TS293.7《17》。此外，《资料法》第 4 版还将 N/X 各类专用复分表中各类目号码前的“0”当做专用复分符号。

2. 组配方法与分段标记法

《资料法》第 4 版标记系统的突出特点是广泛地使用了组配方法，允许自由组配，并采用分段标记法。《资料法》第 4 版规定：可以在全表中广泛地采用联合组配（即“+”号组配）、复分组配（即通用复分表 10 种标识符的组配和专用复分表的“0”符号组配）与关联组配（即“：”号组配）。不仅允许类内组配，而且允许跨类组配，以这种“后组”方式来表示“先组”类目中未列出的文献资料的多主题、复合主题的概念，为用户提供更多、更新的检索点。《资料法》第 4 版规定只要是文献资料标引与检索的需要，都可以选取联合组配、复分组配和关联组配等不同方式，这实际上就是采用自由组配。同时，《资料法》第 4 版还采用了分段标记法，不仅扩充了组配范围，而且解决了组配后号码的分拆、前置、插入、轮排的问题，增强了多途径检索的功能。正是由于《资料法》第 4 版广泛采用了组配方法，允许类目间灵活地进行自由组配，并采用分段标记法，从而为《资料法》第 4 版向体系-组配式分类法（半分面分类法）方向发展创造了重要条件。

四、《资料法》的复分表

《资料法》第 4 版编列了 10 个通用复分表，即总论复分表、世界地区表、中国地区表、国际时代表、中国时代表、世界种族与民族表、中国民族表、通用人物表、通用环境表与通用时间、地点表。《资料法》第 4 版的 10 个通用复分表均有其专用标识符号，主表中无论是否注明依某种通用复分表分，当需要用某种通用复分表复分时，复分号均须连同其专用标识符号一起加在主类号之后。应该注意的是，凡主表中注明“仿”某种通用复分表分时，则应按仿分方法处理，不加专用标识符。另外，《资料法》第 4 版中还设置了 70 余个专类复分表。

第四节　《中国档案分类法》

一、《中档法》的发展历程

《中档法》是中国档案分类标引与检索的工具书，是我国第一部统一的档案分类法。1987 年出版第 1 版。1989 年开始修订。1989 年 12 月至 1994 年 12 月期间，编制了中国档案分类法 53 个专业表，修订了 3 个历史表。1995 年 1 月至 1995 年 10 月，成立了《中档法》第 2 版编委会及其综合编审组，在 53 个专业表和 3 个历史表的基础上，汇总第 2 版主表，完成了第 2 版的征求意见稿。1995 年 10 月由国家档案局主持在北京召开了《中档法》第 2 版审定会。1997 年 12 月《中档法》第 2 版出版。

《中档法》第2版对第1版的修订主要体现在三个方面：①根据职能分类原则和我国档案资源构成的实际情况，确定了“一法四表”的体系结构，即《中档法》由《中华人民共和国档案分类表》、《新民主主义档案分类表》、《民国档案分类表》、《清代档案分类表》4个表组成，这4个表分别适用于不同历史时期、不同历史条件下形成的档案，在编制原则和方法上是一致的。确定“一法四表”的体系是对第1版“一主表二附表”体系结构的一个重要修订和完善，尤其是增补新民主主义档案分类表，填补了档案分类领域的空白，扩大了《中档法》的适用范围。②《中档法》第2版在第1版19大类基本稳定的情况下，对类目级次进行了延伸、扩充，对基本类目进行了必要的调整和补充，从类目总量上由第1版的5 000条增至10万条，是第1版类目的20倍。相比而言，国民经济管理和工农业以及科学技术研究方面的类目增加幅度更大一些。同时，对经济贸易管理、税务、对外经贸等重要类目进行了升位处理。③加大了使用复分、仿分、注释、参见等现代文献分类技术的力度，提高了分类表的概括力和检索功能。在通用复分表方面，增加了科技档案复分表，解决了各行各业形成的共性科技档案的复分问题。在专用复分表方面，根据各专门档案的实际情况，设置了20余个专用复分表。第2版类目使用注释、参见的比例也较第1版有了较大的提高，约占总类目量的1/10。在编号方面，在更多的二级类目上使用了双位汉语拼音代码，使之保持各同级类目之间的基本平衡，也为检索应用提供了方便。《中档法》的出版，标志着有中国特色的社会主义档案分类体系已基本确立，它促进了我国档案信息分类的标准化与规范化。

二、《中档法》的体系结构

《中档法》的体系是以不同历史时期的国家机构、社会组织从事社会实践活动的职能分工为基础，并紧密结合档案记述和反映的事物属性关系，采取从总到分，从一般到具体的逻辑体系。第2版由原来第1版的“一主表二附表”增为“四主表”，分别适用于类分不同历史时期、不同历史条件下形成的档案。主表是分类表的主体，它根据需要划分了政治、经济、科学文化三大基本部类，并设置了若干基本大类，在基本大类之下，设立了3~7级的类目，类目总量为10万条。其中，《中华人民共和国档案分类表》设置有19个基本大类，《新民主主义档案分类表》共设置13个基本大类，《民国档案分类表》共设置16个基本大类，《清代档案分类表》共设置18个基本大类，详见表9-1：

表 9-1　　**《中档法》分类表**

类表名 类名	《中华人民共和国档案分类表》	《新民主主义档案分类表》	《民国档案分类表》	《清代档案分类表》
A	中国共产党党务	中国共产党党务	中国国民党党务	政务总类
B	国家政务总类	政务	政务总类	宫廷、皇族及八旗事务
C	政法	公安、司法、法院	内政	职官、吏役
D	军事	军事	社会	军事
E	外交	国际共运、外事	考试、监察	政法
F	政协、民主党派、群众团体	群众团体、群众运动	司法	民族事务
G	文化、教育、卫生、体育	文化、教育、卫生、科研、体育	军事	中外关系
H	科学研究		外交	镇压人民斗争活动
J	计划、经济管理	经济管理	教育、文化、科学研究	宗教事务
K	财政、金融	财政、金融	经济总类	文化、教育、卫生、科学研究
L	贸易、旅游	商业	财政、金融	
M	农业、林业、水利	农业	农、林、水利	财政
N	工业	工业	工、矿、电业	金融
P	交通	交通、邮电	商业	农业、水利、畜牧业
Q	邮电		交通	手工业、工业、公用事业

续表

类表名 类名	《中华人民共和国档案分类表》	《新民主主义档案分类表》	《民国档案分类表》	《清代档案分类表》
R	城乡建设、建筑业		邮电	建筑
S	环境保护、土地管理			交通、邮电
T	海洋、气象、地震、测绘			商业
U	标准、计量、专利			
W				天文、地理

三、《中档法》的标记系统

1. 符号形式与标记制度

《中档法》采用汉语拼音和阿拉伯数字相结合的混合编号制。用一个拼音字母标志一个大类，根据需要，有些二级类目采用双字母制；在字母之后采用阿拉伯数字表示下属类目的划分并顺序编号；数字的数位一般表示类目的级位，基本上遵循层累制的编号原则。

例如：《中华人民共和国档案分类表》的配号方法如下：

A　中国共产党党务
B　国家政务总类
C　政法
CA　民政
CB　司法
CB1　律师
CB11　组织
CB111　机构的设置管理
CB1111　国内机构设置管理

为了使号码适应类目需要，《中档法》在号码的配备上采用了两种办法，一种是八分法，另一种是双位制，还采用了空号法。

2. 辅助符号

《中档法》还设置了多种辅助符号，用于类号的扩充，详见表 9-2：

表 9-2　　《中档法》辅助符号

符号名称	符号形式
综合复分号	—
世界各国和地区区分号	( )
中国地区区分号、交替符号	〔 〕
民族区分号	《 》
科技档案复分号	〈 〉
专用复分号	=
专类复分号	·
关联符号	:
并列符号	+
起止符号	/

四、《中档法》的复分表

《中档法》的 4 个分类表分别设置了各种通用复分表。《中华人民共和国档案分类表》设置的复分表有：综合复分表、世界各国和地区表、中国地区表、中国民族表、科技档案复分表。《新民主主义档案表》设置的复分表有：综合复分表。《民国档案分类表》设置的复分表有：综合复分表、世界各国和地区表、民国时期行政区划表。《清代档案分类表》设置的复分表有：综合复分表、世界各国和地区表、清代行政区划表、中国民族表。此外，《中档法》在类表中还设置了多个专类复分表，并较广泛地采用了仿分和组配编号法。

第十章 20世纪我国文献分类法的发展

第一节 20世纪上半叶我国文献分类法理论与实践的发展

在我国文献分类法发展历程中，20世纪上半叶特别是1910—1937年是一个极为重要的时期。这个时期我国学者积极引进与研究外国文献分类法及其理论，编制了一批中西合璧的文献分类法，初步建立了我国现代文献分类理论与方法体系。①

一、外国文献分类法及其理论的引进与研究

1. 外国文献分类法及其理论的引进

据统计，20世纪上半叶我国学者引进的外国文献分类法主要有23种（不含学科分类法），见表10-1；引进的外国文献分类论著约22种，见表10-2。

表10-1　　20世纪上半叶我国引进的主要外国文献分类法

文献分类法名称	首次引进者及其文献	引进的主要内容
杜威十进分类法(DDC)	孙毓修《图书馆》，1910	DDC大类及总论、哲学、宗教类解说
帝国图书馆分类法	谢荫昌《图书馆教育》，1910	该法的沿革与基本类目表
日比谷图书馆分类法	同上	该法基本大类及其解说

① 本节内容来源于俞君立主编的《中国文献分类法百年发展与展望》，武汉大学出版社2002年版，第1~27页，并作了删改。

续表

文献分类法名称	首次引进者及其文献	引进的主要内容
克特展开制分类法（EC）	北京通俗教育研究会《图书馆小识》，1917	EC 类表与标记制度
山口图书馆分类法	郑韫三《图书馆管理法》，1920	该法 10 大类类表
大阪图书馆分类法	同上	该法 10 大类类表
美国国会图书馆分类法（LCC）	戴志骞《图书馆分类法》，1923	LCC 大类类目及其评价
哈里斯图书分类法	同上	该法 3 大部及基本类目
布鲁涅图书馆分类法	同上	该法 5 大部及二级类目
布朗主题分类法（SC）	同上	介绍 SC 的前身奎恩布朗分类法
国际十进分类法（UDC）	朱家治《杜威及其十进分类法》，1926	UDC 初版布鲁塞尔分类法的编制特点以及与 DDC 的联系
史密斯新记忆分类法	杨昭悊《图书馆学》，1933	该法类目的标记方法
太田为三郎分类法	同上	该法的沿革与标记制度
涅夫斯基新分类表	张慕骞《苏俄之图书馆与分类法》，1933	该法人文科学部的体系结构
霍恩分类法	刘子钦《分类之理论与实际》，1934	该法 6 大类及其基本类目表
布利斯分类法	同上	该法的 1910 年简表
Princeton 大学图书分类法	同上	该法基本类目表
施瓦茨记忆分类法	戴镏龄《西洋分类法沿革略说》，1934	该法 25 大类类表与标记法
盖士纳分类法	程伯群《比较图书馆学》，1935	该法 21 大类类表

续表

文献分类法名称	首次引进者及其文献	引进的主要内容
爱德华兹分类法	同上	该法 6 大部与类目表及使用法
英国博物馆图书分类法	同上	该法 10 大类及基本类目表
冒号分类法（CC）	胡延钧《介绍蓝氏双点（：）分类法》、《蓝氏双点分类法各类之说明》，1936	CC 的类表结构、组配原则、复分表、书次号码及分类规则
日本十进分类法（NDC）	金天游《图书之分类》，1936	NDC 百类表

表 10-2　　**20 世纪上半叶我国引进的外国文献分类论著**

原著及其著者	首次引进者及其文献	引进的主要内容
图书分类原理 第二章 ［英］克莱顿	北京通俗教育研究会《图书馆小识》，1917	图书分类法编制原理与编制标准
图书分类　［美］E. C. 理查森	沈丹泥《图书分类原理》，1926	图书分类功能与分类表编制方法
分类手册 第 20 章　［英］W. C. B. 塞耶斯	章新民《图书分类规则》，1928	杜威、布朗、克特提出的分类规则
同上书 第 1~3 章	章新民《图书分类的理论》，1929，1930，1935	图书分类的性质与分类法编制原理
图书分类导论　［英］W. C. B. 塞耶斯	金敏甫《图书分类条例》，1931	图书分类的 10 条规则
布鲁塞尔分类法　［美］E. 马塞尔	钱亚新《布鲁塞尔分类法》，1929	UDC 初版的编制依据与辅助符号
图书馆学指南 第 15~16 章　［英］J. D. 布朗	吕绍虞《图书分类概述》，1934	DDC、UDC、EC、LCC、SC 的特点
同上书，第 17 章	吕绍虞《图书分类之应用》，1934	分类排架方法

续表

原著及其著者	首次引进者及其文献	引进的主要内容
图书分类与编目　［英］D. J. 布朗	吕绍虞《图书之分类与编目》，1934	知识分类与图书分类的联系
图书分类法　［日］村岛靖雄	毛春翔《图书分类法》，1934	分类法史，对国内外分类法的评价
图书分类的困境　［美］A. 约翰	何多源《图书分类之两难》，1934	图书分类的思维方法
图书馆利用指南　［美］M. 哈钦斯等	喻有信《图书馆使用法的指导》，1934	该译著中第二章介绍 DDC、EC、LCC 的特点及有关术语
图书馆内的知识组织 第3章　［美］H. E. 布利斯	喻有信《论图书分类法标记》，1934	标记符号的性能与要求
同上书，第10章	喻有信《评杜威分类法》，1935	对 DDC 的评论
同上书，第11章	喻有信《评克特氏展开分类法》，1935	对 EC 第7表的评论
同上书，第12章	喻有信《评美国国会图书馆分类法》，1936	评论 LCC 的类目设置与标记符号
同上书，第279~298页	林斯德《欧洲的三种图书分类法之批评》，1935	评论 SC、哈莱大学图书馆分类法、世界科学图籍目录分类法
图书分类指南　［美］W. S. 梅里尔	张鸿书《图书分类指南》，1935	图书分类原则与分类规则
克特-桑泊恩著者号码表解说 K. E. 琼斯	余敬禹《克特桑本著者号码表解说》，1936	该表的编制过程与使用方法
图书分类法　［美］G. O. 凯莉	钱亚新《图书分类法》，1942	图书分类性能，类名目录原理与方法
儿童图书馆　［英］W. C. B. 塞耶斯	聂锡恩《由分类法说到儿童图书的分类》，1947	简易十进分类法（儿童图书馆用）及其编制法
颜色带或颜色与位置序列法　［美］陶乃	李继先《颜色带或颜色与位置序列法》，1930	颜色与位置列法的原理、方法及应用

2. 我国对外国文献分类法的研究

20 世纪上半叶我国有 40 余位学者对外国文献分类法进行了比较深入的研究，研究内容主要有 DDC、LCC、EC、SC、UDC、CC、NDC、盖士纳分类法、帝国图书馆分类法、哈里斯图书分类法等。研究较多的是前四部分类法，最多的是 DDC，并有代表作。

（1）研究《杜威十进分类法》（DDC）的代表作。

自 1910 年孙毓修引进 DDC 至 1949 年，我国研究 DDC 的论著与相关文献有 30 余篇（部），其中代表作是朱家治的《杜威及其十进分类法》（1929）一文。该文介绍了杜威的生平及其论著，阐述了 DDC 的渊源与初版至第 11 版的特点以及 DDC 对世界各国分类法的影响，论述了 DDC 类表与标记制度的基本原理，并结合当时中国分类法的现状，对 DDC 能否适用于中国的问题提出了见解。他认为 DDC“不失为独创一格”，但类表中关于中国的类目只有 30 余个，不能“以此直接分类中国图书”，因此国内“采用杜氏分类法之制度”编制的一些分类法，“或将类目扩充，或将次序改组”。

（2）研究《国际十进分类法》（UDC）的代表作。

20 世纪上半叶我国研究 UDC 的论著与相关文献有 10 余篇（部），其中代表作是朱家治的《杜威及其十进分类法》（1929）一文。该文在研究 DDC 的同时还研究了 UDC。文中阐述了 UDC 的初版《布鲁塞尔分类法》的特点，认为“该法于分类图书极为清晰，加增几种记号用为扩充数字，观其所标号数可以明了书中内容，其记号之最要者为+、-、：、∞、（ ）、=、“ ”各有其特殊功用”，又认为“此分类（法）之目的在扩充门类，巨细不遗，期使世界各国无论图书之如何丰富，俱能应用而后已”。文中还介绍了当时《布鲁塞尔分类法》对各国分类法的影响。

（3）研究《美国国会图书馆分类法》（LCC）的代表作。

20 世纪上半叶我国研究 LCC 的论著与相关文献有 20 余篇（部），其中代表作是严文郁的《美国国会图书馆及其分类法》（1929）一文。该文介绍了 LCC 的编制背景、各大类表的出版情况以及 LCC 与 EC 的关系，重点论述了 LCC 的编制技术、类表结构、标记符号、复分表（尤其是地区复分表）、相关索引的特点以及克特字顺号码在 LCC 中的运用。文中，严文郁还根据自己使用 LCC 的经验，评述了 LCC 中列类方式的得失。

（4）研究《展开制分类法》（EC）的代表作。

20 世纪上半叶我国研究 EC 的论著有 10 余篇（部），其中代表作是洪有丰的《克特及其展开分类法》（1926）。该文介绍了克特的生平与研究 EC

的论著目录，介绍了 EC 的沿革，列举了 EC 第 1 式与第 6 式的类目体系，认为 EC 中“传记之分类最为详晰，且易变化，分类应用时甚为便利”，“实为展开分类法中之优点，而为他种分类法所不及也”。文中还论述了 EC 采用的标记制度与克特著者号码表以及克特提出的编目规则，并分析了 EC 与 DDC、LCC 的异同。

（5）研究《冒号分类法》（CC）的代表作。

20 世纪上半叶我国研究 CC 的学者只有胡延钧一人。他于 1936 年发表了近 6 万字的两篇译文：《介绍蓝氏双点（：）分类法》与《蓝氏双点分类法各类之说明》（胡延钧在译文中将“冒号分类法”称为“双点分类法”，将 CC 的编制者阮冈纳赞称为蓝甘纳山）。这两篇译文的内容为 CC 的使用指南，文中论述了 CC 关于“组织类号”的原则，阐释了各学科图书分类规则、复分表及其使用方法、书次号码的组成要素及使用规定等。胡延钧在翻译该文的基础上，联系我国图书分类的实际，对 CC 作了如下评价：“我国图书馆所已采用之分类法繁若列星，顾各家分类法参差所在，不外容纳古今东西书籍及造成一系统能力大小之不同，今读蓝氏双点分类法以双点（：）作门结，并凑号码基本单元组成各种书籍应用之号码，其伸缩改动之性能，深觉颇能供应我国图书馆目前之需要。”

（6）研究《主题分类法》（SC）的代表作。

20 世纪上半叶我国研究 SC 的论著有 10 余篇（部），其中代表作是吴立邦的《布朗及其学科分类法》（1931）。该文介绍了 SC 的沿革，即从《奎恩布朗分类法》、《调节分类法》发展到《主题分类法》的过程，分析了 SC 按“物质→生命→记载”来确定大类次序的理论根据，阐述了 SC 的主类表、标记方法、范畴表、索引的特点以及增加新类目的方法，并对 SC、DDC、EC 三者的标记符号、复分方法进行了比较分析，还介绍了布朗的生平、所作出的贡献与布朗的论著目录。

二、我国文献分类法的编制实践

1. 文献分类法编制概况

据统计，20 世纪上半叶我国共编制文献分类法 90 余种。这些分类法从编制方式来看，有少量分类法是对四库分类法加以改革而编制的，大多数是采用西方图书分类法理论和方法，借鉴 DDC、LCC（主要是 DDC），并批判地继承我国历代书目分类体系和四库分类法的精华而编制的。从分类法的类型来看，既有综合性分类法，又有专业性分类法，还有儿童图书馆分类法（见表 10-3、表 10-4、表 10-5）。

表 10-3　　20 世纪上半叶我国编制的综合性文献分类法

序号	名　称	编　者	年份
1	《古越藏书楼书目》分类体系	徐树兰	1904
2	新书分类法	孙毓修	1910
3	中国书目十类法	沈祖荣	1917
4	《南洋中学藏书目》分类体系	陈乃乾	1919
5	仿杜威书目十类法	沈祖荣、胡庆生	1922
6	图书分类法	洪有丰	1924
7	杜威书目十类法补编	查修	1924
8	世界图书分类法	杜定友	1925
9	中文书籍分类法	查修	1925
10	杜威书目十类法	桂质柏	1925
11	中外一贯实用图书分类法	陈天鸿	1926
12	南开大学中文书籍目录分类法	王文山	1926
13	S. T. T. 图书分类法	应修人	1926
14	图书分类表	劳动大学图书馆	1927
15	中外图书统一分类法	王云五	1928
16	文件分类法	中山大学	1928
17	中国图书分类法	刘国钧	1929
18	中央大学区立苏州图书馆图书分类法	陈子彝	1929
19	东北大学图书馆图书分类法纲要	徐庭达	1929
20	中文普通线装书分类表	刘国钧	1929
21	福建教育厅图书馆图书分类法	姚大霖	1929
22	江苏省立苏州图书馆分类简表	苏州图书馆	1930
23	图书分类表	大夏大学图书馆	1930
24	颜色位置序列法	钱亚新	1930
25	民众图书分类法	徐旭	1930
26	中文图书分类简表	南京民众教育馆	1930
27	上海交通大学图书馆档案分类法	上海交通大学图书馆	1930

续表

序号	名　称	编　者	年份
28	民众阅书处图书分类法	蒋希益、袁世忠	1931
29	类名记首分类法	殷公鼎	1931
30	清华大学图书馆中文图书分类法	施廷镛	1931
31	中日文图书分类法	燕京大学图书馆	1931
32	厦门大学图书馆图书分类法	厦门大学图书馆	1932
33	民众图书分类法	邵晓堡	1932
34	民众图书馆图书分类法	周立慈	1932
35	民众图书馆图书分类法	余和笙	1932
36	民众教育文籍分类总表	盛盈川	1933
37	哈佛大学燕京大学中文图书分类法	裘开明	1933
38	中国十进分类法及索引	皮高品	1934
39	中国图书十进分类法	何日章、袁湧进	1934
40	安徽省立图书馆图书分类法	陈东原	1934
41	民众图书馆图书分类法	朱英	1934
42	仙舟合作图书馆分类法	程君清	1934
43	民众教育图书分类法	王中一	1935
44	中日文图书分类表	桂质柏	1935
45	杜氏图书分类法	杜定友	1935
46	中文图书十部分类法	宋孔显	1935
47	中文图书分类简表	国立中央图书馆	1935
48	普通图书馆图书分类法	林凤春	1935
49	《（生活）全国总书目》分类体系	平心	1935
50	浙江省立图书馆图书分类表	金天游	1936
51	图书联合分类法	程伯群	1936
52	四部分类号码表	张英敏	1936
53	集美学校图书分类法	集美学校图书馆	1936
54	培德中学图书馆图书分类法	培德中学图书馆	1937

续表

序号	名　称	编　者	年份
55	档案分类表	何鲁成	1938
56	广东国民大学图书馆图书分类法	蔡光聆	1947
57	教育部档案分类法	教育部掌卷股	1947
58	三民主义中心图书分类法	杜定友	1948
59	东北图书馆图书分类法	东北图书馆	1948

此外，还有云南图书馆、江西省立图书馆、广西图书馆、河南图书馆、无锡图书馆、江苏省立第二图书馆、江苏天上市图书馆等自编的图书分类法。

表 10-4　**20 世纪上半叶我国编制的专业分类法**

序号	名　称	编　者	年份
1	革命文库分类法	钱亚新	1929
2	增修 DDC 莎士比亚文学类目表	陈普炎	1931
3	中国戏曲分类法	傅惜华	1932
4	法学图书分类法	童世纲	1932
5	佛教典籍分类法	陈鸿飞	1932
6	书报材料分类表	中央银行秘书处	1933
7	法律图书分类表	姚俊德	1934
8	浙江教育图书分类法	忘年老人	1934
9	中国哲学分类表	汪应文	1934
10	中国营造学社特藏图书分类表	乃文	1936
11	中国语言文字学分类表	皮高品	1945
12	《中国图书分类法》宗教部佛教类分类详表	袁湧进	1946
13	空军军用图书分类法草案	空军总司令部	1947

表10-5　　**20世纪上半叶我国编制的儿童图书馆分类法**

序号	名　称	编　者	年份
1	儿童读物分类表	王人路	1929
2	小学图书馆分类法（大纲）	蒋镜寰	1929
3	儿童图书分类表	曾宪文	1929
4	儿童图书分类表	陈东原	1930
5	儿童图书分类简表	辽宁省立图书馆	1930
6	儿童图书分类法	渊泉	1931
7	儿童图书分类法	邵晓堡	1932
8	儿童书目分类表	朱键生等	1933
9	儿童图书分类法	陈独醒	1933
10	儿童图书分类法	吴谨心	1934
11	儿童读物分类法	方承谟	1934

2. 最有影响的四部文献分类法

20世纪上半叶我国编制的90余种文献分类法中，影响较大的有16种，即表10-3中序号为5、6、8、9、10、11、12、15、17、18、30、37、38、39、40、50的分类法。其中最有影响者是沈祖荣、胡庆生的《仿杜威书目十类法》、杜定友的《世界图书分类法》、刘国钧的《中国图书分类法》、皮高品的《中国十进分类法及索引》。

（1）沈祖荣、胡庆生的《仿杜威书目十类法》。

该分类法的初版，是沈祖荣“取杜威之法，参以己见”于1917年编的《中国书目十类法》。《仿杜威书目十类法》于1922年由武昌文华公书林发行。这部分类法包括分类表与检字目录（类名索引）两大部分。分类法“将古今中外书籍”分为10个大类：

〇〇〇经部及类书、一　〇〇哲学及宗教、二　〇〇社会学及教育学、三　〇〇政法及经济、四　〇〇医学、五　〇〇科学、六　〇〇工艺、七　〇〇美术、八　〇〇文学、语言学、九　〇〇历史。

全表700余个类目，类目的划分一般至4级。由于《仿杜威书目十类法》是我国最早仿 DDC 并“参以己见”而编制的图书分类法，故为我国图书馆界所瞩目，也为国内一些图书分类法的研制者所仿效。

（2）杜定友的《世界图书分类法》。

该分类法于 1925 年由上海图书馆协会出版，其编制宗旨是“以中西书籍，合并庋藏，而归纳于同一分类之下”。关于该法的编制方式，杜定友指出：“完全根据 Dewey 之分类法，而加以改良”；“亦非全依原法，不过采取其十分主义与号码标记方法而已”；“实由增减添删 DC 之法而成，而所增减添删者，约百分之四十。”《世界图书分类法》由大纲、类表、总表、助记表、索引等部分组成。类表分为 10 个大类：000 总记、100 哲理科学、200 教育科学、300 社会科学、400 艺术、500 自然科学、600 应用科学、700 语言学、800 文学、900 历史地理。所有类名与注释均为中英文对照。四个助记表（辅助表）分别用于对文献类型、国家、时代、学科类别的复分。索引包括中文索引与英文索引。《世界图书分类法》是一部使用广泛、影响深远的一部分类法，何日章、洪有丰、戴志骞等一些学者为该分类法作序，评价很高。

（3）刘国钧的《中国图书分类法》。

该分类法于 1929 年出版，1936 年增订再版，由南京金陵大学图书馆印行。该分类法有明确的编制原则，主要有：①“类目不宜含有批评褒贬之意”，“宜有扩充之可能……便于伸缩”；②“以学科分类为准绳……参以体裁的分别”，“不能利用四库之部类而增减之”；③“分类以详为贵”；④“一方面须求理论上之圆满，一方面仍须求事实上之便利”。该分类法分为 9 大类：000 总部、100 哲学部、200 宗教部、300 自然科学部、400 应用科学部、500 社会科学部、600/700 史地部、800 语文部、900 美术部。类表中“关于中国固有之类目，则大率采自汉书艺文志、通志艺文略、文献通考经籍典、焦竑国史经籍志、张之洞书目答问，四库全书总目”，“关于新近之学科，则采自美国国会图书馆分类者为最多，而杜威十进分类法次之，布朗、克特两氏之分类法亦多资参考”。标记制度采用纯数字小数十进制，但“不拘泥于十进”，“常见之类，号码求其简短”。该法还采用了参见类目、多重列类、仿分法、复分、互见和类目注释等编制技术。并编有八个通用附表。刘国钧的《中国图书分类法》对中国图书分类法的编制与发展影响深远，并为许多图书馆所采用。

（4）皮高品的《中国十进分类法及索引》。

皮高品从 1926 年开始研制《中国十进分类法及索引》，历时八年，五易其稿，该分类法于 1934 年由武昌文华图书馆学专科学校出版。该分类法包括四个部分：类表、英文索引、中文索引、附录。类表分为 10 个大类：000 总类、100 哲学、200 宗教、300 社会科学、400 语言文字学、500 自然科学、600 实业与工业、700 美术、800 文学、900 历史。全表类目约 13 000 个，有些类目展开到 7~8 级。所有类名及注释均为中英文对照。类表的基本框架与标记制度以 DDC 为基础，但类目设置力求突出中国哲学、文化、教育、语言、文学与历史，将经学图书集中列类。类表中广泛采用复分、仿分与互见、参见方法，有较完善的类目注释，还多处采用了多重列类法。编制的中英文索引具有相关索引的某些特点。《中国十进分类法及索引》在中国图书分类法发展史中占有重要的地位。

三、文献分类理论与方法的研究

20 世纪上半叶我国学者对文献分类理论与方法进行了较深入的研究，这方面的论文有 180 余篇，有关著作有 10 余部。研究内容主要包括以下三个方面：

1. 关于文献分类基本理论的研究

这方面的研究内容主要有：

(1) 对图书分类标准的研究。

刘国钧、杜定友较深入地研究了这方面的问题。刘国钧认为，“图书分类多以它们（书籍）内容的性质作为分类的标准”，“但同时不能不顾及著述的体裁……著述所用文字……著作人的国籍……著作人的时代……书名或著作人姓名的字母作排列顺序”。杜定友则认为，图书分类标准主要有“义（书之内容）”和“体（书之体裁）”两个方面；还可采用时间、地理、人物、名称等作为分类标准，并强调“各类标准一而不能二”。刘子钦、熊毓文、李景新等学者也较系统地研究过这方面的问题。

(2) 对图书分类与科学分类（学术分类）关系的研究。

我国最早研究科学分类的论文是之嘉的《科学分类之历史》（1920）一文。该文论述了公元前 3 世纪至 20 世纪初期的科学分类史，阐述了亚里士多德、阿林根、孙韵、培根、笛卡儿、霍布士、洛克、若尔分、阿威鲁、孔德、斯宾塞、希尔兹、凯布、比亚莎、荷恩等一些学者的科学分类思想。该文为图书分类法的编制提供了一种重要的理论依据。戴镏龄分析了学术分类论争的实质，“一以为心灵先于物质，一以为物质优于心灵……其争论在唯心主义与唯物主义之别”。刘子钦将“学术分类”、“科学分类”统称为“理论分类”（“学科分类”）。他认为，图书分类与理论分类的关系是：“理论分类是图书分类的灵魂。图书分类是某部分理论分类的具体表现。”

研究过图书分类与科学分类关系的学者还有杜定友、戴志骞、查修、胡芸菲、李景新、熊毓文、霍怀恕等。

(3) 对图书分类法编制原则的研究。

我国最早提出图书分类法编制原则的是戴志骞，他认为图书分类法的编制“必混合‘与理论相合的’及‘人为的’数种分类法的原则而成”；“应具有常识的眼光，且须斟酌图书馆本身性质，与环境情形而变通之”；“分类记号……易读、易写、易记、易识、易增减”。1929 年 1 月，中华图书馆协会第一次年会上通过了编制标准分类法的四项原则：“①中西分类一致；②以创造为原则；③分类标记须易写易记，易识易明；④须合中国图书情形。”这四条原则成为当时中国编制图书分类法的基本原则。此外，一些学者还就图书分类法的编制要求问题提出了见解。如邢云林认为，“名词（类目）须专门化，须标准化，须学术化”；“索引……以连属者（相关索引）为佳”。

(4) 对中国图书分类法历史的研究。

杜定友、查修、蒋复璁、容肇祖等学者均系统地研究过我国历代书目分类体系与图书分类体系。刘国钧专文研究了四库分类法；李蓉盛研究了《七略》；傅振伦、汪应文分别研究了从汉代至 20 世纪 30 年代中国史籍与子部图书分类的沿革及得失；陈鸿飞对我国东晋至 20 世纪 30 年代佛教典籍的分类体系进行了详尽的论述。蒋元卿的《中国图书分类之沿革》（1937）一书，可谓集我国图书分类法史研究之大成。

(5) 对图书分类现实问题的研究。

①关于图书分类“并行制”与“统一制”的论争。“并行制”是指旧籍分类用四库分类法，新书分类用 DDC 或其他分类法。“统一制”是指旧籍与新书的分类采用同一种分类法。有些学者主张“并行制”，认为旧籍分类用 DDC 或 EC，有“貌合神离”、“削足适履之嫌”有些学者主张“统一制”，认为“新旧并行制，窒碍殊多，而统一制则较为便利”。有的学者提出了古今中外图书应统一分类的观点。

②关于编制统一标准图书分类法的讨论。许多学者通过对古今中外图书分类法的深入研究，深感西方的 DDC、LCC 等并非完全适用于中国，传统的四库分类法也不能适应新书分类的需要，而现行的诸多个人自编的图书分类法尚未完善，在这种背景下，新编一种统一的、标准的图书分类法逐渐成为中国学者的共识。

早在 20 年代初，杜定友就提出编制统一分类法的设想。1927 年刘国钧在《中国现在图书分类法》一文中论述了应研究与编制标准分类法这一问题。我国学者对于编制一种新的、统一的图书分类法的共识，集中体现在

1929年1月中国图书馆协会第一次年会上许多学者提出的有关提案中，如杜定友的《编纂图书分类法原则案》、黄锡祥的《请海内图书馆各专家从速规定分类中文图书标准以资统一案》、李小缘的《规定标准分类法及其条例案》、曹祖彬的《编定统一中国图书分类法案》、谭禅生的《参酌世界图书分类原则确定中书分类案》、余超的《统一本国图书馆分类法案》、蒋希曾的《制定全国图书分类法案》、徐植材的《请制定图书标准分类法案》、蒋一前的《由协会从速编制适合中国图书馆用之分类法案》、中央大学区立苏州图书馆的《拟订标准之图书馆分类编目法案》、金敏甫的《厘定分类制度案》、田洪都的《中文书籍编目及分类案》、上海沪江大学图书馆的《请全国图书馆协会发行中外图书统一分类法及管理法以便全国图书馆一致采用案》、天津南开大学图书馆的《应编制标准分类法俾全国图书馆遵守以照划一案》等。上述提案被大会合并修正议决通过，并形成《由协会编制标准分类法案》。由于历史原因，这一共同的愿望在新中国成立之前，终究未能实现。

③关于经部分合与语言文学分合问题的探讨。关于经部拆散或集中列类，这是一些学者关注的问题。陈乃乾、王云五主张将经部拆散列类。裘开明、霍怀恕等一些学者主张将经部集中列类，主要理由是："经学为我国学术之渊源，包罗万象，脉络相关，拆分他类，殊非易事"；"依类例而论，经书应当独成一类。"刘国钧对经部从整体上主张分散列类，但对通论群经之书仍主张列为专类。关于语言类与文学类的分合问题，大多数学者针对DDC中语言学与文学类相隔太远而提出意见，而皮高品通过分析语言文字学书籍分类的沿革以及语言文字学与文学之间的关系，提出了"语言与文学分开并无不合，两者并无合并或联类的必然道理"这一观点。

2. 关于文献分类方法的研究

我国学者汲取西方图书分类方法的精华，结合中国图书分类的实际，探讨并提出了一系列图书分类方法和规则。刘国钧的《怎样开始分类图书》(1931)、钱亚新的《类分图书的要诀》(1933)、刘子钦的《分类之理论与实际》(1934)、李景新的《图书分类概述》(1937)，全面地阐述了图书一般分类规则。昌少骞、曾宪文与舒纪维分别对丛书、儿童读物的分类方法进行了深入研究。关于各学科图书分类方法，一些学者主要研究了当时有争议的几类图书的分类方法。顾家杰、姚俊德分别论述了音乐类、法律类图书的分类问题。童世纲还比较了法律类图书先依法律类型分、再依国家分，与先依国家分、再依法律类型分这两种分类方法的优缺点，为后来人们编制法律类双表提供了一种理论依据。

3. 关于书次号码的研究

20 世纪上半叶我国研究书次号码的论著 30 余篇（部），内容主要体现在书次号码理论研究与著者号码表编制实践两个方面。

（1）关于书次号码理论的研究。

对书次号码研究得最为深入的是钱亚新、王树伟两人。钱亚新在其专著《拼音著者号码编制法》（1928）中系统阐述了著者号码的含义与功用，评述了克特著者号码表与国内 10 余种著者号码表，提出了编制中国著者号码表的原则。王树伟在长篇论文《中文著者号码编制法的探讨》（1936）中论述了以著者号码作为书次号的理由，提出了书次号码的首要意义“在（于）补助分类之不足”这一新颖的观点。文中还对著者号码的时代区分问题提出了独特的见解，并提出了衡量著者号码表质量的标准。

（2）关于著者号码表的编制实践。

20 世纪上半叶我国学者编制的有一定影响的著者号码表约有 15 种，即：①《部首笔画著者号码表》（沈祖荣，1917）；②《杜氏著者号码表》（杜定友，1925）；③《中文著者姓氏号码表》（桂质柏，1925）；④《汉字母笔著者号码表》（万国鼎，1926）；⑤《中外著者统一排列法》（王云五，1928）；⑥《拼音著者号码表》（钱亚新，1928）；⑦《著者姓氏检查表》（陈子彝，1929）；⑧《杜氏著者号码编制法补正》（蒋镜寰，1932）；⑨《中日著者号码表》（张英敏，1933）；⑩《中国著者号码符号编制法》（金云铭，1932）；⑪《燕京大学图书馆中日著者号码编制法》（田洪都，1934）；⑫《注音符号著者号码编制法》（萧纲、潘宝林，1934—1935）；⑬《中国著者号码表》（宋春舫、温之章，1934）；⑭《梁氏国音著者号码表》（1935）；⑮《俄文著者号码排列法》（胡正支，1937）。上述 15 种著者号码中，沈祖荣的《部首笔画著者号码表》开我国著者号码表编制之先河。最有影响、使用较广的著者号码表有五部：杜定友的《杜氏著者号码表》、王云五的《中外著者统一排列法》、钱亚新的《拼音著者号码表》、陈子彝的《著者姓氏检查表》、张英敏的《中日著者号码表》。其中，钱亚新的《拼音著者号码表》被沈祖荣称为“是由科学的研究”，“取各家之长冶为一炉所得的结果”。

第二节　20 世纪下半叶我国文献分类法的理论研究与编制实践

20 世纪下半叶我国文献分类法的理论研究与编制实践都取得了丰硕成

果。这一时期我国共编制文献分类法 70 余部，翻译外国文献分类法 30 余部，编制著者号码表 30 余种，发表有关文献分类方面的论文（含译文）6 000 余篇，出版著作（含译著）90 余部。这一时期还出现了 20 次重大的学术争论与研究热潮①。

一、我国文献分类法与著者号码表的编制实践

1. 我国编制的文献分类法

1949 年至 2000 年我国编制的综合性文献分类法 50 余部，专业性文献分类法近 20 部。在上述 70 余部文献分类法中，曾在全国范围内起过重要作用的、或现在仍有影响的文献分类法有 7 种：《中小型图书馆图书分类表（草案）》（1957）、《中国图书馆图书分类法草案（下册）》（1965）、《中国人民大学图书馆图书分类法》（1954，1955，1957，1962，1982，1996）、《中国科学院图书馆图书分类法》（1958，1974，1979，1994）、《中国图书馆分类法》（1973 年试用本，1975，1980，1990，1999）、《中国图书资料分类法》（1975，1982，1989，2000）、《中国档案分类法》（1987，1997）。在以上 7 种文献分类法中，《中图法》是国内影响最大、使用最广泛的一部文献分类法，在中国文献分类法史上占有极其重要的地位。

2. 我国编制的著者号码表

20 世纪下半叶我国学者编制的著者号码表有 30 余种，其中有一定影响的著者号码表有 7 种，即《笔画字顺著者号码表》（王凤翥，1954）、《汉语著者号码表及使用法》（高敏学，1958）、《汉语拼音著者号码表》（蒋完奎，1959）、《汉语拼音著者号码表》（袁湧进、周树基，1959）、《汉语拼音著者号码表》（武汉大学图书馆，1959）、《中文图书汉语拼音著者号码表》（李修宇、茅振芳、高景翔，1974）、《通用汉语著者号码表》（刘湘生，1992）。在以上著者号码表中，《通用汉语著者号码表》是国内影响最大的一部汉语拼音著者号码表。

---

① 本节中的第一、二部分的资料来源于：①俞君立主编的《中国文献分类法百年发展与展望》，武汉大学出版社 2002 年版。②张琪玉著的《中国情报语言 20 世纪回顾》，载于《图书与情报》，1999 年第 4 期。③张琪玉著的《我国情报检索语言四十年文献简述》，载于《张琪玉文集》，国家图书馆出版社 2014 年版。④白国应著的《论 20 世纪的中国文献分类学》，载于《晋图学刊》1999 年第 1、2 期。

本节第三部分的内容节选于俞君立主编的《中国文献分类法百年发展与展望》，武汉大学出版社 2002 年版，第 28~155 页，并作了删改。

二、我国翻译的外国文献分类法与著者号码表

20世纪下半叶我国翻译（含节译、编译）的外国文献分类法有30余种。

1. 关于前苏联图书分类法的中文译本

这方面的译本主要有：《苏联小型图书馆适用十进分类法简表》（克列诺夫编；舒翼翚译，1951）、《图书分类法草案基本大类表》（杰斯林科编；范文津等译，1955）、《十进分类法》（托罗帕夫斯基编；中苏友协总会图书资料室译，1956）、《图书分类表》（安巴祖勉编；文敏等译，1958）、《苏联图书资料分类法（详表选译）》（张琪玉译，1983）、《苏联图书馆图书分类法》（倪波等译，1986）。

2. 关于《国际十进分类法》的中文译本

这方面的译本主要有：《国际十进分类法·机械电机图书分类表》（黄席椿等译，1952）、《国际十进分类法简表》（中国科学技术情报研究所译，1958）、《国际十进分类法·机械电工及其有关部分（初稿）》（机械工业部编译，1959）、《国际十进分类法简表·邮电部分（初稿）》（邮电科学研究院译，1959）、《国际十进分类法·航空专业类表》（航空工业部编，1964）《国际十进分类法　英语中型本》（1989）、《国际十进分类法　中文版简本》（澳门“中央图书馆”译，1997）。

3. 关于《杜威十进分类法》的中文译本

这方面的译本主要有：《杜威十进分类法第十八版（英汉对照）》（台湾“中国图书馆学会分类编目委员会”编译，1978）、《杜威十进分类法·经济部分》（北京经济学院图书馆译，1981）、《〈杜威十进分类法〉（DDC）〉（第21版）与〈中图法〉（第4版）对照表》（载于中国图书馆分类法编辑委员会编的《〈中国图书馆分类法〉（第四版）使用手册》，北京图书馆出版社1999年版，第482~510页）。

4. 关于其他文献分类法的中文译本

这方面的译本主要有：《日本十进分类法要目表》（北京图书馆东方语文编目组译，1957）、《民主德国建筑百科全书分类法（草案）》（建筑工程部技术情报局编译，1958）、《国际物理学分类表》（国际科学联合文摘编辑部编；中国科学院图书馆译，1981）、《美国国立医学图书馆图书分类法》（湖南医科大学图书情报学系译，1981，1988）、《情报学、图书馆学和档案学分类表》（艾奇逊编；侯汉清译，1984）、《冒号分类法》（阮冈纳赞编；宋克强，许培基译，1986）、《扩展式排序体系》（林德海等译，1987）、

《LCC 农业（第四版）分类表》（中国农业科学院科技文献信息中心译，1989）。此外，还有多种专利分类表的中文译本。

5. 关于引进与翻译的著者号码表

20 世纪下半叶我国翻译与引进的著者号码表主要有：《俄文图书著者号码表》（哈芙金娜编；中国人民大学图书馆译，1957）、《俄文三位著者号码表》（哈芙金娜编；北京图书馆俄文编目组译，1980）、《植村著者号码表》（植村长三郎编；北京图书馆东方语文编目组译，1957）、《克特著者号码表》（克特编，桑泊恩修订。书目文献出版社于 1980 年重印，并附有中文使用说明。）

三、我国文献分类法发展中的学术争论与研究热潮

学术争论与研究热潮是 20 世纪下半叶我国文献分类法发展中的一个显著特点。我们总结一些有影响的学术争论事例和研究热潮，通过对这些学术争论与研究热潮的发端、内容、过程的总结与分析，来反映 20 世纪下半叶我国文献分类法理论研究与编制实践发展的轨迹。

1. 关于基本部类“四分法”与“五分法”的学术争论

“五分法”是指将基本部类划分为 5 个：马克思列宁主义、哲学、社会科学、自然科学、综合性图书；“四分法”是指将基本部类划分为 4 个：哲学、社会科学、自然科学、综合性图书。这次争论始于 1956 年，是围绕《中小型表》的编制而展开的。争论的焦点在于是否将马克思列宁主义独立设置为基本部类。许多学者主张“五分法”。主张“四分法”的学者主要是皮高品。争论的结果是“五分法”占主导地位，并以“五分法”确立了《中小型表》的类目体系。

2. 基本部类社会科学与自然科学的排列孰先孰后的学术争论

这场争论始于 1959 年，是围绕《大型法》的编制而展开的，形成了两种不同意见。第一种意见：认为社会科学应排在自然科学之前。持这种观点的学者有卢景云、李兴辉、李纪有、陈宪章、陈霖生、肖玉珣、林志成、廖延唐、蒋一前等。经上述学者讨论，由蒋一前执笔的《图书分类表五分法中社会科学在自然科学之前的看法》一文阐述了这种意见的主要理由。第二种意见：认为自然科学应排在社会科学之前。持这种观点的学者有史永元、刘国钧、严仁缉、成素梅、袁湧进、许婉玉、康精彩等。经上述学者讨论，由袁湧进执笔的《论大型图书馆图书分类法的基本序列自然科学应列于社会科学之前》一文论述了这种意见的主要理由。刘国钧后来改变了观点，主张社会科学列在自然科学之前。经学者们充分讨论，最后确定了

《大型法》采用马克思列宁主义与毛泽东著作、哲学、社会科学、自然科学、综合性图书五部类，进而展开为21个基本大类的分类体系。

3. 关于标记符号采用混合号码还是单纯数字号码问题的学术讨论

这场发生于20世纪50年代后期至60年代初的学术讨论，是围绕《大型法》标记符号的编制问题展开的。史永元等一些学者主张采用单纯数字制。史永元在《关于图书类号采用数字制的意见》一文中认为分类号码采用数字制具有“易记、易写、易认、易用”的优点。有些学者主张采用字母与数字相结合的混合号码。廖延唐、卢景云在《关于混合分类号的一些意见》一文中认为，“唯有采用数字和字母混合作为标记符号，才能编制成在最大限度上满足简短、易记、易读、易写的要求的分类号”。同时许多学者不主张像《人大法》那样严格地采用层累制，而主张基本上采用层累制。

4. 关于“分类主题目录”能否成为分类法的发展方向问题的学术争论

发生于20世纪1962年至1964年的这次学术争论，是因1962年杜定友发表《图书分类法的路向》（简称《路向》）一文而引起的。杜定友在《路向》一文中提出并阐述了“分类法必须简化，在一定范围内充分利用字顺排列法，走向新型的分类主题目录的发展道路”这一观点。他主张分类法应“保持基本类与基本类进一步细分（即三级类）的体系”，三级类目以后的继续细分采用“字顺排列法”。杜定友的《路向》一文发表后，很快在图书馆界引起了反响。刘国钧、皮高品、陈霖生等学者分别撰文对杜定友关于分类主题目录的观点提出了质疑。对于刘国钧、皮高品、陈霖生的质疑，杜定友于1964年又撰写了《新图书分类法的远景》一文作答。虽然杜定友提出的观点与建议当时未被图书馆界所接受，但由此引起的这场学术争论，开了我国分类法主题法一体化研究之先河。

5. 关于分类法主题法一体化问题的研究热潮

这次研究热潮发生于20世纪80年代初至90年代末。1980年侯汉清撰文介绍了《分面叙词表》，这是国内首次对国外分类法主题法一体化词表进行较深入研究的论文。他还在《分类主题一体化词表的进展》一文中对一体化词表的4种主要模式作了详细评介。这一时期许多学者，如刘湘生、李兴辉、张琪玉、侯汉清、陈树年、汪东波、曾蕾、赵燕群、卜书庆、朱芊、程鹏、李严、张涵、马张华、戴维民、吕其苏、贺定安、杨鸣放、邓顺国、曹树金、曹汉新等从不同方面、不同角度，研究了分类法主题法一体化的理论与方法问题，其中研究内容大多是关于《中国分类主题词表》的编制理论、编制技术等。

我国从20世纪80年代初至90年代后期编制的分类法主题法一体化词

表，主要有：《常规武器工业分面主题词表》（1983）、《中图法》（R 类）与《医学主题词表（MeSH）·中医药学主题词表对应表》（1992）、《教育主题词表》（1993）、《中国分类主题词表》（1994）、《人口主题词表》（1994）、《农业科学叙词表》（1994）、《音像资料叙词表》（1995）、《社会科学检索词表》（1996），等等。特别是《中国分类主题词表》的问世，标志着我国分类法主题法一体化词表已发展到一个新的历史阶段。

6. 关于综合性学科集中列类还是分散列类的学术争论

80 年代中后期，围绕《中图法》第 2 版的修订，人们对“综合性学科”的列类问题展开了一场争论。争论的背景源于现代科学技术的迅速发展，以及由此而带来的综合性学科文献的大量增加。许多学者主张《中图法》应增设综合性学科专类。其理由是：第一，文献分类体系应体现现代科学发展的整体化、综合化的特点。第二，有关综合性科学的图书资料日益增多，并为图书情报部门所收藏与利用。有些学者主张分散列类，其理由是：第一，增设综合性学科类，在理论上与认识上尚缺乏充分论证。第二，《中图法》第 2 版对综合性学科是按特定的研究对象归类的，而且大多已设置了相应类目或能归入有关科学门类中。对于那些新出现的综合性学科，经过修订，是可以做到有类可归的。《中图法》编委会对综合性学科集中列类还是分散列类的问题，进行了反复的认真研究和论证，最后决定，仍保持第 2 版的原编体系，不设专类。

7. 关于《中图法》、《资料法》分面改造问题的研究热潮

这次研究热潮是由两次学术研讨会引起的。1985 年 5 月 25—29 日《中图法》编委会、中国图书馆学会、中国情报学会在安徽铜陵市联合召开了《中图法》修订研讨会（简称“铜陵会议”）。1991 年 1 月 6—10 日，《中图法》编委会、全国文标会第五分会在天津召开《资料法》分面改造学术讨论会（简称“天津会议”）。“铜陵会议”与“天津会议”分别探讨、研究了组配方式在《中图法》中的运用问题与《资料法》的分面改造问题。

关于组配方式在《中图法》中的运用问题。许多学者对《中图法》中现有的组配方式进行了分析与总结，并分别提出了多种改进方案，如“在保持学科系统性前提下，尽量增加组配成分”；选择“体系-组配分类法”这一发展模式等。有关论文被收入《〈中国图书馆图书分类法〉修订研讨会议文集（1985）》一书中。关于《资料法》的分面改造问题。一些学者分别提出了《资料法》采用 UDC 的基本模式、BC2 的模式、分面叙词表的模式以及其他模式的分面改造方案与方法。有关论文被收入《〈中国图书馆图书分类法〉发展路向研究（1992）》一书中。这次研究热潮，对完善《中图法》的组配方式，促进《资料法》的分面改造起到了重要作用。

8. 关于新学科、新主题文献分类与类目复分方法问题的研究热潮

1990年出版的《中图法》第3版中，虽然增设了许多新学科、新主题类目，但仍有一些新学科、新主题文献没有明确的位置。同时，随着科学技术的迅速发展，反映各种新学科、新理论、新问题、新方法的文献大量出版。另外，类目复分方法成为当时学习与使用《中图法》第3版的一个重点与难点问题。在上述背景下，20世纪90年代初、中期出现了一场研究新学科、新主题文献分类与类目复分方法问题的热潮。在这场研究热潮中，专业刊物上发表了蔡振华等许多学者的论文，并出版了李兴辉、陈树年、戴维民编著的《新学科文献分类手册》(1992)、陆宗城的《新主题文献分类指南》(1993) 等两部专著。此外，陈树年、侯汉清、戴维民、王荣授编著的《〈中国图书馆图书分类法〉的理论与使用》(1990)、《中图法》编委会编的《〈中国图书馆图书分类法〉、〈中国图书资料分类法〉(第3版) 使用手册》(1991)、侯汉清、王荣授主编的《图书馆分类工作手册》(1992) 等著作中也论及了新学科、新主题文献分类问题。还出版了俞君立、黄葵编著的《〈中国图书馆图书分类法〉(第3版) 类目复分方法及其疑难解释》(1990)，以及其他有关著作。这些论著对新学科、新主题文献的分类原则、分类标引方法，以及《中图法》的类目复分方法进行了深入的讨论与研究。上述研究成果适应了当时文献分类工作的需要。

9. 关于图书改编问题的研究热潮

20世纪70年代中期以来，特别是1990年《中图法》第3版出版后，在我国图书馆界出现了一场研究图书改编问题的热潮。在这场长达10年之久的研究热潮中，许多学者撰文论述了图书改编的原则与方法问题，并提出了多种图书改编方案。1991年6月中国图书馆学会、江苏省图书馆协会、《中图法》编委会、北京图书馆、南京图书馆在常熟市联合召开了“全国《中图法》(第3版) 使用经验交流会”。参加会议的有公共图书馆与高校、科研等系统图书馆的代表120人，会议收到论文、资料70余篇。与会代表经过认真讨论和论证，绝大多数代表认为，图书改编应当优先选用“彻底改编的方法”、“部分改编的方法”、“分类目录细分，分类排架粗分”等方法。1999年出版的《〈中国图书馆分类法〉(第4版) 使用手册》也充分肯定了上述三种图书改编方法。

10. 关于书次号码的三次研究热潮

第一次研究热潮：研究与编制汉语拼音著者号码表。这次研究热潮出现于20世纪1957年国务院公布汉语拼音方案后至20世纪60年代中期。这一时期全国编制了 16 种汉语拼音著者号码表，探讨了汉语拼音著者号码表的编制理论与方法。1960 年 1 月北京图书馆召开了两次“汉语拼音著者号码表”专题座谈会，并发表了《汉语拼音著者号码表座谈会纪要》。1960—1964 年期间专业刊物上发表了 Wei Li、汪家熔、桥梁、高敏学、朽予、蒋完奎、谭家琛等学者的论文。上述两次座谈会与一系列论文探讨了三个问题：采用拼号法还是查号法；是否为马列主义经典作家设置专号；著者号码采用何种组号法，这为人们进一步研究汉语拼音著者号码表提供了重要的理论与实践依据。

第二次研究热潮：同类书排列采用著者号还是种次号。这次研究热潮出现于 20 世纪 70 年代中期至 80 年代初。1975 年《中图法》第 1 版出版后，不少图书馆对同类书的排列采用了种次号。1978 年《图书馆工作》第 2 期发表了李修宇、茅振芳的《著者号，还是种次号》一文。文章认为，“著者号有种次号所不具备的带有实质性的三个基本优点”，即“便于统一编目”、“可使全国书号统一”，“系统、科学，便于掌握”。该文引起了一场著者号与种次号孰优孰劣，是采用著者号还是种次号的争论。许多学者主张采用著者号。而有些学者主张采用种次号。这场争论，虽然最终没有统一看法，但促使人们思考与研究书次号的标准化问题。

第三次研究热潮：书次号码标准化问题研究。这次研究热潮出现于 20 世纪 80 年代初至 90 年代中后期。随着文献分类向标准化方向发展，书次号码标准化研究被提到议事日程。研究内容主要有：①关于著者号码表的理论问题。许多学者对书次号的编制原则、具体要求、评价标准等问题进行了探讨与研究。②关于《通用汉语著者号码表》的研制与出版。1988 年 10 月全国文标会第五分会、《中图法》编委会、中国图书馆学会分类主题研究分会在杭州召开全国中文同类书排列标准化研讨会。与会代表对中文同类书排列的标准化应走汉语拼音查号法的道路取得了共识。在上述三个学术组织的协调与组织下，由刘湘生（组长）、李兴辉、张琪玉、陆宗城、侯有德、唐瑛、张宇宏等 7 人组成的《中文同类书排列规则》国家标准起草小组，于 1991 年 8 月完成了《中文同类书排列规则——汉语著者号码表》（国家标准送审稿），其附录《通用汉语著者号码表》于 1992 年 6 月由海洋出版社出版。此外，一些学者研制了计算机著者号自动标引系统。1997 年 6 月在新乡市召开了“全国图书馆通用著者号码表学术研讨会”，探讨了计算机著者号码自动标引配号的发展趋势。

11. 关于文献分类法的修订与出版热潮

随着科学技术的迅速发展，新学科、新技术、新事物、新问题的不断涌现，文献的大量增加和国外文献分类法理论、方法的引进与研究，以及人们对文献分类规律认识的逐渐深化，20 世纪 80 年代中后期至 2000 年，《中图法》、《资料法》、《科图法》、《人大法》、《中档法》均进行了修订与版本更新，从而出现了一场全国范围内文献分类法修订、编制与出版的热潮。

（1）《中图法》的修订与《中图法》系列版本的编制与出版。

20 世纪 80 年代中后期，《中图法》编委会对《中图法》第 2 版进行修订，历时 6 年，1990 年 2 月由书目文献出版社出版《中图法》第 3 版。《中图法》第 3 版修订始于 1996 年。1996 年 7 月 10—11 日《中图法》编委会第五届委员会成立暨工作会议在北京图书馆召开，会议重点讨论了《中图法》第 3 版修订方案，方案中提出了《中图法》第 3 版修订的指导思想与修订原则。指导思想要点是：①体现修订特点，突出修订重点，提高《中图法》的科学性和实用性；②在充分满足排架要求稳定性的前提下，优化《中图法》的检索功能；③在坚持综合性分类法的基本前提下，兼顾专业单位的需要；④贯彻《中图法》的连续性，类目、类号的编排应具有前瞻性和预见性。修订原则要点是：①保持“三个不变”的原则。即保持列举式分类法的基本属性不变，基本部类与基本大类及其序列基本不变，标记制度基本不变。在此前提下，进行个别大类的类目体系结构的调整与完善，新学科、新事物主题概念的增加与补充。②完善与增加编制方法及技术。③方便用户从第 3 版改用第 4 版。④在出版《中图法》印刷本的同时，推出该分类法的电子版，并适时修订与出版《中图法》的系列版本。方案中还提出了《中图法》第 3 版的修订范围、修订重点（F、TN、TP 类）、组织实施、分工与时间安排。1996 年 10 月至 1997 年 4 月，《中图法》编委会联合中国图书馆学会和各省、市图书馆学会在宝鸡、成都、南京、武汉、哈尔滨、沈阳、大连、广州、北京、上海等 10 个城市召开了《中图法》修订研讨会或座谈会。同时，《中图法》编委会编辑了《〈中图法〉第 3 版修订意见资料汇编》，制订了《〈中图法〉第 3 版修订规范》与《有关类目用语与类目注释用语的规范》。在《中图法》编委会的主持下，从 1996 年 7 月起，由编委会委员分工负责各大类与通用复分表的修订以及类目注释的规范化处理，编委会还制定了《〈中图法〉第 4 版审稿规范》。1997 年 8 月至 1998 年 6 月先后完成了《中图法》第 4 版修订初稿、审定稿、征求意见稿、修订稿。1998 年 6 月 11~14 日在江西举行了《中图法》编委会全体委员工作会议，审议《中图法》第 4 版修订稿。会议决议认为，《中图法》第 4 版修订稿正确贯彻了《中图法》编委会关于第 3 版修订的指导思想、修订原则、修订范围及重点的决定。决议原则通过第 4 版修订稿。根据会议决议，编委会又组成终审组，对第4版修订稿进行了全面仔细的审定。应广大用户要求，在广泛征求编委意见的基础上，1999年1月17日《中图法》编委会决定将《中国图书馆图书分类法》正式改名为《中国图书馆分类法》。《中图法》第4版于1999年3月由北京图书馆出版社出版。《中图法》第4版出版后，对《中图法》第4版的研究，成为1999—2000年间我国文献分类领域中的一个热点问题。

1989年至2000年间是《中图法》发展的黄金时期。《中图法》为满足不同规模与不同类型图书情报机构、不同文献类型分类标引和检索的需要，在发展中逐渐形成了一个系列。这一时期出版的《中图法》及其系列版本有:《中图法》第3版（1990）与第4版（1999）、《资料法》第3版（1989）、《中图法・简本》第3版（1991）与第4版（2000）、《中图法・儿童图书馆、中小学图书馆版》第1版（1991）与第2版（1998）、《中图法・期刊分类表》第2版（1993）、《中国分类主题词表》（1994）以及《中图法・教育专业分类表》（1993）、《中图法・测绘学专业分类表》（1995）、《中图法・公安科学文献分类法》（1995）、《中图法・农业科学专业分类表》（1999）、《中图法・医学专业分类表》（1999）、《中图法・劳动科学专业分类表》（2000）、《〈中图法〉第4版索引》（2000）等。并于1999年起研制《中图法》电子版，已于2001年正式出版。这是我国第一部电子分类法，它的问世标志着我国已经进入电子分类法应用阶段，它是我国分类法研究和应用的一个里程碑。2000年《中国分类主题词表》电子版的研制工作也正式启动。此外，这一时期还出版了《〈中图法〉〈资料法〉（第3版）使用手册》（1991）、《〈中图法〉（第4版）使用手册》（1999）、《〈中图法. 期刊分类表〉实用指南》（1998）、《〈中国分类主题词表〉标引手册》（1998）、《〈中图法・儿童图书馆、中小学图书馆版〉（第2版）使用手册》（1998）与《通用汉语著者号码表》（1992）等。

（2）其他文献分类法的修订与出版

这一时期，《资料法》、《科图法》、《人大法》、《中档法》也进行了修订与出版。

①《资料法》的修订与出版。《资料法》第1~3版曾属于《中图法》的系列版本。1996年6月，原国家科委信息司专门组建了《中国图书资料分类法》编辑委员会（简称《资料法》编委会），在中国科技信息研究所成立了《资料法》修订编审组，从1996年下半年起，《资料法》第3版的修订工作开始启动。《资料法》第3版的修订内容主要体现在两个方面：一是类目体系在保持与《中图法》体系结构一致的基础上，除吸收《中图法》

第4版新增加的类目外，重点修订和增补了自然科学与工业技术方面的类目。二是增强了《资料法》的组配功能，以适应网络环境下机检的需要。《资料法》第4版于2000年2月由科学技术文献出版社出版。

②《科图法》的修订与出版。《科图法》第2版修订始于1987年。此次修订在保持原有的分类体系、号码制度不变的基础上，作了7个方面的修订：改编部分类目的体系。如重新建立了“73.9计算机科学技术”类；大量增补新学科、新问题、新事物类目；订正有关原类名，删除重复类目与空设类目；统一编制体例，使类目间的关系与类目的排列更加清晰、合理；增设“世界各民族区分表”，修订、补充其他通用复分表与专类复分表，进一步完善类目注释；增加各大类说明；修改有关政治思想方面的类目和注释。此次修订，历时8年，《科图法》第3版于1994年12月由科学出版社出版。

③《人大法》的修订与出版。《人大法》第5版修订始于1991年，1996年出版第6版。此次修订内容主要体现在6个方面：将第17个大类的类名由“综合参考”改为“综合性科学、综合性图书”；对原来按政治观点或社会制度区别立类的，凡是能按学科性质区分的，改为按学科立类；增删、调整和扩充有关类目；更改有关类名，类目注释用语力求简单概括；对综合复分表和中国地区表、国家复分表的类目做了少量的调整、增补和变动，中国民族复分表增列了“古代民族”类目；进一步明确标记符号中圆括号“（）”和小圆点“·”的用法，作出了“凡遇表示一位类的双位数类号，则在其后加小圆点‘·’，排除了例外”这一规定。

④《中档法》的修订与出版。《中档法》1987年出版第1版，1989年开始修订，1997年12月出版第2版。其修订内容主要体现在三个方面：根据职能分类原则和我国档案资源构成的实际情况，确定了“一法四表”的体系结构，即《中档法》由《中华人民共和国档案分类表》、《新民主主义档案分类表》、《民国档案分类表》、《清代档案分类表》4个表组成；对第1版的类目级次进行了延伸、扩充，对基本类目进行了必要的调整和补充；扩大了复分、仿分、注释、参见等方法的使用范围。

12. 关于外国文献分类法的三次研究热潮

第一次研究热潮：引进、研究与应用前苏联文献分类法及其理论。新中国成立初期，我国强调学习前苏联。从20世纪50年代初至1958年，我国引进了克列诺夫、杰斯林科、托罗帕夫斯基、安巴祖勉等编的多种文献分类法与哈夫金娜的《俄文著者号码表》，引进前苏联文献分类论著近20种。前苏联图书馆学家的研究成果与学术观点对中国文献分类法及其研究产生了直接的和持久的影响。如：接受托罗帕夫斯基、杰斯林科关于单独设置

“马克思列宁主义”基本部类和基本大类，并将其冠于分类法之首的观点；采纳《苏联图书分类法草案》中以“综合类目”形式单独设置“政治、社会科学”、“文化、科学、教育”、“数理科学和化学”等基本大类的做法。20世纪50年代我国新编制的多种图书分类法，均借鉴了前苏联的方法。

第二次研究热潮：研究UDC等多种西方文献分类法。20世纪50年代中期我国科技情报事业迅速发展，迫切需要一部适应科技文献分类工作的分类法。鉴于UDC是世界上科技类目最详细、使用十分广泛的一部综合性分类法，我国情报界采用UDC成为一种“必然的选择”。1957年至1964年上半年，我国学者翻译并出版了UDC的自然科学和应用科学、邮电、机械与电工、医学、航空等专类类表以及UDC辅助表等。这一时期研究UDC的学者主要有：丁珂、常伯华、王宇震、赵鹭华、陈克、赵连成等，研究UDC的代表作是丁珂的专著《检索工作和国际十进分类法》（1961）。1963年12月，国家科委批准以UDC作为我国科技情报资料检索的基本方法，将我国这场由下而上、又由上而下的学习与推广UDC的热潮推向了高峰。这一时期我国还研究了其他分类法，如CC、NDC与各国专利分类表等。值得提到的是，60年代初期刘国钧全面系统地研究与评论了DDC、EC、LCC、UDC、SC、CC、BC等现代西方主要图书分类法。1964年下半年，研究UDC等西方图书分类法的热潮因国内全面开展批判资产阶级思想运动而急剧降温。在相当长的时间内，我国对西方图书分类法的研究处于停滞状态。

第三次研究热潮：全方位地引进与研究外国文献分类法及其理论。从80年代初至2000年，我国对外国文献分类法及其理论、方法进行了全方位的引进与研究，出现了第三次研究热潮。这一时期我国引进的外国文献分类法及其不同版本以及著者号码表有30余种，其中包括DDC、LCC、CC、UDC、BC2、IPC、BSO、NLMC、ББК，等等。引进的外国文献分类论著约90余篇（部），其中包括布坎南、维克利、阮冈纳赞、塞克德瓦、沙姆林、莫尔特比、迪尼亚、萨蒂贾、宫坂逸郎等的论著。发表与出版有关研究外国文献分类法的论著约200余篇（部），研究得最多的是DDC、UDC、ББК，其次是CC、LCC、BC2。

这一时期，出版的著作主要有：刘国钧的《现代西方主要图书分类法评述》（1980）、宋克强，许培基的《冒号分类法解说及类表》（1986）、侯汉清的《当代分类法主题法索引法研究》（1993）、叶千军的《阮冈纳赞理论及其应用研究》（1995）、曾蕾的《联机环境中的情报检索语言》（1996）。

这一时期还发表了许多重要论文，如：关懿娴的《现代西洋分类法的回顾与展望——从〈杜威分类法〉第十八版谈起》(1980)、侯汉清的《分类法与主题法结合的成功尝试——分面叙词表》(1980)、林德海的《UDC：历史、现代及发展前景》(1981)、皮高品的《评杜威十进分类法》的系列(5篇)论文(1981-1992)与《〈国际十进制分类法〉评介》(1981)、夏方与周原的《冒号分类法的成就和影响》——兼评体系分类的局限性》(1982)、王崇德的《论国际专利分类法的标记制度》(1985)、李景正的《ББК发展趋向述论》(1985)与《ББК发展的现状与前景》(1994)、高再其的《从DDC(十九版)的组配方法谈DDC》(1985)、贺广明的《开展分类法运用于机检系统的研究——兼述美国分类法运用于机检系统的历史》(1986)、孙绍荣的《由杜威分类法第19版谈其技术水平及趋向》(1988)、林德海的《BSO的标记制度》(1988)、马张华的《从等级列举式到分面组配式——布利斯〈书目分类法〉分面改造初探》(上、下)(1989)、戴维民的《〈布利斯书目分类法〉第2版评介》(1989)、谢汉斌的《国外对分类法在机检中应用的研究》(1989)、皮高品的《评三十卷本苏联图书分类法》(1989)、尚克聪的《〈冒号分类法〉特点简析》(1990)、张燕飞的《中外现代主要图书分类法之比较》(1990)、周冰，侯汉清的《〈布利斯书目分类法〉复分表评介》(1991)、曹树金的《〈杜威十进分类法〉的电子化及未来研究重点》(1995)、柴纯青的《文献分类法的两种方向——DDC与UDC的变革方式》(1995)、马张华的《〈冒号分类法〉第7版评介》(1995)、白国应的《历史的丰碑——纪念〈杜威十进分类法〉出版120周年》(1996)、曾锡年的《略论〈杜威十进分类法〉120年来的发展》(1996)、张晓娟的《杜威法在联机环境中的应用评述》(1997)、王忠红的《DDC电子化历程概述》(1999)、司莉的《〈美国国会图书馆图书分类法〉USMARC格式的实现》(2000)、俞君立的《〈国际十进分类法〉、〈冒号分类法〉首次传入中国问题新释》(2000)，等等。

13. 关于网络信息资源分类组织的研究热潮

20世纪90年代后期我国出现了一场关于网络信息资源分类组织的研究热潮。研究内容主要有两个方面。

关于传统文献分类法能否用于组织网络信息的问题。对此，人们有不同的看法。有的认为，由于网络信息具有动态性、无序性、扩充性、可选择性等特点，而传统分类法“更新慢”，“变更难度大”，“表达关系的能力有限”，因此不能适应组织网络信息的需要。有的认为，传统文献分类法有完善的知识分类体系，可以最大限度地覆盖信息资源的内容，可以用于网络信息的组织。陈青苗在《分类法在网络信息资源组织中的应用研究》(2000)

一文中介绍了 OCLC 以及瑞典的 LUND 大学图书馆关于分类法用于组织网络信息的项目研究报告，该研究报告提出，现有的分类法特别是如 LC、DDC、UDC，无论是类目设置对网络资源的覆盖率方面，还是分类法本身对网络技术与环境的适应能力方面都基本上具备了一定的条件。

关于建立基于或非基于文献分类法的网络分类法的问题。一些学者论述了网上搜索引擎的原理、类型与分类体系，比较了一些主要搜索引擎的特点，分析了搜索引擎的发展方向，并对完善搜索引擎的功能与分类体系等问题提出了见解与措施。陈树年在《搜索引擎及网络信息资源的分类组织》（2000）一文中，阐述了统一网上分类体系的意义以及构建网上分类体系的原则与技术，并提出了一个适用于一般用户的综合性中文搜索引擎的“信息分类大纲”，该分类大纲包括 22 个大类。洪漪、梁树柏的《分类法在信息网络中的应用》（1998）一文认为，用于信息网络的未来分类法应具有“机读化、国际通同性、兼容性、灵活性”等特征。马张华的《文献分类法在网络资源组织中的应用》（1999）一文归纳了目前依据文献分类法建立的网络检索系统的 5 种类型，分析了这些检索系统在资源选择、类表调查、检索界面、查找途径、检索方式等方面的特点。文中还就网络分类检索系统中现有分类体系的完善、现代分类技术的使用、网络分类法系统的建立方式、标引自动化等问题进行了探讨与研究。王春芳，石晓华在《网络信息的分类组织》（2000）一文中提出了构建“中国网络信息分类法”的构想，并阐述了五条编制原则：简捷性原则、直接性原则、实用性原则、动态性原则、自然性原则。

20 世纪下半叶在我国文献分类法发展中，除上述 13 次学术争论与研究热潮外，还出现过“关于文献分类学研究对象的学术争论”、“关于文献分类法‘三性’原则问题的争论”、“关于古今图书统一分类问题的学术争论”、“关于主题目录（主题法）是否应该取代分类目录（分类法）的学术争论”、“关于文献分类法标准化问题的学术讨论”、“关于我国文献分类计算机化的研究热潮”、“关于文献分类法史的研究热潮”等。

第三节　历史经验

20 世纪在我国文献分类法理论与实践发展的历程中，有许多宝贵的历史经验，值得我们认真总结与思考，可以从中得到有益的启示。

第一，中国文献分类法的发展，必须面向世界，积极引进，合理借鉴，善于继承，勇于创新。这是 20 世纪中国文献分类法理论与实践发展的一条极其宝贵的经验，它具体体现在以下三个方面：一是，注重及时引进国际文献分类研究领域里的重大成果。引进的分类法大多是国际上影响深远或别开生面的分类法；引进的文献分类论著均为著名图书馆学家、文献分类学家的代表作或后起之秀的成名作。二是，对外国文献分类理论与分类法不盲从，以实事求是的态度加以分析与研究，即取其精华，为我所用，又能直言不讳地指出其不足，并提出中肯的修改意见。三是，以图书分类实践需要为出发点，继承我国历代书目分类体系与四库分类法的合理内容，将其有机地融合到现代图书分类体系中，使编制的分类法，既非全盘西化、生搬硬套，又非食古不化，抱残守缺，而是在借鉴与继承的基础上有所开拓，有所创新，具有中西合璧的特点。

第二，中国文献分类法的发展，必须有一大批爱国敬业、学贯中外、务实创新的高素质专门人才。这是20世纪中国文献分类法理论与实践发展的又一条极其宝贵的经验。20世纪我国文献分类研究者中有的是从国外留学归来的学者，有的是国内高等学校培养的专业人才，还有的是在图书馆和高等学校长期从事实际工作与教学、科研的专家学者，他们在求索历程中体现出以下共同的特点：一是，具有强烈的爱国情怀和敬业精神。即使是在20世纪上半叶，中国社会动荡，外来势力不断入侵，中国图书馆学家仍以发展图书馆事业为己任。杜定友曾说："举世扰乱之秋，正是我们努力之时。国事濒危，岂敢稍图苟安。所以卧薪尝胆之心，未让勾践。"这番荡气回肠之言，表达了当时中国图书馆学家深厚的爱国情怀、强烈的社会责任感与对图书馆事业的奉献精神。二是，具有通今博古、学贯中外的知识结构和务实、创新精神。他们既是外国文献分类理论与分类法的引进者、研究者，又是创立中国文献分类法理论的开拓者、实践者。我国学者还注重科学研究的实践性与创新性，他们以中国图书分类法的实际需要为出发点，研究课题在实践中提出，研究成果在理论与实践的结合中产生，在实践中得到检验，并在实践中得到新的发展。总之，这一时期我国学者对文献分类理论与实践的研究，无不体现出他们爱国、敬业、博学、务实、创新的精神和精深的学术思想，因此，他们创编了融通古今中外知识为一体的中国式的文献分类法，创立了中国文献分类理论与方法体系。

第三，中国文献分类法的发展，应该营造健康的学术争论氛围，保持对学术问题自由争辩、自由讨论、各抒己见、服从真理的良好的学术风气。这是20世纪中国文献分类法理论与实践发展的另一条宝贵经验。20世纪我国文献分类研究者各自的知识背景、主客观条件不一样，研究问题的角度、深度与广度也不同。他们在研究中有着不同的学术观点，以致出现许多次学术争论与研究热潮。20世纪上半叶如就对四库分类体系的改革程度而言，形成了“旧派”、“改革派”、“折中派”；就所编制和采用的分类法而言，产生了“新旧并行制”、“新旧混合制”、“中外统一制”；就对DDC的应用与改革而言，有“采杜”、“仿杜”、“增补杜”、“增改杜”等派别。这期间关于文献分类法研究中的中西之论、新旧之争、古今之辩，形成了百家争鸣的局面。20世纪下半叶20次学术争论与研究热潮，体现了这一时期我国文献分类法的理论研究与编制实践充满了活力的发展历程。这种探索性的争论，有助于人们拓展视野，促进思考，深化认识，追求真理，给我国文献分类法的发展带来了繁荣和兴旺。

第四，中国文献分类法的发展，必须要有学术水平与专业水平高，坚持求实与创新，具有科学精神与凝聚力的文献分类法编辑委员会及其常设机构。这也是20世纪中国文献分类法理论与实践发展的一条宝贵经验。在这方面，《中图法》编委会及其常设机构是一个范例。《中图法》之所以不断发展，充满生机，成为国内影响最大、应用最广的文献分类法，这是与《中图法》编委会及其常设机构密不可分的。《中图法》编委会注重分类法版本的修订、更新、创制与分类法的理论研究、学术交流、社会调查相结合；注重引进、借鉴国外先进理论、方法与创新、开拓相结合；注重分类法系列产品的研制、发展与发现人才、培养人才相结合。可以认为，《中图法》编委会是一个学术水平与专业水平高，坚持求实与创新，具有科学精神与凝聚力，既出成果，又出人才的优秀的学术组织。

第十一章 外国主要文献分类法概述

《杜威十进分类法》、《国际十进分类法》、《美国国会图书馆分类法》、《冒号分类法》是当代国外文献分类法领域中影响较大的几部文献分类法。了解与研究外国文献分类法的编制理论和编制技术，对于我们深入研究文献分类理论，探索文献分类规律，进一步完善我国的文献分类法，是很有意义的。本章介绍上述四部文献分类法。

第一节 《杜威十进分类法》

一、DDC 的发展历程

《杜威十进分类法》（*Dewey Decimal Classification and Relative Index*，简称 DDC）是世界上流传最广、影响最大的一部文献分类法。它开创了文献分类法的新纪元，是国外文献分类法发展史上一个重要的里程碑。DDC 1873 年由美国麦维尔·杜威（Melvil Dewey，1851—1931）设计，1876 年首次出版，名为《图书馆图书小册排架编目适用的分类法及主题索引》。1885 年出版第 2 版，改名为《十进分类法及相关索引》，奠定了 DDC 的基础。2011 年，DDC 出版第 23 版。目前出版工作由联机计算机图书馆中心（OCLC）负责。

DDC 的印刷版有两种版本，全本和简本。1894 年开始出版供中小型图书馆使用的简本，2012 年出版简本第 15 版。DDC 还推出了 200 宗教类单行本。①

DDC 早在 20 世纪 80 年代就完成了计算机管理系统的研制，其后于

① http://oclc.org/zhcn-asiapacific/dewey.html[EB/OL].

1993 年 1 月推出 CD-ROM 形式的电子杜威（Electronic Dewey，简称 ED），它是世界上第一个自动化的交互式分类法系统，标志着分类法电子时代的真正开始。1994 年 3 月推出升级版本，增加了 DDC 的编者介绍和类号的分段标记。1996 年 7 月，森林出版社又在电子杜威的基础上，推出了基于 DDC 第 20 版的视窗杜威（Dewey for Windows，简称 DFW）。同年又推出 DDC 第 21 版的 DFW。至此，DDC 第 21 版首次以印刷版和电子版两种形式同时推出。

1997 年 DDC 率先推出了专业网站，发布于 OCLC 的森林出版社名下。DDC 网站内容定时更新，为检索语言的研究者和用户提供了极有价值的最新信息、资料。2000 年 DDC 又推出了网络版 WebDewey。WebDewey 是 DDC 全本的在线版本，在查询功能和分类主题一体化方面最出色，提供了 8 种检索途径和 6 种浏览途径供用户检索和浏览。① 作为世界上使用最多的分类法之一，DDC 的现实应用已不仅仅局限于图书情报机构内部，通过关联数据、资源浏览器等途径，DDC 广泛应用于网络信息的组织与检索中。

目前有超过 138 个国家和地区的图书馆使用 DDC 组织藏书。DDC 类号用于 60 多个国家的国家书目。在美国，95%的公共图书馆和学校图书馆，25%的学院图书馆和大学图书馆，20%的专门图书馆在使用 DDC。目前，DDC 已经被翻译成 30 多种文字，其中包括全译本、节译本等。自 1998 年以来，DDC 已经或正在出版以下语种的全本和简本：阿拉伯语、法语、德语、希腊语、希伯来语、冰岛语、印度尼西亚语、意大利语、挪威语、俄语、西班牙语、瑞典语、土耳其语和越南语。DDC 摘要（也即 DDC 类表的前三级）已被翻译成布尔语、阿拉伯语、汉语、捷克语、法语、德语、希伯来语、意大利语、挪威语、葡萄牙语、俄语、西班牙语、瑞典语和越南语②。

二、DDC 的体系结构

1. 类目设立的依据

杜威编制 DDC 的指导思想是实用主义。杜威在 DDC 第 1 版的导言中宣称，不求什么理论上完整的体系，而只是从实用的观点来设法解决一个实际的问题。他还强调，实用就是一切，“实际的效用和经济是这个体系的关

① 曹树金. 情报检索语言与信息组织探微［M］. 北京：国家图书馆出版社，2010：123.

② Introduction to the Dewey Decimal Classification.http://www.oclc.org/dewey/features.en.hteml#print[EB/OL].

键；任何理论上的完整，如果会妨碍实用或增加费用，就不许它来影响这个表”。

在类目安排上，杜威接受了美国哈利斯所编的图书分类法，只对其稍加调整。哈利斯分类法采用倒装的培根体系。英国哲学家培根把全部知识分为历史、文艺和哲学三大类。哈利斯采用培根的原则，把培根的知识分类次序倒转过来，改为哲学、文艺和历史，并按这个次序来安排100类的次序。

杜威把哈利斯分类法的100类归纳为10大类，并保存其序列，只作了个别调整。二级类目也与哈利斯法的100类基本相同。在归纳、列举过程中，把涉及全部知识而不能归入任何一门学科的图书总为一类，并序列在其他学科知识门类之首。每一学科门类再进一步逐级按内容展开，各类都有其“总论”类出现。

2. 类目的体系结构

在DDC中，基本大类是按学科或研究领域组织的。DDC的类目体系体现学科之间的一定联系与关系，有些相关学科组成为类组。类目体系采取详细列举的方法，尽量细分，“在表内为每一个已知的主题准备一个位置”。

DDC的修订原则有两条：一是保持分类号连续性和完整性原则，二是与知识发展保持同步原则。由于遵循这两条修订原则，历经一百多年的发展，DDC的体系结构变化不大。

DDC第23版的类目表共有10大类（总纲），内容如下：

000 计算机、信息及总论（Computers, Information & General Works）
100 哲学和心理学（Philosophy & Psychology）
200 宗教（Religion）
300 社会科学（Social Sciences）
400 语言（Language）
500 自然科学（Science）
600 技术（Technology）
700 艺术和娱乐（Arts & Recreation）
800 文学（Literature）
900 历史和地理（History & Geography）

每一大类之下又展开为9个类和1个“总论”类，合成10个类，称为门（divisions）。如：

600　　技术
610　　医学与健康
620　　工程学及相关作业
630　　农业及相关技术
640　　家政
650　　管理及辅助服务
660　　化学工程及相关技术
670　　制造业
680　　特殊用途制造业
690　　建筑

每一门之下，又分为9个小类及1个“总论”性的类目，共合成10个大类，称为纲（sections）。纲以下的类目也可按上述原则逐级细分，细分出来的类目统称为子目。子目以下可以进一步划分，有的分到十几级，形成一个层层划分、详细列举的分类体系。如：

600　　技术
630　　　农业和相关技术
636　　　动物饲养
636.7　　　　狗
636.8　　　　猫

三、DDC的标记符号与标记制度

1. 标记符号

DDC的标记符号采用阿拉伯数字。全部数字符号按小数值的顺序来排列。为了醒目和便于读，第三位与第四位数字之间用小圆点隔开。分类号码按小数值的大小排列。

2. 标记制度

DDC基本上采用小数层累标记制度，用第一位小数标记第一级类目，第二位小数标记第二级类目，依次类推。有时采用小数顺序制。

3. “0”的用法

在DDC中，“0”有四种用法：

一是为保持号码至少有三位，以便用于藏书排架，对于不足三位的号码，采用“0”来补位。

二是代表总论性类目，如300代表整个社会科学。在具体某一类中，用“0”代表总论性类目，1~9代表专指性类目。

三是作为变换分类标准的标志。如：

305.7　语言群

按表6中1-9复分，如说英语的人为305.721。然后加0，再按表2中的号码1-9细分。如：南非说英语的人为305.721068

四是在小数1前面并列地扩充类目，借用“0”作为扩充类目的符号。

四、DDC的类目注释系统

DDC的类目注释系统丰富、详细，主要包括描述类目内容的注释、包括注释、涉及其他类目的注释、修订注释和标引方法注释。

1. 描述类目内容和范围的注释

主要包括以下几种：

（1）定义注释（definition notes）：指明类目含义。

（2）范围注释（scope notes）：指明号码的意义比类名所显示的是宽还是窄。如：

700　艺术

美术、装饰艺术、文学艺术、表演艺术、娱乐艺术的描述、评论、技术、过程、仪器、设备、材料

（3）异名注释（variant name notes）：指明同义词或近义词。如：

332.32　储蓄和贷款协会

异名：住房贷款协会、建房协会、家庭贷款协会、抵押机构

（4）入此注释（class here notes）：列出一类的主要主题，这些主题可能比类名窄或宽。入此注释也可用来指明边缘学科著作或综合著作分入哪里。入此注释中的主题适用于整个大类。如：

371.192 父母-学校关系
　　父母参与学校入此，关于教师-父母关系的综合著作入此

2. 包括注释（including notes）

指明号码中暗含的主题。随着文献的增长，这些暗含的主题将来可能会有自己的号码。在DDC第21版中，用包括注释代替了以前版本中的包含注释和例如注释。如：

374.22 成人教育群体
　　包括讨论、阅读、自助、特殊兴趣、研究群体

3. 涉及其他类目的注释

（1）入别类注释（class-elsewhere notes）：指明某个学科或主题的某部分内容不归入该学科或主题类目下，而归入有关类目中，引导分类者去查找相互联系的另一主题。所有以“class”开头的注释都是入别类注释（以“class here”开头的除外）。如：

371.102 教学
　　教师评价入371.144

（2）参见注释（see references）：表示本类目与被参照的类目有一定联系，提醒分类法用户注意那些可能被忽视的相关主题。如：

020 图书馆学与情报学
　　参见010目录学

（3）参阅注释（see-also references）：把分类人员指向相关主题。每一个参阅注释以斜体方式出现。如：

584.3 百合花纲
　　百合目、百合花入此
　　蓝目，见584.4
　　参阅583.29睡莲

4. 修订注释

指明分类表新旧版本的类目、类号的联系与变化，帮助用户有效地从类表中直接了解新旧版本之间的联系与变化，正确掌握新版分类法的结构特点和使用方法，保证分类标引的一致性。

（1）修正注释（revision notes）：用于指明新版中某类与前一版本相比较，已有改变。新类表、彻底修订和扩展修订总是由一个修正注释来介绍。(例如新类表注释，见 777 电影制作方法和摄像。DDC23 中没有彻底修订和扩展修订)。如：

370　教育

本表已被广泛修订。370.1，370.7，375-377 及 378.14-378.19 尤其脱离早期版本

（2）停用注释（discontinued notes）：指明一个类号的全部或部分内容已经移入同一等级的更宽泛的类号，或者已完全停用。

[025.393]　重新编目

停用，改入 025.39

（3）原类名注释（former-heading notes）：新类名与原类名不同，但其类名表达的意思通常没有变化。

（4）重新编号注释（relocation notes）：指明某个类号表示的有关内容改入另一类号。如：

306.1　亚文化

流行文化改入 306.4

306.4　文化机构

流行文化入此 [以前入 306.1]

（5）禁用注释（Do-not -use notes）：指明该类号不再使用。如：

[377.4809]　历史、地理、人物的处理

禁用，入 374.9

5. 标引方法注释

它指示在分类标引中类目的细分依据与方法、组配次序、配号规则以及同类书排列方法等。如：

见手册注释（see manual）：在类目下指引分类人员参考分类法使用手册。它将分类表与使用手册联系起来，便于分类法用户更好地了解类目的结构特点、使用方法及与有关类目之间的关系。

优先次序注释（precedence order）：用于指示涉及多种分类标准的复合主题，按某种分类标准优先归类的方法。

复分次序注释（citation order）：对于需要采用多种分类标准细分的复合主题，指出细分的先后次序。

选择注释（option notes）：提供不同的分类方法供分类法用户选择，以便按不同主题集中文献，提供多途径检索。

类号组配注释（nomber-built notes）：用于指明和解释主表与附表中组配类号的来源。

五、DDC 的复分表

1. 通用复分表

DDC 第 23 版共设置了 6 个附表，其中有 4 个是通用复分表。这 4 个复分表分别为：

表 1　标准复分表。该表相当于我国文献分类法的“总论复分表”。标准复分表的使用要遵循复分原则和注释规定。

表 2　地理区域、时代、传记复分表。该表包括两方面的内容：按自然形态分的类目和按地理位置分的类目。类目的设置以欧美国家为主，详列至县级，其他国家只列至省级。

表 5　种族、民族复分表。本表中 1~9 列出了各种民族、种族类目。

表 6　语种复分表。表中列举了各种语系、语种类目。

2. 专类复分表及仿照复分

DDC 6 个附表中有 2 个是专类复分表：表 3 艺术、文学复分表用于文学类，表 4 单种语言及语系复分表用于各种语言的复分。此外，主表中编有小型的专类复分表，还采用了仿照复分。

六、DDC 的索引

DDC 的索引为相关索引，它是杜威首创的一种分类法索引。其特点是，除了将分类表中的类名、类目注释及实例中的名词术语作为标题按字顺排列外，还采用倒置、按学科集中等形式，将那些在分类表中被分散了的相关事项集中在一起，通过主题字顺索引查找相关主题。

下例可以说明 DDC 相关索引的特点和作用。通过主题字顺索引，把在分类表中分散了的有关农业的主题集中到了一起。

农业
　应用科学　630
　经济　338.1
　企业　338.763
　法律　343.076
　公共管理　351.823 3
　　内务部门　351.082 33

第二节　《国际十进分类法》

一、UDC 的发展历程

《国际十进分类法》（*Universal Decimal Classification*，简称 UDC）是比利时的奥特勒（Paul Otlet，1868—1944）和拉封丹（Henri La Fontaine，1854~1943）在 DDC 的基础上编制的，是目前国际上使用最广泛的一部体系-组配式分类法。

1890 年奥特勒和拉封丹在布鲁塞尔组织成立“社会政治研究会”，其中设有书目组，负责编制全世界社会政治科学专著和论文目录。1895 年召开第一次国际目录学会议，决定编制《世界图书总目》，并成立国际目录学会（后改为国际文献工作联合会，简称 FID），由该学会承担此项工作。当时，决定采用 DDC 作为编制书目的分类法，但认为 DDC 类目用于资料分类不够详细，类目偏重美国观点，必须加以扩充和调整，在得到杜威同意后，便以 DDC 第 5 版为基础加以修改补充。1905 年编成《世界图书总目手册》，称之为 UDC 第 1 版（法文版），即 UDC 国际第 1 版。1927—1933 年用法文出版以《国际十进分类法》为名的分类表，即 UDC 国际第 2 版。之后陆续出版第 3 版（德文版）、第 4 版（英文版）、第 5 版（法文修订版）、第 6 版（日文版）、第 7 版（西班牙文版）、第 8 版（德文版）等。UDC 有详本和简本之分，目前它有40种不同语言的版本。2001年，UDC推出网络版UDC Online。UDC Online是UDC的最新完整版，它始终与最新的UDC核心主文档（Master Reference File，简称MRF）保持一致。UDC Online提供高级搜索与浏览功能，并支持UDC数据管理。UDC Online提供多语言服务，目前用户可使用英语、荷兰语、捷克语、克罗地亚语、法语和德语6种语言进行访问。UDC已成为世界上最为广泛使用的分类法之一，被应用于全球130多个国家的图书馆、书目、文献和信息服务当中。

UDC很重视修订与维护。随着科学技术的不断发展，UDC经常性地作相应的增补与修改工作。自创始以来，就由国际文献工作联合会下（原为国际目录学会）的分类法中心委员会负责修订，该委员会由各国分类法专家组成，他们也是各文种UDC版本的编辑者。UDC的修订或补充意见，以“提案通告”形式送交各使用国分类法小组，如果4个月内无异议就算通过，发表于每半年出版一次，每三年汇编一次的补充表内，作为定本。1992年起由FID和荷兰、英国、法国、日本、西班牙五国的UDC出版者共同组建的UDC基金会（UDC Consortium）开始接管UDC的知识产权和管理工作。从1990年至1993年3月，UDC管理机构建立了一个由6万个类目组成的英文机读核心主文档，其作用之一即是作为各种形式和语言的UDC文本修订与发展的基础。其修订结果发表在《UDC扩充与修改》（*Extensions and Corrections to the UDC*）期刊上，该期刊还登载有关论文和修改建议，每年11月出版。自1993年以来，约40%的UDC方案已完全修订和更新。用户可在国际十进分类法联盟（UDC Consortium，简称UDCC）网站查阅1993年至2013年间UDC的主要修订内容。2014年UDC修订会议在第80届国际图联大会期间举行。UDC正是通过不断修订与补充，保持与知识体系的同步发展。

二、UDC的体系结构

1. 编制思想

UDC的基本原理与DDC相同，突出实用这一编制思想，它自称是一种实用的分类法，奥特勒认为，不应该将UDC看做是一种知识的哲学分类，类目的次序也非首要，UDC的目的在于使任何一篇文献，只要经过正确的编号与排档，就可立即从任何角度查到。UDC不同于DDC的显著特点在于加入了DDC所没有的一套辅助性的联系符号与关系符号，从而通过类号组配表达复杂的主题概念。

2. 类表结构

（1）基本大类。UDC 沿用了 DDC 的基本大类结构，把人类的全部知识划分为 10 大门类，每一大类用一位阿拉伯数字表示，第 4 类语言类于 1964 年并入第 8 类文学类，空下的第 4 类拟用作扩充科技类目。UDC 1985 年英文版（简表）的中译本的基本大类如下：

0 总类、科学与知识
1 哲学、心理学
2 宗教
3 社会科学
4 【空，1964 年前为语言学】
5 数学、自然科学
6 应用科学、医学、技术
7 艺术、娱乐、文娱、体育运动
8 语言、语言学、文学
9 地理、传记、历史

（2）类目体系。UDC 类目区分程度比 DDC 详细，按照从一般到特殊的原则，逐级进行区分，形成层层展开、详细列举的等级类目体系。例如：

6 应用科学、医学、技术
62 工程技术
621 机械工程总论、核技术、电气工程、机械制造
621.3 电力工程
621.39 电信技术
621.394 电报
621.394.6 电报设备
621.394.62 收报机
621.394.625 记录接收器
621.394.625.2 穿孔记录、穿孔纸带
621.394.625.4 记录装置、定向设备

三、UDC 的标记制度

UDC 类目采取阿拉伯数字作为分类号码，有时也采用字母法，为了醒目和帮助记忆，其类号通常每隔 3 位加一圆点“.”。

UDC 基本上采用小数层累制作为标记制度，分类号码的级位体现类目的等级。每细分一次，就在原号码后加一位号码。当展开的同位类超过 9 个或需要预留空位时，采用八分法或百分法进行标记。例如：

620.19　材料缺陷及其检验
620.193　　物理的和化学的影响
620.193.1　　机械作用，剥蚀
620.193.2　　大气腐蚀、空气、水的作用
……　　　……
620.193.8　　生物的作用
620.193.91　时间的作用，自然老化
620.193.92　大地、土壤的作用
620.193.93　熔融、烧融、渣化的作用
620.193.94　温度的作用，热破坏
620.193.96　贮存条件的作用

371.21　学生与教师，学校
317.214　　教学计划、大纲、课程、教学时间
371.214.18　　必修课
371.214.19　　选修课
371.214.43　　分科，专科
371.214.46　　基础课程指导

为了缩短号码和扩充类目，采用借号法（包括借上级号码、下级号码和同级号码）标记类目先后次序。依次举例如下：

665.61　原油
665.62　　原油处理及天然加工
665.63　　对原油的整理工艺及其分馏
665.64　　裂化和重整

546.27　　硼（B）
546.28　　硅（Si）
546.289　　锗（Ge）
655.35　　凹版印刷
655.352　　雕凹版印刷
655.353　　蚀凹版印刷
655.366　　辅助性操作，画线、页码计算、折页、裁纸、胶粘、加封面、标记等
655.392　　静电印刷及类似过程

四、UDC 的辅助符号

UDC 不仅编有多种通用复分表与专类复分表，而且采用了十余种辅助符号。主表类号与各种辅助符号的组配，使复合主题得到多方面的揭示，从而使分类法具有更大的灵活性。正是因为复分表和各种辅助符号的广泛使用使 UDC 成为一种等级体系-分面组配式的分类法。

1. 辅助符号的种类

UDC 各种辅助符号及举例见表 11-1：

表 11-1　　**UDC 各种辅助符号一览表**

类别	名称	符号	示例	
综合符号	并列符号	+	59+636	动物学和动物饲养
	扩充符号	/	336.1/.5	国家财政收支、税收
	合成符号	′	669.15′27	铁钨合金
关联符号	关联符号	:	17:7	艺术道德
通用复分号	语文辅助号	=…	61=30	德文医学图书
	形式辅助号	(0…)	51(038)	数学词典
	地区辅助号	(1/9)	629.113(73)	美国汽车工业
	时间辅助号	"…"	5"19"	20 世纪的科学
	观点辅助号	.00…	628.1.005	给水设备与安装问题
	种族与民族辅助号	(=…)	398(=515)	藏族人的民间传说

续表

类　别	名　　称	符　号	示　　例	
	字母及非 UDC 数字符号	A/Z、* 或 No.	025. 49DDC	杜威十进分类法
专用复分号	短横专用复分号	-…	621. 9-52	机床自动控制
	点零专用复分号	. 01/. 09	629. 123. 011	远洋船的船体结构

（1）并列符号——加号 +

用以连接两个或两个以上不相连贯的类号，表示一个相对意义上的综合类。“+”前后的类号可以轮排，用以提供多途径检索。例如：

54+66 或 66+54　　化学和化工
633. 15+633. 51+633. 853. 52　玉米、棉花、大豆

（2）扩充符号——斜线 /

用以连接一组并列的相连贯的类号中最前、最后的两个类号，表示一个相对意义上的综合类。例如：

632. 11　不利气象和气候条件，天气损害
632. 112　　干旱
632. 115　　光
632. 116　　降雨和冷凝
632. 112/. 116　干旱、光、降雨和冷凝对植物的损害

“/”也可作为起讫符号。例如：

671. 411/. 418　金属硬币

（3）关联符号——冒号 :

用以连接两个或两个以上的类号，表达一个新的主题概念。冒号前后的类号可以轮排，提供多途径检索。冒号的用法主要有：

① 用于……的……

621.395：621.375　　电话所用的放大器
（电话）（放大器）

② ……应用于……

311　：　63　　　统计学在农业中的应用
（统计学）（农业）

③ 在……条件下的……

536.48　：　534.22-8　　低温条件下的超声波传播速度
（低温）（超声波传播速度）

④ ……对……的影响

613.84　：　616-006.6-02　　吸烟的致癌作用
（吸烟）　　（致癌病因）

⑤ ……的部件、设备

669.013.5　：　542.1　　冶金工厂化验室设备
（冶金工厂）　　（实验设备）

⑥ ……的研究方法或……的研究

620.172　：　669.13　　铸铁的抗张强度试验
（抗拉试验）　　（铸铁）

⑦ ……所受的……的效应

537.529　：　537.63　　固体中放电现象所受的磁场效应
（固体中的放电）（磁场效应）

⑧ 利用……方法的……

543.42	:	669.14	钢的光谱分析
(光谱分析)		(钢)	

冒号前后的类号可以互换位置，若要将这种组配顺序固定下来，则用双冒号“::”表示，或用方括号“[]”代替冒号将另一类号括起来，并且方括号可以作为插号，插入前一类号的任何必要位置，起到不同的排检效果。

(4) 语文辅助号——等号 =…

用以区别文献的语种，“=”号后接通用语文复分表中的具体文种号，使用时加在主类号后。如果需要先按文种集中文献资料，则文种号码前后都用“=”号，并置于主类号之前。例如：

61=30	德文版医学图书	=30=61
66=20	英文版化工技术图书	=20=66

(5) 形式辅助号——圆括号零 (0…)

用以区分文献资料的编辑出版形式，与类型复分表结合使用。如 (03) 为参考书、字典，(05) 为连续出版物、期刊、年鉴。形式辅助号接在主类号后，主类号与形式辅助号可以轮排。例如：

51 (038)	数学辞典	(038) 51
629.7 (058)	航空年鉴	(058) 629.7

(6) 地区辅助号——圆括号 (1/9)

用以表示文献主题内容所涉及的地点和区域，与地区复分表结合使用。地区辅助号接在主类号后，也可前置。地区与地区之间还可在括号内用“:”、“/”、“+”进行连接。例如：

629.113 (73)	美国汽车工业	(73) 629.113
339.56 (520 : 510)	日本与中国之间的贸易	
712.23 (44+485)	法国和瑞典的国家公园	
351.812 (7/8)	南北美洲铁路系统	

（7）种族与民族辅助号——圆括号等号（=…）

用以表示文献所涉及的种族或民族，与种族与民族复分表结合使用。例如：

008（=927） 阿拉伯民族的文化
793（=995.1） 澳大利亚土著人的舞蹈

（8）时间辅助号——引号“…”

用以表示文献资料内容所涉及的日期、时期或其他时间属性，与时间复分表结合使用。例如：

629.7“313” 未来的空运工具
730“-0206/+0220” 公元前206年至公元220年间的雕塑艺术
159.9“19” 20世纪的心理学
“2001.07.13” 2001年7月13日
“199” 20世纪90年代（1990~1999）

（9）观点辅助号——点零零.00…

表示主题的各个方面、某些特殊方面的问题或表示主题的不同观点或角度，与观点复分表结合使用。观点复分表的大纲为：.001理论观点；.002实践观点；.003经济、财务及商业观点；.004使用观点；.005设备观点；.006基本建设观点；.007职工、人力观点；.008组织、行政管理观点；.009对外关系观点。表中每一类下又逐级细分。观点辅助号必须加在主类号后，不能单独使用。例如：

629.4 铁路车辆
629.4.001 铁路车辆的理论、计算与试验
629.4.002 铁路车辆的制造
629.4.004.54 铁路车辆的检修

（10）专用复分符号——短横 -…及点零.01/.09

专用复分符号与有关专用复分表结合使用。用专用复分号细分主类号时，省去“-”或“.0”前面的数字，直接加在主类号后。例如：

629.127　潜水艇　　　　　　（主类号）
629.12.011　船舶结构　　　　（专用复分号）
629.127.011　潜水艇的船体结构

（11）合成符号——撇号 ′

撇号常用于化合物、冶金、高分子材料等特定门类。当两个以上概念的类号组成一个类号时，在第一个全称类号后依次加上其他类号与第一个类号从左至右不同的部分，用“′”号表示，构成一个复合概念的合成类号。一般根据注释说明来使用。例如：

669.15　铁合金
669.24　镍
669.15′24　铁镍合金

（12）字母及非 UDC 数字符号

UDC 为适应某些类目按名称区分，以表示特定事物的需要，允许采用字母法。为了加强类目的细分化程度，表达专深的主题概念，某些类目允许采用其他分类法的号码作为辅助性的分类号，加在 UDC 有关类号之后。例如：

025.49DDC　　《杜威十进分类法》
025.49LCC　　《美国国会图书馆分类法》
598.2（51∗1/7）　中国各地区鸟类分布（∗后号码为《中图法》中国地区表的号码）
598.2（51∗71）　中国四川省鸟类分布（∗71 为中国地区表中四川省的号码）

2. 辅助符号的选用次序

UDC 有多种辅助符号，当需要连续使用两种以上辅助符号时，一般根据“具体性递减”原则来选用。UDC 对常用的几种辅助符号选用次序如下：

主类号→专用复分号→观点辅助号→地区辅助号→时间辅助号→形式辅助号→语文辅助号

例如：52.001.5（73）“19”（082）= 30　《20 世纪美国天文学研究论文集》（德文版）

3. 辅助符号的排列次序

带有辅助符号的分类款目按“具体性递增”原则排列。见表 11-2：

表 11-2　**UDC 辅助符号排列次序表**

排列序号	名　称	符　号	示　例	
1	并列符号	+	622.341.1+669.1	铁矿石开采和黑色冶金
2	扩充符号	/	622.341.1/.2	铁矿石和锰矿石开采
3	主类号		622.341.1	铁矿石开采
4	关联符号	:	622.341.1：37	铁矿石开采教育
5	语文辅助号	=…	622.341.1=30	德文铁矿石开采文献
6	形式辅助号	(0…)	622.341.1(035)	铁矿石开采手册
7	地区辅助号	(1/9)	622.341.1(94)	澳大利亚铁矿石开采
8	种族与民族辅助号	(=…)	622.341.1(=97)	北美印第安人的铁矿石开采
9	时间辅助号	“…”	622.341.1“19”	20 世纪的铁矿石开采
10	字母及非 UDC 数字符号	A/Z 或 *,No.	622.341.1 * Fe_2O_3	赤铁矿(Fe_2O_3)的开采
11	观点辅助号	.00	622.341.1.002.67	铁矿石开采的副产品
12	专用复分号	-…	622.341.1-78	铁矿石开采的防护装置
13	专用复分号	.01/.09	622.341.1.06	铁矿石采矿工艺和技术
14	合成符号 ′	′		

第三节 《美国国会图书馆分类法》

一、LCC 的发展历程

《美国国会图书馆分类法》（*Library of Congress Classification*，简称 LCC）是在美国国会图书馆前馆长 G. H. 普特南的主持下，以美国国会图书馆的藏书为对象，并参考 C. A. 克特的《展开制分类法》（*Expansive Classification*），于 1901 年开始编制的一部综合性等级列举式分类法，各大类以分册形式先后出版。从 1901 年大纲的发表，到 1902 年“Z 目录学”大类详表的出版，直至 1969—1977 年“K 法律”类的陆续出版，LCC 才算基本完成，目前共有 41 个分册。LCC 是目前世界上应用最广泛的图书馆分类系统。国会图书馆的政策及标准部（Policy and Standards Division，简称 PSD。原名编目政策和支持办公室，CPSO），负责学科分类建议等的处理、LC 数据库记录的修改和网站维护。LCC 类目的新增或修改，由国会图书馆的编目人员和合作机构提出建议，通过政策和标准部会议批准。新批准或修订的分类编号和标题每月以《国会图书馆分类法清单》（Library of Congress Classification ApprovedLists）在网络上发布。各分册修订情况具体如表 11-3 所示：

表 11-3 **LCC 分册修订情况表**

分册类号	类　名	最新修订版本
A	总论	2012 年
B—BJ	哲学、心理学	2012 年
BL,BM,BP,BQ	宗教信仰:宗教 印度教、犹太教、伊斯兰教、佛教	2008 年
BR,BX	基督教:圣经	2008 年
C	历史学及相关学科	2008 年
D—DR	历史(总论),欧洲历史	2011 年
DS—DX	亚洲、非洲、澳大利亚、新西兰的历史	2012 年
E—F	美洲史	2011 年
G	地理、人类学、休闲	2007 年
H	社会科学	2008 年

续表

分册类号	类　　名	最新修订版本
J	政治学	2012 年
K	法律(总论)	2012 年
K 类复分表	形式复分表(除 KD、KE、KF 外)	2010 年
KBR,KBU	教会法规史、罗马天主教堂法规	2008 年
KD	英国和爱尔兰的法律	2008 年
KDZ,KG,KH	美洲、拉丁美洲和西印度群岛的法律	2008 年
KE	加拿大法律	2008 年
KF	美国法律	2012 年
KJ—KKZ	欧洲法律	2008 年
KJV—KJW	法国法律	2008 年
KK—KKC	德国法律	2008 年
KL—KWX	亚洲和欧亚大陆、非洲、太平洋地区和南极洲的法律	2008 年
KZ	国际法	2012 年
L	教育	2012 年
M	音乐	2010 年
N	艺术	2010 年
P—PZ 复分表	语言和文学复分表	2010 年
P—PA	文学和语言学(总论)、希腊语和文学、拉丁语和文学	2010 年
PB—PH	现代欧洲语言文学	2009 年
PJ—PK	东方语言和文学,印度-伊朗语和文学	2008 年
PL—PM	东亚、非洲、大洋洲语言;北国、印度语言以及人工语言	2010 年
PN	文学(总论)	2010 年
PQ	法语、意大利语、西班牙语和葡萄牙语文学	2008 年
PR—PS,PZ	英语和美国文学、儿童纯文学	2012 年

续表

分册类号	类　　名	最新修订版本
PT	德语、荷兰语和斯堪的纳维亚语文学	2009 年
Q	科学	2012 年
R	医学	2012 年
S	农业	2012 年
T	工业技术	2010 年
U—V	军事科学、海军科学	2008 年
Z	目录学和图书馆学	2009 年

LCC 是世界上最大型的列举式分类法。其各大类分册可单独为专业图书馆使用。LCC 的类号用于美国国会图书馆发行的印刷目录卡片，并输入所发行的机读目录磁带。1995 年美国国会图书馆运用研制成功的分类数据 USMARC，将 LCC 类目全部转换为机读形式。2001 年推出国会图书馆分类法的网络版：ClassificationgWeb 版（简称 class web，http://classificationgweb.net）。

二、LCC 的体系结构

1. 编制原则

LCC 是在克特《展开制分类法》基础上编制的一部典型的列举式分类法，其编制目的是为国会图书馆的文献资源提供一个分类目录系统，并组织藏书排架，因此 LCC 依据国会图书馆文献收藏的实际情况和未来文献的出版状况，来安排类目细分的程度和排列次序。类目的设置要以足够的文献作为保障：文献收藏多，则类目划分细；文献收藏少，则类目划分粗。LCC 所采取的这种以图书作为分类法的对象的原则，后来被英国图书分类理论家休姆（E. W. Hulme）于 1911 年在《分类法原则》一书中称为“文献保证”原则。“文献保证”原则是 LCC 的基本编制原则之一。

2. 类表结构

（1）类表宏观结构。LCC 全部类表按大类以分册形式出现，分册数因每次修订内容的增减而不同。目前共有 41 个分册，第一分册是全表的总纲。每个分册基本包含有：①前言：包括对大类内容范围的解释和类表历史发展等的简要介绍；②纲要：该类中所有用两个字母标识的类目一览表；③简表；④详表；⑤复分表；⑥索引；⑦关于版本和修订情况的有关附录。但并不是所有的大类都有复分表或索引。

（2）基本大类。LCC 将人类知识划分为 4 大组，共 21 个基本大类。即：

总论	A	总论（General Works）
人文及社会科学	B	哲学、心理学、宗教（Philosophy、Psychology、Religion）
	C	历史：辅助科学（Auxiliary Sciences of History）
	D	历史学及相关学科（History：General and Old World）
	E-F	美洲史（History：America）
	G	地理、人类学、休闲（Geography、Anthropology、Recreation）
	H	社会科学（Social Sciences）
	J	政治学（Political Science）
	K	法律（Law）
	L	教育（Education）
	M	音乐（Music and Books on Music）
	N	艺术（Fine Arts）
	P	语言、文学（Language and Literature）
自然科学技术	Q	科学（Science）
	R	医学（Medicine）
	S	农业（Agriculture）
	T	工业技术（Technology）
	U	军事科学（Military Science）
	V	海军科学（Naval Science）
目录学及图书馆科学	Z	目录学及图书馆科学（Bibliography and Library Science）

（3）类目划分次序。LCC 类目细分的次序大体依据“马泰尔七原则”（Marter's seven points，马泰尔是原国会图书馆编目部主任，LCC 主要参编者之一）。其分组及次序大体如下：

① 形式区分：期刊、字典、词典等

② 理论、哲学
③ 历史
④ 论文、总论性著作
⑤ 法律、法规，国家关系
⑥ 研究和教学
⑦ 专门主题和按逻辑次序从一般到特殊的主题细分

例如：

CN	碑文
1	杂志、学刊、连续出版物
15	国会
	收藏品（非顺序）
20	多个作者
20.5	单个作者
25.A—Z	博物馆、图书馆和其他研究机构
	按地区排，A—Z
30.A—Z	私人收藏品
	按收藏者排，A—Z
40	哲学、理论
	总论性著作
41	与考古学、历史的关系
42	与宗教的关系
44	方法、技术
	总论性著作
46	摄影方法
50	研究和教学
55	碑文的历史（总论）
61	合集
62.A—Z	单本，按 A—Z 排
70	字典、百科全书
74	早期作品-1800
75	1801-
77	专用
78	青少年作品

三、LCC的标记系统

1. 标记制度

LCC采用的是混合标记制，采用拉丁大写字母和阿拉伯数字相结合的混合符号。先分别用21个单一字母表示21个基本大类，两个字母则表示二级类目，然后，再用1～4位阿拉伯整数（1～9999）表示展开的各级类目，整数后还可用小数细分，最后是克特字顺号码，是用一个大写字母带1～3位数不等。所以，LCC的标记符号形式基本上是三个层次：字母；整数，小数；字顺号。号码的级位基本上不能用于判断类目之间的并列或从属关系，只能用号码的顺序来判断类目的前后位置。类目的等级，用字体和缩格来表示。例如：

N	艺术
NA	建筑学
NA1—60	总论
NA100—130	建筑和国家
……	……
NA4100—8480	特殊建筑物
NA4100—4145	按材料分
NA4150—4160	按形式分
NA4170—8480	按用途分
NA4170—（7020）	公共建筑
……	……
4178. A—Z	特殊建筑物，按城市和建筑A—Z排

2. 扩充类目的方法

LCC采取了三种配号方法以扩充类目：预留空号，采用小数制号码，大量采用字顺号码。

3. LCC中的克特字顺号码

LCC使用克特字顺号码的目的是：当类号排列需要按字顺排列时，使用克特字顺号码能确保达到该要求。LCC克特字顺号码一般用于标记个人名称、团体名称、地理名称、事物主题、著作名称等。

例如：

HF	人事管理 职业管理
……	……
5549.2.A—Z	按国家或地区，A—Z
5549.5.A—Z	按主题，A—Z
……	……

又如：

Z	图书馆
675.A—Z	各类型图书馆，按 A—Z
675.A2	专业图书馆
……	……
675.L58	文学图书馆
675.M35	海洋科学图书馆
675.M37	数学科学图书馆
675.M94	博物馆

四、LCC 的类目复分方法

LCC 没有全部分类表通用的复分表，只有根据各类具体需要而设置的专类复分表或复分方法。主要可归纳为以下八种类型：

1. 形式复分

LCC 采用了两种形式复分方法供类目细分：第一种如前所述，LCC 的类目细分排列次序基本上按“马泰尔七原则”排列，即首先排列形式区分：期刊、字典、词典等。换言之，LCC 在主表某些类目细分的前部分已将形式细分予以列举，并且其名称、详略及次序依各类而定。例如：

K	法律总论、比较法律学和统一法律学、法律体系
K1—36.5	期刊
K37—44	参考书目
K46	专题丛书
K48	百科全书
K50—54	字典、词汇和短语
K58	格言、引文

K（64）　　年鉴
K68—70　　名录
……　　……

第二种是设置专类形式复分表，哪些类目需要设置形式复分表或设置多少个，均依据类目的实际需要而定。例如：

T6　　专利复分表
A2　　期刊
B2　　说明书
C2　　期刊列表（定期外）
D7　　专利索引
F4　　分类法
H3　　年度报告（专利事务所）
J4　　专题报告（专利事务所）
……　　……

2. 地区复分

专类地区表是一种按分类排序的地区号码表。在 LCC 不同类目中，虽然地区表设置的数量、所配给的数字号码各有不同，但表中的地区、国家名称一致，并采用一种固定的分类排列顺序。如下例 S 大类设置的两个地区复分表：

地区表
在国家内按以下两种号码分：
（1）总论性
（2）本地，按 A—Z 排

表 S1 类号	表 S2 类号	地区与国家
21		美洲
22		北美洲
23		美国

续表

表 S1 类号	表 S2 类号	地区与国家
24. A—W		洲，按 A—W 排
26—27	1—2	加拿大
28—29	3—4	墨西哥
30—31	5—6	中美洲
32—33	7—8	西印度
34	9	南美洲
36—37	11—12	阿根廷共和国
38—39	13—14	玻利维亚
……		……

3. 时代复分

LCC 的时代复分表篇幅较短，标记符号有两种：一是数字，二是借用克特字顺号。例如：

PL　　亚洲东部、非洲、大洋洲的语言
　韩国语言文学
　　韩国语言
　　　历史与批判
　　　　历史
……　　……
958—958.8　　按历史时期（按附表 PL2 细分）

表　PL2　韩国文学历史复分表
……　　……
0.6　　1919—1945
0.7　　1945—2000
0.8　21 世纪
……　　……
G3180—9980 地图
……　　……

7100　　乌克兰

7103　　乌克兰行政区划，按 A—Z（依表 G7103 复分）按表 G7001. S 做时代细分。

G7001. S历史

……　……

7001. S67　1917—1921

7001. S68　1921—1945

……　……

4. 主题复分

在 LCC 分类表中，许多主题或相关主题的细分已在其类表中一一列举，但 LCC 还是设置了相关的主题复分表。例如：

表 PL4　中国儒家经典复分表

1　全集和选集　第 13、12、9 或 6（按表 PL7 复分）

2　五经（按表 PL7 复分）

　诗、书、礼、易、春秋。

3　四书（按表 PL7 复分）

　论语、大学、中庸、孟子。

4　易（易经）（按表 PL7 复分）

5　书（历史）（按表 PL7 复分）

6　书（诗集）（按表 PL7 复分）

7　礼（礼记）（按表 PL7 复分）

5. 著者复分

这主要设置在“B 哲学、宗教”类和“P 语言、文学”类，用来细分哲学家和文学家，用于排列他们的作品的复分表。比如：在 P 大类，著者复分表按作品的不同著作形式排列（如版本、译本、评论等）。例如：

表 PS1　　华盛顿·欧文的独立作品

. A1　　版本、按出版时间

. A2　　选集 按编辑或出版商

. A3　　专供学校的选集

翻译
. A4—. A49　法语 按译者，或翻译时间
. A5—. A59　德语 按译者，或翻译时间
. A6—. A69　其他 按语种
. A7—. Z　评论

6. 机构复分

LCC 类表中设置了机构复分表：R1 医学教育和学校复分表、R7 医院复分表、T3b 美国消防部门复分表等。例如：

U400—714　军事教育和培训
美洲
中美洲
453. A—Z　国家，按 A—Z
454. A—Z　学校．按地区，A—Z
按复分表 U4 细分。
表 U4　军校复分表
. xC1　法规．按时间
. xH1　登记册．按时间
. xL1　历史．按时间
. xR1　其他主题．按时间

7. 语种复分

LCC 类表中设置了语种复分表。例如：

表 P—PZ1　语种复分表
期刊、连续出版物
1. A1—. A3　国际性
1. A4—Z　英国和美国
2　法语
3　德语
9　其他语种（不按 A—Z 排）
……　……

8. 综合复分

这是由两种或两种以上细分标准相结合的复分表。通常由形式复分、主题复分和地理复分相结合。例如：

AZ　　人文科学学术研究和学习的历史
　　　按地区和国家
……　……
640—649　　澳大利亚（用表 A7 细分）

表 A7　　奖学金及学习复分表
0　　合集
　　　总论性著作．历史
1　　　总论性著作
2　　　早期、起源
3　　　中世纪
4　　　现代
6　　用途、关系、方面等
7　　报告、散文、演讲、小册子等
8. A—Z 国家、区域、省等，按 A—Z 排
(9)　　城市
　　　参见 DA—DU 和 E—F

第四节　《冒号分类法》

一、CC 的发展历程

冒号分类法（*Colon Classification*，简称 CC）是印度著名图书馆学家阮冈纳赞（S. R. Ranganathan，1892—1972）所创制的分面分类法。1925 年，阮冈纳赞在英国返回印度途中完成了 CC 初稿，经过几年实践，1933 年正式发表 CC 第 1 版。

CC 自产生以来，阮冈纳赞不断修订 CC 并发展分面分类理论，作为一种新的分类理论的实验，它有着相当大的典型意义。在 1933 年第 1 版中，阮冈纳赞提出了分面标记理论，用冒号作为分面符号。1939 年第 2 版中增

加了“Δ精神体验与神秘主义”类，并开始采用八分标记法。1950年出版第3版，采用了“焦点”、“面”、“相”等概念。1952年第4版提出了五种“基本范畴”，采用五种不同的分面符号并增加了几个基本大类，大大改变了CC的面貌。1957年第5版将分类法分为两卷，第一卷适用于普通图书的分类，称为“基本分类法”，第二卷适用于论文资料的分类，称为“深度分类法”，出现分区的概念。1960年将第1卷修订出版作为第6版，将八分法进一步发展成为扇形法。1963年第6版修订重印，在组配符号等方面作了较大修改，基本大类也由第一版的25个增至42个。1969年阮冈纳赞曾著文介绍尚在编制中的冒号分类法第7版。1972年第7版部分分类表发表。1987年第7版正式出版，是一部“自由分面分类法”①。总之，CC的特点在于不断探索新模式并一直处于发展状态中。阮冈纳赞以概念分析与综合原理编制的CC，标志着分类语言的一个新发展，对当代分类法的理论与实践产生了广泛影响，目前，人们已经开始探讨将CC及其分面分析的原理运用于网上信息组织。

二、CC的类表结构

CC的类表结构主要体现在基本大类、惯用类、基本类、分面分析法等方面。

1. 基本大类

同体系分类法一样，CC也编列有基本大类。阮冈纳赞认为基本大类数目可以随着新学科门类的出现而增加，大类的排列次序并不十分重要。CC大类的设置以传统学术门类为出发点，按习惯上的传统学科门类，划分出一定数量的大类，每一版的大类数量有所不同，第6版的大类如下：

z	综合类	LZ	药学
1	知识全体	M	实用技艺
2	图书馆学	Δ	精神体验与神秘主义
3	图书学	MZ	人文科学与社会科学
4	新闻学	MZA	人文科学
A	自然科学	N	美术

① 宋克强，许培基．冒号分类法［M］//侯汉清，王荣授．图书馆分类工作手册．北京：中国科学技术出版社，1992：166.

AZ	数理科学	NZ	文学与语言
B	数学	O	文学
BZ	物理科学	P	语言学
C	物理学	Q	宗教
D	工程学	R	哲学
E	化学	S	心理学
F	工业技术	Σ	社会科学
G	生物学	T	教育
H	地质学	U	地理
HZ	采矿学	V	历史
I	植物学	W	政治学
J	农业	X	经济学
K	动物学	Y	社会学
KZ	畜牧学	YZ	社会工作
L	医学	Z	法律
	解说性大类列举：		
(：g)	评论方法	(P)	信息论
(p)	会议方法	(X)	管理方法
(r)	行政报告方法		

CC 的基本大类分为 4 个分区：z 综合类为第一分区类目，以小写拉丁字母表示；以阿拉伯数字表示为其他学科所不能包括的新兴学科，作为第二分区类目；大写拉丁字母 A~Z、Δ、Σ表示传统学科类目，作为第三分区类目；第四分区为新出现的各种方法学、带有工具性质的类目，以带有“( )”的大写或小写拉丁字母表示。由一个种类数字组成的一组同位类称为一个分区（zone，又译为“带”），表示分区的号码称为分区号码。CC 类表中共有 6 个分区号码，可用来在必要时把同位类分成不同性质的分区进行标记。这 6 个分区号码及其排列次序为：a、b……z；1、2……9；A、B……Z；(a)、(b) …… (z)；(1)、(2) …… (9)；(A)、(B) …… (Z)。CC 基本大类中第四分区的号码实际上包括了其类表中的第四、五、六分区的号码，但基本大类的 4 个分区号码与类表的 6 个分区号码两者并不矛盾。

2. 惯用类与基本类

所谓惯用类就是根据传统习惯予以区分的一系列类目。大类和惯用类均称为基本类。例如：

H	地质学	R	哲学
H1	矿物学	R1	逻辑学
H2	岩石学	R2	认识论
H3	构造地质学	R3	形而上学
H4	动力地质学	R4	伦理学
H5	地层学	R5	美学
H6	古生物学	R6	优惠系统（1）
H7	经济地质学		在此展开印度哲学
H8	宇宙的假说	……	……

基本类是图书分类的出发点，只有基本类才能附有分面公式。例如："2 图书馆学"类中，分面公式为：2〔P〕;〔M〕：〔E〕〔2P〕；而"T 教育"类的分面公式为：T〔P〕:〔E〕〔2P〕,〔2P2〕。分面公式列出各分面及其组配次序。分面（facet）指按照某种分类标准产生出的一组类目。每一分面中的每个细目称为焦点（focus）。各个分面中的焦点（细目）相互组配，表达事物主题概念。例如：

2 图书馆学　分面公式　2〔P〕;〔M〕:〔E〕〔2P〕

〔P〕中的焦点（按图书馆类型分）	〔M〕中的焦点（按馆藏文献类型分）	〔E〕〔2P〕中的焦点（按工作问题分）
1　超地方性的	1　按编制方式	1　选书
11　世界	12　抄本	2　组织
12　国家	128　档案	3　功能
13　地区	13　有声图书	4　馆际协调
……　……	14　印刷本	5　技术处理
2　地方性的	……　……	51　分类
21　县	2　按字体	52　编目
22　市	3　按语言	6　流通
3　学校、学术机构的	4　按出版物性质	61　咨询
31　初等学校	43　图书(传统的)	62　外借

续表

〔P〕中的焦点（按图书馆类型分）	〔M〕中的焦点（按馆藏文献类型分）	〔E〕〔2P〕中的焦点（按工作问题分）
32　中等学校	44　报纸	7　参考服务
33　学院	45　娱乐性出版物	8　行政
34　大学	46　期刊	81　选书
36　研究机构	……　……	811　　来源
4　行业的	5　按编制机构	815　　订购
5　预约	54　大学	82　排列
6　特种	6　按出版时间	84　登记
61　儿童	7　按版本	85　准备工作
……　……	8　按社会读者群	88　维护
97　私立（私人、私家）	……　……	97　文献资料工作

如：标引“大学图书馆期刊分类工作”，其类号为：2 ，34；46：51。

3. 面的分析法

（1）五种基本范畴。阮冈纳赞把概括文献主题的分类特征归纳为五种基本范畴，即：本体（personality），物质（matter），能量（energy），空间（space），时间（time）。“本体”指事物本身的各种体现；“物质”指构成事物的材料；“能量”指事物的各种活动、影响、状态和问题；“空间”指事物存在或发生的地点；“时间”指事物存在或发生的时期。五种基本范畴就是五个基本分面。阮冈纳赞以 P、M、E、S、T 分别代表这五种基本范畴（基本分面），用逗号“,”、分号“;”、冒号“：”、句点“·”、倒逗号“‘”五种分面符号依次表示这五种基本范畴（基本分面）。

（2）分面公式（facet formula），即分面的组配次序与标记符号，亦即组面公式。各个分面依据具体性递减的原则确定先后次序。CC 的总的分面公式为是“,〔P〕;〔M〕：〔E〕·〔S〕‘〔T〕”。以总的分面公式为依据，各类又有具体的分面公式。如：“S 心理学”类的分面公式为：S〔P〕：〔E〕〔2P〕。

（3）巡与层。巡（round）是指在同一主题内数次出现的某种分面（能量、本体、物质分面等），如〔2E〕称为第二巡能量，〔3E〕称为第三巡能量。层（level）是指同一巡内同范畴数个分面，如〔P2〕、〔P3〕分别称为第一巡第二层本体、第一巡第三层本体，巡表示同一主题的纵向深入，而层表示同时采用多种分类标准的横向联合。例如："L 医学"类的分面公式为：L〔P〕：〔E〕〔2P〕：〔2E〕〔3P〕·〔S〕'〔T〕，其各分面的焦点如下：

〔P〕中的焦点	〔E〕〔2P〕中的焦点	〔2E〕〔3P〕中的焦点
1　基本的及局部的	〔E〕中的焦点	1　护理
2　消化系统	1　准备	2　病因学
3　循环系统	⋮　⋮	⋮　⋮
4　呼吸系统	4　疾病	6　治疗学
45　　肺	〔2P〕中的焦点	62　物理治疗
⋮　⋮	2　传染病	625　放射疗法
	21　结核病	6253　X-射线疗法

标引"20 世纪 60 年代印度肺结核病 X 射线疗法"，其类号为：L45：421：6253·44'N6（其中，44 表示印度，'N6 表示 20 世纪 60 年代）。

又如：CC 在"O 文学"类编列有语言、体裁、著者、作品四个分面，文学类的分面公式为：O〔P〕，〔P2〕〔P3〕，〔P4〕，其各分面的焦点如下：

P 中的焦点	P2 中的焦点	P3 中的焦点	P4
仿第 5 章	1　诗	（1）（用时代法分）	见 O 章
语言点分	2　戏剧 3　小说 ……　……	（2）1800 年以后的作家出生年如不能确定，只取（时代法）一个符号，按字母法排。	第一部分的规则

标引莎士比亚的《哈姆雷特》（莎士比亚，英国戏剧家，生于 1564 年，这是他第 33 号作品），其类号为：O111，2J64，51（O111 表示英语作品，2 表示戏剧，J64 表示 1564 年，51 表示第 33 号作品）。

三、CC 的分面标记制与相的标记制

为了使不同分面之间或同一分面中各种类目之间可通过组配来表示新的主题概念，CC 还采用了面的标记制（分面标记制）。为了显示复杂主题中

的各种主题概念之间的影响关系、比较关系、应用关系等，CC 就采用了相的标记制。

1. 分面标记制（facet notation）

分面标记制也称分段标记制或多维标记制，是用分面符号把类号分成若干段，使每一段的号码代表主题的一个方面，以显示类目组配结构的一种标记制度。CC 采用分面标记制，其五个基本范畴就是五个基本分面，每一基本类又有各自的分面公式。CC 以由上百个基本类组成的简短类表为开端，在每一基本类下分别列出不同范畴的面的各个焦点，并各自配以不同的号码，采用分段式号码代替单线式号码，这样，类目就可以多向发展。分类标引时，首先将主题分析成它的组成要素（即焦点），再按照分面公式，择取与主题概念要素相应的焦点号，加在基本类号之后，即可得出这个主题的类号。这样，通过类目的组配，就能够揭示复合主题中的各个主题因素，体现主题间的联系，适应出现的新主题，适应类系的延伸。正是因为 CC 采用类表分面结构与分面标记制，才使它成为一种分面分类法。

2. 相的标记制（phase notation）

CC 为了显示复杂主题中各种主题因素之间的相互关系，如比较关系、影响关系、应用关系等，采用了相的标记法（即相的标记制）。相的标记法实际上是将不同分面或同一分面中的各种类目相互组配来表达新的主题概念。相的标记法大体上可以表示五种关系，具体表现为：一般关系相、倾向相、比较相、差异相和影响相。每一种又可分为相相关（两个基本类的关系）和面内相关（同一面中两个点的关系）以及类列内相关（同一类列中两个类列点的关系）。当一个主题只涉及一个基本类或从属类时，称为单相类；如果涉及两个基本类或从属类时，称为双相类；涉及两个以上基本类的称为多相类。在双相类中占主要地位的类称为第一相，另一个类则称为第二相。

相的连接符号为：首先用“0”作为第一相与第二相的连接符号，再分别继之以 15 个小写字母来指示各种相的关系。具体见表 11-4。

下面以相相关为例说明相的标记法：

（1）一般关系相：表示第二相与第一相具有下述各种关系以外的其他关系，两者类号序数值小的为第一相。例如，社会学（Y）与经济学（X），为 X0aY；

（2）倾向相：第二相是第一相所倾向的目的、用途等。例如，医学（L）用于法学（Z），即法医学，为 L0bZ；

表 11-4　　CC 相的标记制

关系性质	相相关	面内相关	类列内相关
一 般	a	j	t
倾 向	b	k	u
比 较	c	m	v
差 异	d	n	w
影 响	g	r	y

（3）比较相：第二相与第一相作比较，两者类号序数值小的为第一相。例如，地质学（H）与采矿学（HZ）的异同，为 H0cHZ；

（4）差异相：第二相与第一相有所差异，两者类号序数值小的为第一相。例如，波动函数（B85）与波动力学（CN2）的差异，为 B850dCN2；

（5）影响相：第二相影响第一相。例如，美学（R5）对文学（O）的影响，为 O 0gR5。

四、CC 的复分表

CC 除基本类目表外，还编制了以下几种附表：

1. 共同复分表

CC 称之为共同点，该复分表类目与一般的总论复分表大体一致。其标记符号采用小写字母（或带数字），例如：a 书目，y8 文摘，p 会议录。另外，该复分表的类目可分为两个部分，前一部分类目带有“工具”性质，称为前置共同点，如：k 百科全书、大全，c 语汇索引、主题分类索引等。带有前置共同点号码的类目排在相应的不带前置共同点的号码的前面。例如，“D6a 机械工程书目”排在“D6 机械工程”之前。第二部分类目带有能量和本体方面的性质，称为后置共同点，如：b2 设计，g 学术团体，d 机构等。带有后置共同点的类目排在相应的不带后置共同点的号码的后面。例如，“D6 : f3 机械工程实验”排在“D6 机械工程”之后。前置共同点和后置共同点依据分类规则说明来使用。

2. 时间区分表

CC 称之为时间点，分为时代类目和时令特征（特征时间）细目两部分。该复分表与一般时代复分表大体一致。其标记符号分别采用大写字母和小写字母，或各继之以数字。另外用正箭号“→”表示现在与未来，在两个时期之间插以反箭号“←”表示。例如，N 为 20 世纪，P 为 21 世纪，N9 为 20 世纪 90 年代，N99 为 1999 年；c 白昼，d 夜晚，e 黎明，n1 春季，n3 夏季；2·1‘→P 为图书馆学的未来（其中 2·1 为世界图书馆学，P 为 21 世纪）；V44‘N99←M58 为 1858 年至 1999 年的印度史（其中 V 为历史，44 为印度，N99 为 1999 年，M58 为 1858 年，将终止时期写在前面）。

3. 地理区分表

CC 称之为空间点。该复分表的类目与一般的地区复分表大体一致。其标记符号采用阿拉伯数字，或分别继之以大、小写字母、括号、短横等符号。该表容纳了按自然地理特征（用小写拉丁字母或继之以阿拉伯数字表示，如 f 森林地带，p6 湖泊）、行政区划（用阿拉伯数字表示，如 53 法国，41 中国）、人口密集区（用大写拉丁字母表示，依字母表取得）、方位区分（用空位符号“9”和拉丁字母表示，如 9B 东方，9G 南方）划分出的 4 组内容，并规定 2 为祖国（图书馆所在国），3 为优惠国（图书馆藏书除本国外，其数量最多的国家）。地区复分表按分类规则说明来使用。

4. 语言区分表

CC 称之为语言点，该复分表由语系、语族和人造语三部分组成，其标记符号采用数字，或继之以字母作标记。1~3 为语系部分，4~8 和 94~98 为其他各洲及海洋的语言部分，99M~99N 为人造语言部分。例如，41 汉语，111 英语，P467 苏梅里安（Sumerian）语（其中 P 为语言学，4 为亚洲，467 为伊拉克（美索不达米亚）——苏梅里安语的发源地）；P99M84 勃拉雅·齐蒙达尔语（其中 P 为语言学，99 为人造语言，M84 指该语言于 1884 年创造）。

以上 2~4 种附表，适用于主表中注明用时代法、地区法、语言法的类目，以及分面公式中〔S〕或〔T〕。

第十二章 文献分类工作概述

第一节 文献分类工作的意义与基本原则

一、文献分类工作的含义与性质

文献分类工作是指遵循一定的原则，依据所使用的文献分类法，以及文献分类标引规则与书次号编号规则，赋予文献分类检索系统与文献分类排架系统用的分类号和索书号的过程。

文献分类工作的性质体现在三个方面：首先，它是图书馆等文献信息机构的一项基础性工作。因为它是建立文献检索系统与文献数据库以及组织藏书分类排架的前提。其次，它与文献主题标引、文献著录工作紧密联系，呈现出一体化的工作方式。以往文献分类人员、主题标引人员与文献著录人员分工明确，其工作方式具有相对的独立性。而在计算机编目环境下，同一工作人员往往既要进行文献分类标引、主题标引，又要完成文献著录。再次，它是一项充满逻辑思维活动的实际工作。文献分类人员无论是分析文献内容，提炼文献主题，还是确定标引方式与标引深度，都需要运用分析、综合、比较、概括、归纳等逻辑思维方式，方能保证工作质量。

二、文献分类工作的基本原则

1. 制定文献分类工作基本原则的思路

文献分类工作的基本原则是根据文献分类工作的目的，体现文献分类工作实践经验，反映文献分类工作规律而制定的，用于指导文献分类工作全过程与衡量文献分类工作质量的基本准则。目前人们对文献分类工作基本原则有多种不同的表述，体现了各自对文献分类工作规律的认识，这对于指导文献分类工作有着重要意义。至于人们对文献分类工作基本原则的表述不统一，这是正常的。因为文献分类工作基本原则的本身是文献分类工作规律的主观反映，文献分类工作规律虽具有明显的客观性，但人们对文献分类工作规律的认识有一个不断深化的过程，因而对反映文献分类工作规律的基本原则的表述必然也会有所不同。当然，我们应该在人们已有研究成果的基础上，尽可能地做到进一步表述文献分类工作的基本原则，这就涉及制定文献分类工作基本原则的思路问题。制定文献分类工作基本原则的思路有以下几个方面：

第一，文献分类工作的基本原则应有明确的适用范围。要考虑所制定的基本原则是属于整体性的，适用于文献分类工作全过程的原则，还是属于局部性的，适用于文献分类工作某个具体环节的原则。一般而言，文献分类工作的基本原则是属于整体性的，是对文献分类工作的全过程或若干个主要工作环节具有普遍指导意义的原则。

第二，文献分类工作的基本原则必须体现文献分类工作的实践经验。文献分类工作的基本原则既是现实的文献分类工作经验的总结，又是历史上的文献分类工作经验的结晶。当然，这里所说的实践经验并不是各种具体的实践经验，而是对这些具体实践经验的归纳、分析、概括与总结的结果。

第三，文献分类工作的基本原则应能起到指导文献分类工作与衡量文献分类工作质量的作用。一方面，每一条原则都要有存在的价值，另一方面，各条原则不是孤立存在的，而是相互联系的原则体系。

第四，对文献分类工作基本原则的表述应具有简明性、准确性。基本原则的条目应少而精。

2. 文献分类工作基本原则的内容

文献分类工作的基本原则可概括为以下五条：

(1) 文献分类以文献内容为主要依据，并以科学性、实用性强的文献分类法为准绳的原则

这条原则包括四层意思：

第一，文献分类要以文献的本质属性，即文献所体现的学科知识内容作为主要分类标准，以文献的其他属性特征（如文献的类型、体裁、使用对象、用途等）作为辅助分类标准。

第二，文献分类在绝大多数情况下，首先要采用主要分类标准，必要时再采用辅助分类标准，但有时却需要首先采用辅助分类标准。

第三，对文献进行分类，先采用什么分类标准，后采用什么分类标准，应依据读者有效检索、利用文献的需求，但最终取决于文献分类法的类目划

分与所采用的分类标准及其使用次序。例如:《中图法》对文学作品采用的分类标准及其使用次序为“国家——体裁——时代——题材”。应该指出的是，上面提到的“依据读者有效检索、利用文献的需求”与“最终取决于文献分类法的类目划分与所采用的分类标准及其使用次序”的说法，两者是不矛盾的，是一致的。因为文献分类法中类目的划分与分类标准及其运用次序的确定，其主要依据之一就是读者检索、利用文献的需求。如上例《中图法》对文学作品采用的分类标准就是基于读者对文学作品的检索需求与习惯。

第四，文献分类必须依照所使用的文献分类法及其使用规则。无论是建立分类检索系统，还是组织藏书分类排架，必须体现文献分类法类目体系的系统性与逻辑性。各单位应该选择科学性、实用性、生命力强的文献分类法，并对所选用的文献分类法，结合本单位实际情况与发展前景，作适当调整，确定文献分类法使用本。

(2) 注重分类检索与兼顾分类排架的原则

我们知道，文献分类的作用主要体现在组织分类排架与建立分类检索系统两个方面。从检索文献的作用来说，分类检索系统远优于分类排架，分类排架远不及分类检索系统。对于文献分类工作来说，无论是制定文献分类标引规则，还是对文献进行分类标引，应该注重分类检索系统的检索效率，兼顾分类排架的要求。如果一种书有若干个供检索用的分类号，则从中选择一个最能概括与体现文献主题内容的分类号兼作为排架分类号；如果一种书只有一个分类号，当然这个分类号既是检索用的分类号，又是排架分类号。

(3) 文献分类的客观性、准确性、适度性、实用性、一致性、及时性有机结合的原则

“客观性”是指文献分类标引过程中，分析文献内容必须以文献的实际内容为依据，概括的文献主题必须真实可靠。

“准确性”一是指辨类、归类要准确。通过明确各类目之间的关系和类目注释，正确辨识类目的含义与内容范围，将文献归入恰当的类目。二是指准确理解标记制度，正确掌握编号方法（包括类号组配技术），选用最确切的分类号标引文献主题。三是指编制的书次号、分类索书号应准确无误。

“适度性”是指对文献内容的标引要适度，适度标引“必须同时符合下面三个条件：①文献中比较具体地论述了的；②有一定参考价值的；③可以成为检索对象的。如果同时具备了上述三个条件而不给予标引，可以认为是

标引不足；而如果未同时具备上述三个条件而给予标引，则可认为是标引过度”①。

“实用性”是指文献分类要讲究实际使用价值。实用性体现在许多方面，如确定文献分类法使用本；选择分类标引方式，确定排架分类号与检索分类号，提供检索途径；制定文献分类工作规章制度等都要讲究实用性。

“一致性”是指无论是同一标引人员，还是不同标引人员在标引同一种文献及其不同版本时，所取的分类号是一致的，不能出现同书异号现象。

“及时性”是指在保证文献分类标引工作质量的前提下，通过运用系统方法、统筹方法，加快工作进度，提高工作效率，使分编的新书尽快地为读者所检索与利用。

（4）文献分类的规范性与发展性并重的原则

这里所说的规范性包含两层意思：一是，文献分类工作应遵守有关规范性文件。这些规范性文件主要有：所选择的文献分类法（如《中图法》）及其使用本、国家标准《文献分类标引规则》与《文献主题标引规则》、《〈中国图书馆分类法〉第五版使用手册》、书次号编号规则（如《通用汉语著者号码表》），以及《中国机读目录格式》、《新版中国机读目录格式使用手册》等。在文献分类工作中，只有遵守规范性文件，才能保证分类数据的规范性。二是，文献分类工作的每个环节、每道程序与全过程都要遵守文献分类工作的规章制度，使其规范化。

这里所说的发展性也包含两层意思：一是，文献分类人员和工作团队不能墨守成规，应以创新思维和务实精神，不断总结工作经验，发现与研究工作中的问题；改革工作模式，优化工作程序，采用有力措施，促进文献分类工作不断发展。二是，文献分类法用户应积极为文献分类法的更新与发展，提供建议与研究成果。文献分类法的修订与发展，不仅是文献分类法编辑委员会与相应的管理机构的职责，而且也需要广大文献分类法用户的积极支持与参与。文献分类法用户应该积极支持文献分类法编辑委员会的工作，为修订、更新、发展文献分类法不断作出贡献。

（5）文献分类业务工作与业务研究相结合的原则

这里所说的业务工作是指日常文献分类工作；业务研究是指为了提升工作人员的素质、业务水平和工作质量而进行的学习与研究活动。文献分类业务工作与业务研究，两者相辅相成，相互促进。对于图书馆等信息机构与从事实际工作的人员而言，业务工作是业务研究得以存在的基础，业务研究的

---

① 张琪玉，情报语言学词典［M］. 北京：北京图书馆出版社，2000：16.

出发点与归宿正是为了促进与发展业务工作。如果不从业务工作的实际需要出发，片面地强调业务研究，就失去了业务研究存在的价值。如果只强调业务工作，忽视业务研究，也许在短期内能作出某些成绩，但从根本上来说，要不断提高工作质量和水平，是很困难的。刘国钧、杜定友、皮高品等先贤和有些文献分类、编目学家曾从事过文献分类编目工作，他们在从事实际工作期间，很注重把日常业务工作与研究结合起来。图书馆等信息机构中不少有远见卓识的文献分类编目工作者，长期坚持业务工作与业务研究相结合，以业务研究促进业务工作，从而成为业务工作的中坚力量和出成果的佼佼者。可以说，文献分类业务工作与业务研究相结合，这是文献分类工作可持续发展的一条宝贵经验。

坚持业务工作与业务研究相结合的原则，要注意两个问题：一是，关于业务研究的内容。研究内容应当从解决当前的各种现实业务问题为主，兼顾长远的需要。既要考虑本单位、本系统的实际情况和需要，又要结合全国性、地区性学术机构对本单位所赋予的有关任务，为发展我国图书馆事业作出应有的贡献。二是，关于既出成果，又培养人才的问题。开展业务研究，既要促进、发展业务工作，又要提升工作人员的业务素质和专业水平。图书馆等信息机构应该以高度的责任感，通过业务工作与业务研究来培养人才。

第二节 选择文献分类法与制定文献分类法使用本

一、选择文献分类法

1. 选择文献分类法的意义

文献分类法是文献分类的工具，无疑应该选择一种高质量的分类法。选择文献分类法，有两层意思：一是，选择的文献分类法，应该是科学性、实用性强，版本齐全，使用面广，影响力大，并有一个学术水平、管理水平高的文献分类法编辑委员会及其常设机构。二是，从选定的文献分类法中再选择最符合本单位实际情况和需要的版本。

2. 选择《中图法》版本的方法

《中图法》是目前国内版本最多的文献分类法，有详本、简本、期刊本、未成年人图书馆版以及多种专业分类表。图书馆等文献信息机构应根据各自的性质、任务与发展前景、藏书的规模与类型、用户的检索特点与检索需求，经过科学论证，选择有关版本。

《中图法》编委会对如何选用《中图法》版本的问题，提出了具体建议①，其要点是：①藏书 20 万册以下的中小型图书馆可选用《中图法》简本。②藏书 20 万册以上的大中型综合性图书馆或信息机构，对图书的分类一般使用“+”号以前的类号；论文资料一般使用完全分类号。③中小学、少年宫及儿童图书馆使用未成年人图书馆版。④专业性图书情报机构可选择相应的专业分类表。⑤同一文献信息机构还可同时选用不同版本，用于对不同类型文献的分类。

二、制定文献分类法使用本

1. 文献分类法使用本的由来与含义

文献分类法使用本这一术语以往被称为“分类法的公用底本”。1953 年刘国钧先生在《图书怎样分类》一书中，阐述了“分类法的公用底本”问题。他说：“每个图书馆既经选定了一种分类法之后，并不一定要把这分类法的全部类目机械地完全用上。图书馆可以决定本馆分类程度的详略。这还是要根据本馆的类型和服务对象来决定的。类型不同、服务对象不同的图书馆，在分类的程度上也可以有细密和简略的不同……这些都要在事先根据具体情况，照顾将来的发展方向，缜密决定，记入分类法的公用底本之内，一贯遵守。”② 在“分类法的公用底本”这一术语的基础上形成的文献分类法“使用本”这一术语，始于《中图法》问世之时。1973 年《中图法》试用本问世。《中图法》编辑组在《关于〈中国图书馆图书分类法〉的使用说明》(内部发行) 一书中，首次提出了分类法“使用本”这一术语，并加以阐述：“一本图书分类法，不可能完全适应各类型图书馆的需要……各馆……要根据本馆的性质、任务和读者的需要，来规定使用分类法的详简程度和选用……交替类目，不一定按照分类法的内容，全部机械照用……各馆在使用分类法前，对分类法的要求和使用方法，要做全面考虑，注意当前的需要，还要考虑藏书的发展。对简分或选用的类目，一经确定，就要坚持使用……对分类法类目的使用，经研究确定后，应定出本馆分类工作用的‘使用本’。”③ 上面所引用的刘国钧先生和《中图法》编辑组的论述，说明

---

① 国家图书馆《中国图书馆分类法》编辑委员会.《中国图书馆分类法》第五版使用手册 [M]. 北京：国家图书馆出版社，2012：107.

② 刘国钧，图书怎样分类 [M]. 北京：开明书店，1953：20-21.

③ 中国图书馆图书分类法编辑组. 关于中国图书馆图书分类法的使用说明（内部发行）[M]. 北京：北京图书馆，1973：1-2.

了制定文献分类法使用本的必要性和基本方法。由此，我们可以这样表述文献分类法使用本的含义：文献分类法使用本是指图书馆等文献信息机构根据本单位的实际情况与发展前景，对所选用的文献分类法进行慎重调整后，作为分类标引依据的标准文本。

2. 制定文献分类使用本的要求

制定文献分类法使用本应达到以下三点要求：

第一，既要符合本单位的实际情况与发展要求，又要兼顾联合编目与资源共享的需要。

第二，既要注重分类检索系统的需要，又要兼顾文献分类排架的要求。

第三，既要体现“使用本”的使用价值，又要求“使用本”同所选用的文献分类法在类目体系、标记制度上保持一致。

3. 制定文献分类法使用本的方法

（1）规定使用类目的详略程度。

使用类目是指分类表中可以直接使用的类目。规定使用类目的详略程度，实际上就是规定使用类目被用到哪一级（即类级），规定使用类目类级的主要依据是本单位的藏书特点与藏书量。一般来说，对于重点藏书、专业藏书、特色藏书、数量多的有关类藏书，宜规定用详表分类；对于非重点藏书、非专业藏书、非特色藏书、数量少的有关类藏书，可根据不同情况，规定使用类目的类级（如规定用简表或用到第三、四级类目），当然有的单位规定用详表分类也是可行的。

（2）启用有关交替类目。

一般情况下，综合性文献信息机构不必启用交替类目，专业性文献信息机构可根据各自情况，启用有关交替类目。关于启用交替类目的方法及应注意的问题，详见本书第三章第一节。

（3）明确类目复分方法与组配编号法的使用范围。

类目复分方法包括通用复分表、专类复分表、类目仿分等类型。制定使用本时，对各种复分表及其子目是全部采用，还是部分采用；对分类表中通过类目注释指明“依……表分”或“仿……类分”或“可采用组配号法”的类目，是否需要或有限度地进行复分、仿分、组配编号，均应作出明确规定。

（4）确定某些文献“集中与分散”的处理方式。

这里所说的“集中与分散”是指对某些文献是采用集中分类，还是分散分类。文献分类法中涉及“集中与分散”的文献主要有三种情况：一是，总论应用与专论某方面应用的文献；二是，分类表中涉及有交替关系类目的文献；三是，专科性工具书（如专科性百科全书、辞典、年鉴）、文摘与索引、专业规程与标准以及各学科人物传记等方面的文献。对于上述几种类型的文献，是采用集中分类，还是分散分类，在使用本中应作出明确规定。

（5）扩充有关类目。

专业图书馆等单位为进一步适应专业文献分类的需要，可以对所使用文献分类法的相应类目加以扩充。类目扩充的方法主要有：将类目注释作为新的子目；扩大有关复分表的使用范围；借鉴有关文献分类法的类目设置；参考有关专业文献。扩充类目应在原有类目体系、标记制度的基础上进行，不能另起炉灶。

（6）选择分类表中所推荐的编号方法。

文献分类法中有些类目通过其注释，提供了一些带有推荐性的分类方法与同类书区分方法。例如：《中图法》在有关类目下对同类书“按年代排”、“按会议届次排”、“按名称排”的说明，就是带有推荐性的书次号编号方法。各单位对分类表中所推荐的编号方法是否采用，如何采用，在制定使用本时应作出明确规定。

第三节　分类标引方式及其运用

一、分类标引方式

分类标引方式是指分类标引过程中，对文献主题的揭示、选择的方式。常用的分类标引方式有以下几种：

1. 整体分类标引

整体分类标引是指揭示文献内容的整体主题或基本主题，对文献作概括性标引，赋予文献一个分类号的一种标引方式。例如：《汉字的构造及其文化意蕴》一书的分类号为 H122（汉字构造）。采用整体分类标引，所标出的分类号既可用于分类排架，又可用于分类检索。

2. 全面分类标引

全面分类标引是指充分揭示文献中具有检索、利用价值的各个局部主题与整体主题，分别对其作标引，赋予文献多个分类号的一种标引方式。例如：《中国城市可持续发展研究》一书内容有两大部分：第一部分，综合研究篇。第二部分，城市案例研究篇，包括北京市、上海市、重庆市、长沙市可持续发展研究。如果采用全面分类标引，该书的分类号为 F299.2（中国城市经济）；TU984.2（中国城市规划及建设）；F299.271（北京市城市经济)；F299.275.1（上海市城市经济)；F299.277.19（重庆市城市经济)；F299.276.41（长沙市城市经济)。采用全面分类标引，所标出的各个分类号可用于分类检索，其中整体主题的分类号还兼用于分类排架。如上例中的F299.2（中国城市经济)。

3. 重点分类标引

重点分类标引是指选择文献中重点论述的主题或文献中符合本单位、本专业用户需要的局部主题，赋予相应分类号的一种标引方式。例如：《职业道德建设》一书的内容包括各种行业职业道德。医院图书馆对该书如采用重点分类标引，可选择“医务工作者职业道德”这一局部主题进行标引，分类号为R192（卫生医务人员)。

4. 互见分类标引

互见分类标引是指对内容涉及两个或两个以上学科门类的文献作整体分类标引后，再在其他有关学科门类对该文献作整体分类标引，赋予相应分类号的一种标引方式。所标引的分类号称为互见分类号。例如《邓小平论文艺》一书的分类号为A496.91，互见分类号为I0。互见分类号用于分类检索，不用于分类排架。

5. 分析分类标引

分析分类标引是指对某一文献作整体分类标引后，再对该文献中具有重要检索价值的局部主题作标引，赋予相应分类号的一种标引方式。所标引的分类号称为分析分类号。例如《钱伟长文集》一书收录了钱伟长从1931年到2009年间的重要文章和讲话稿，共计344篇，内容涉及哲学、历史学、文学、自然科学、工程技术 、区域经济、城市建设、管理学、中文信息学及教育学等方面。该书分类号为Z427.6。书中所附的周文斌、孔祥瑛写的“钱伟长传略”一文，对于研究钱伟长先生的生平活动，具有重要价值。如果对这部分内容作分析分类标引，其分析分类号为K826.11=7。如同互见分类号一样，分析分类号用于分类检索，不用于分类排架。

6. 集中分类标引与分散分类标引

集中分类标引也称为综合分类标引，是指以整套文献（如丛书、多卷书、文集）为单位，对其作整体分类标引，使整套文献中每一种（册、卷）书有一个共同分类号的一种标引方式。例如：《世纪大讲堂》一书包括单独出版的社会卷、文化卷、历史卷、经济卷、科技卷等。各卷的分类号均为Z427。

分散分类标引是指以整套文献（如丛书、多卷书、文集）中每一种（册、卷）书为单位，对其分别标引，赋予相应分类号的一种标引方式。例如:《中国名胜观赏丛书》包括名山、名园、名寺、名湖等分册，宜采用分散分类标引方式，各分册按其内容各入其类。如《中国名山观赏》的分类号为 K928.3。

二、分类标引方式的运用

运用分类标引方式，应依据以下四个方面:

依据之一:根据文献内容与读者需求，按照“注重分类检索，兼顾分类排架”的原则，充分揭示文献中具有检索、利用价值的各个主题，采用相应的分类标引方式。例如:《中国社会科学院学部委员专题文集》包括自2013年以来已陆续出版的数十种专著，内容涉及人文与社会科学诸多学科。该套文集宜采用分散分类标引，每一部著作按其内容，各入其类，如《国际法苑耕耘录》的分类号为 D99，《人口学研究与学科建设》的分类号为 C92，所取的分类号既用于分类检索，又用于分类排架。同时为了便于读者检索、利用该套文集，增加检索途径，还可采用集中分类标引方式，以“中国社会科学院学部委员专题文集”作为另一检索点，取检索用的分类号 C53（社会科学文集）。

依据之二:图书馆等文献信息机构的性质、规模与任务。一般来说，大型综合性文献信息机构，应采用多种分类标引方式，充分运用全面分类标引、分析分类标引、互见分类标引等方式。中型综合性文献信息机构可参考上述做法，根据本单位具体情况，采用多种分类标引方式。小型综合性文献信息单位一般采用整体分类标引方式，必要时也可选择某些分类标引方式，如对丛书采用集中分类标引或分散分类标引。专业性文献信息机构为适应专业读者的需求，应注重采用重点分类标引、分析分类标引，必要时还应采用全面分类标引方式。联合编目机构应采用全面分类标引、分析分类标引、互见分类标引等方式。

依据之三:检索系统的性质与功能。分类标引方式的运用与检索系统的性质、功能密切相关。编制机读检索系统应注重采用全面分类标引、分析分类标引、互见分类标引等方式;编制手工检索系统一般采用整体分类标引，必要时采用其他标引方式。

依据之四:文献分类法的有关使用规定。分类标引方式的运用与文献分类法的使用规定也有很大的关系。例如:《中图法》对专科性百科全书、辞典、年鉴，规定用分散分类标引方式，按其学科内容归入有关学科，再依“总论复分表分”，如《化工辞典》为 TQ-61;但规定也可采用集中分类标引方式，将其集中归入 Z 大类，用组配编号法，并采用互见分类标引，如

《化工辞典》为Z32：TQ，互见分类号为TQ-61。对此，各单位要根据分类法的有关使用规定，确定采用何种分类标引方式。

应该指出，上述四个方面的依据并非彼此孤立的，而是相互联系、交叉的。分类标引方式的运用，应该综合考虑上述几个依据。

第四节 文献分类标引工作程序及其与编目工作流程的关系

一、文献分类标引工作程序

分类标引是文献编目工作的主要内容之一，也是组织文献分类排架和构建文献分类检索系统的前提。要保证分类标引工作的质量，应该规范分类标引工作的程序，严格把握工作程序中的每个环节。一般来说，分类标引工作应包括以下七个工作环节：

1. 文献分类查重

分类查重是文献分类标引工作的第一个重要工作环节。查重的主要目的有三个：一是将同种书进行集中，查明待分类文献是否为已入藏文献的复本（包括精平装本、同一版本的不同印次等），或者是同一套多卷书的不同卷册，避免出现同书异号的情况；二是将内容相同的文献进行集中，包括同一作品的不同载体、不同版本图书、同一作品的不同译本、同一作品的不同注释本，以及不同出版社所出版的同一作品等；三是将入藏文献中已确定集中分类标引方式的文献进行集中，如集中分类的丛书的后续分辑或分册、连续出版物的后续卷期、连续性会议录的后续届次文献等。

分类查重时，除了要比较待分类文献与已入藏文献的题名、责任者、出版社以及版本等是否相同以外，还要注意通过丛书名、总题名或会议名称进行查重，确保集中分类的丛书、多卷书或会议录能够集中。对于不同版本图书、同一作品的不同译本、不同注释本等，除了通过文献正题名和其他题名信息进行查重以外，特别要注意利用已有书目记录中的文献的统一题名进行查重，将正题名形式不同的同一作品通过一致性的分类标引，实现集中排架。

2. 分析文献内容及主题

分析文献内容是分类标引的前提，目的是分析文献所具体论述与研究的对象与问题，了解文献的类型或体裁，从而确定文献的主题以及分类标引方式。分析文献内容一般包括以下几个方面：

(1) 分析文献的题名。文献题名一般是作者对文献中心内容的概括及写作主旨的表达，对文献的内容和主题分析具有重要参考价值。

(2) 阅读文献的摘要、书后简介或所附书评等，了解文献的内容重点与文献类型。

(3) 阅读文献的目次、文内标题等，了解文献的具体内容、范围与体例结构。

(4) 阅读文献的前言、后记或结论等，了解文献的写作主旨、主要观点、读者对象或主要用途等。

(5) 阅读文献的题名页、书末出版说明或丛编题名页，了解文献是否归属于某一套丛书，以及该丛书的主要性质。

(6) 浏览正文。当通过以上几种方式仍不能确定文献的确切内容和类别时，应大致浏览文献正文，深入了解文献所研究的学科或专业内容。

(7) 查阅参考工具或请教专家学者。任何一个人都不可能深入了解所有的学科内容，因此，对于分类标引人员来说，善于查阅权威参考工具书或者网络参考源，及时请教有关学科方面的专家学者，对把握文献主题内容，进行准确归类是非常有必要的。

3. 确定文献主题

根据文献分析的结果，归纳与总结文献所包含的主题概念，并依据《文献主题标引规则》(GB/T 3860—2009) 所列的主题类型与主题结构，确定文献的主题。在标引文献主题时，除归纳文献主题的主体因素与限定因素外，还应注意分析文献主题的空间因素、时间因素及文献类型等。一般情况下，文献的主要分类号应与文献的主要主题相互对应。

4. 确定分类标引方式

在全面了解文献的主题概念和文献类型后，运用前面第三节所提到的各种分类标引方式，选择适合的分类标引方式，特别是要注意丛书、多卷书、连续出版物等类型的文献是采用综合标引方式还是分散标引方式。当文献的内容涉及多个学科时，除对其进行整体标引外，还要对所涉及的学科进行互见分类标引。对集中分类的丛书、多卷书、连续出版物进行综合标引时，在文献分散著录的情况下，如果各卷册的学科内容不一致，还可以针对单个卷册的学科内容进行分析标引。

5. 标引分类号

根据文献主题的学科属性和其他特征，按照所确定的文献分类法使用本，利用分类表的体系结构，找到或构建相符的主要分类号、互见分类号或分析分类号。必要时还可使用以下几种方法，确保文献分类的一致性：①

查找分类主题词表中主题词对应的分类号；② 查找分类法索引，分析上下位类关系，确定分类号；③ 查阅与借鉴书目系统内同一主题文献的分类号。

6. 标引索书号

确定文献分类号以后，为解决同类书的排架问题，还必须标引文献的分类索书号。分类索书号一般由文献的主要分类号、书次号（包括基本号码及辅助区分号）构成。这一部分内容将在第十四章进行介绍。

7. 分类审核

为了确保分类标引工作的质量，在确定文献的分类号后，必须进行分类审核。分类审核的重点内容包括：① 主题分析是否充分；② 主题概念是否归纳准确；③ 选取类目是否恰当；④ 类号组成是否正确；⑤ 同类书是否入类一致；⑥ 是否同书异号。

二、分类标引工作程序与编目工作流程的关系

分类标引是文献编目的重要工作内容。广义上的文献编目包括两大块内容，一是文献著录及检索点的选取；二是分类标引与主题标引。在编目实践工作中，分类标引工作程序既可以独立于编目工作流程，也可以分散于编目工作的各个具体环节。归纳起来，根据图书馆编目部门的岗位设置和编目工作流程，分类标引工作大致有以下几种模式：

1. 设立专门的分类标引人员，将文献著录与分类标引工作完全分开

如图 12-1 所示，新书到馆后，编目人员首先在本地总书目数据库进行查重，复本和已到馆多卷书的其他卷册采用与原文献一致的分类号，新到馆文献则根据有关国家标准进行著录，选取规范检索点后，交给专门的分类标引人员。分类标引人员按照分类标引的工作程序完成分类号、书次号、索书号的标引及审核。此种模式的工作特点是将著录人员与分类人员分开，前者专注于文献内容的客观著录及 MARC 格式的运用，比较容易培训及上手。后者多为专业人员，专注于对文献内容的理解及学科分类体系的把握，有利于提高分类效率。

2. 设立专门的学科分类人员，将不同学科文献进行分开编目

如图 12-2 所示，将工作人员按照学科进行分组，每组人员负责本学科组别文献的分类编目工作。此种工作模式有助于分编人员对特定学科分类体系的深入把握，提高学科文献分类的准确性。

3. 将分类标引完全融入编目工作

图 12-3 是联机编目模式下的编目基本流程图。其中，虚线内的分类标

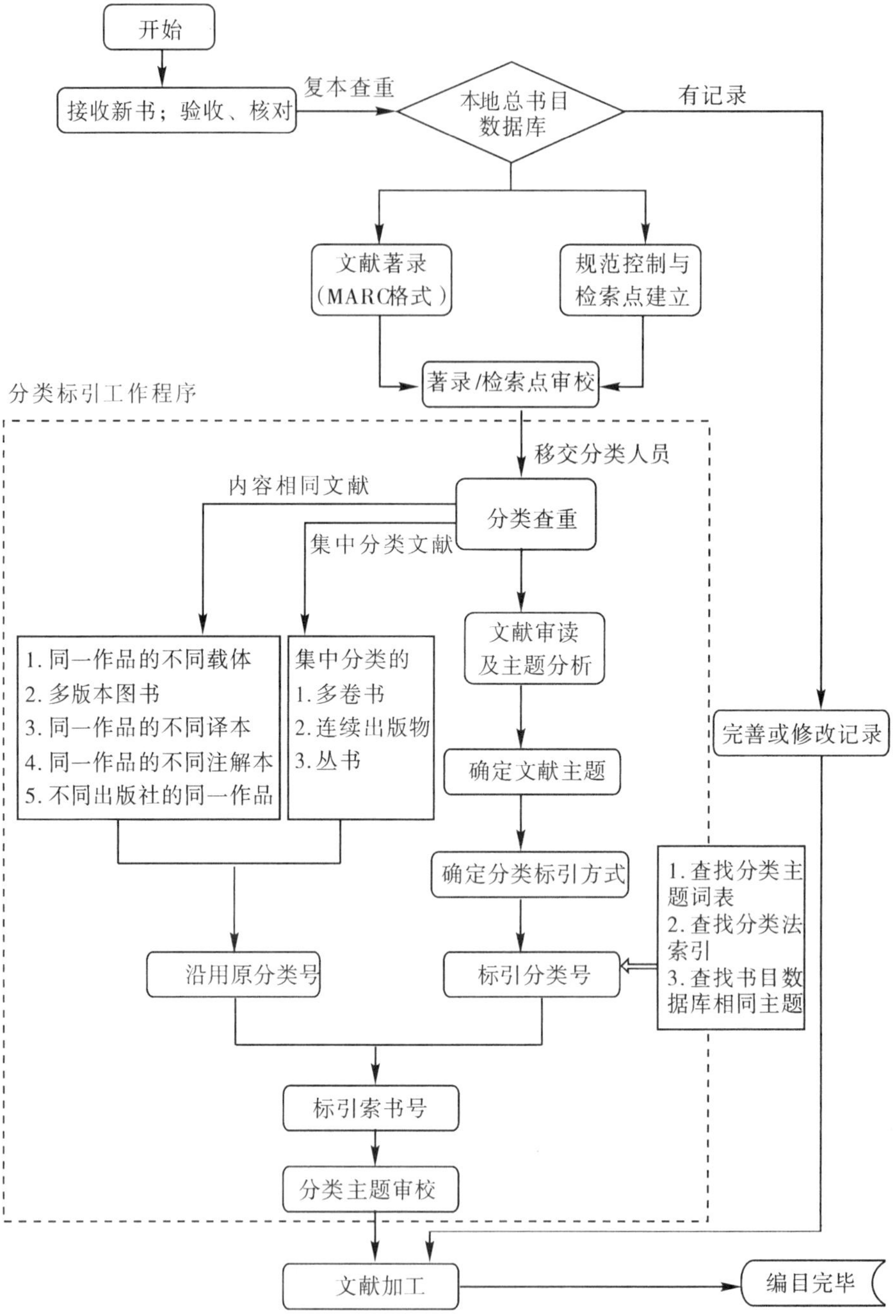

图 12-1　分类标引工作模式一

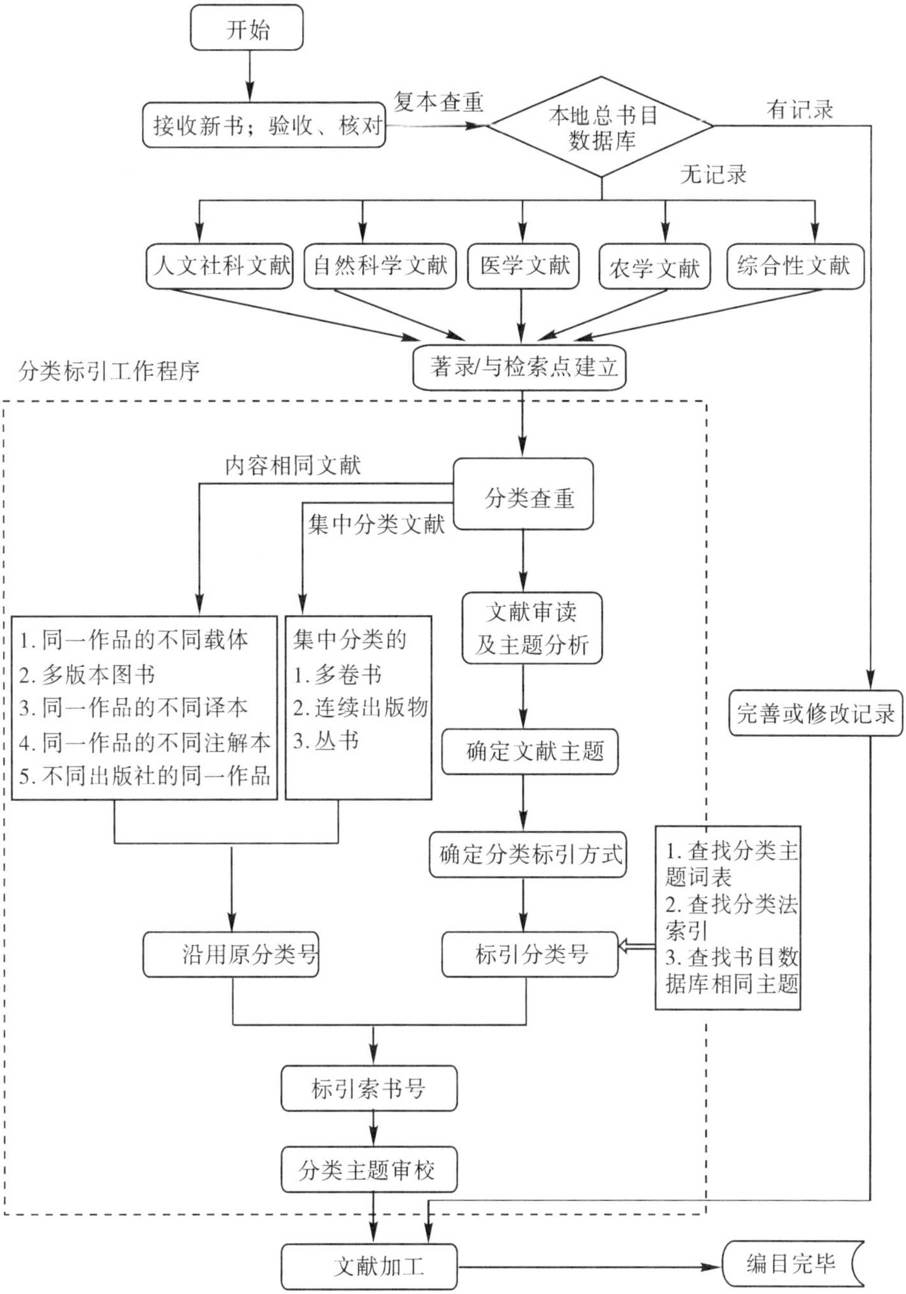

图 12-2　分类标引工作模式二

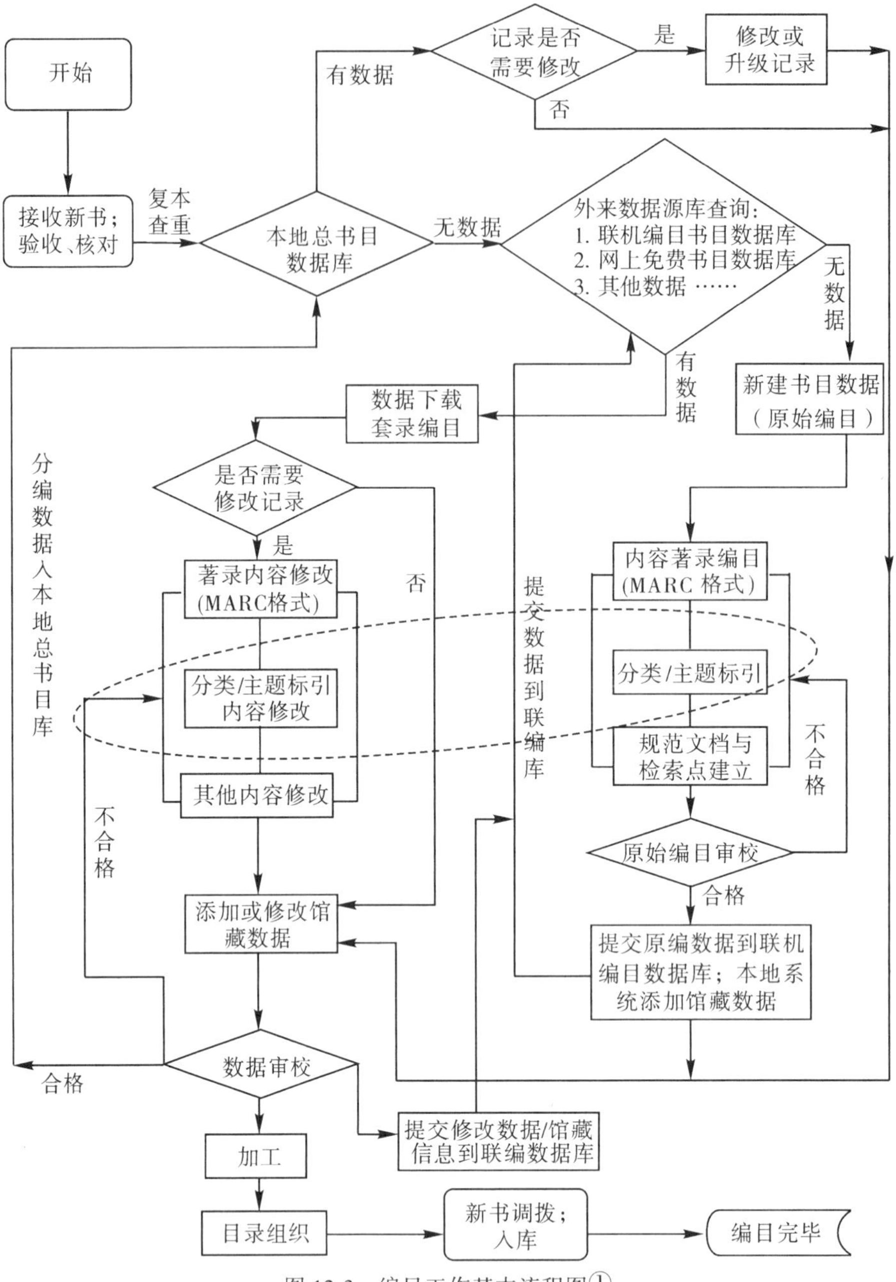

图 12-3　编目工作基本流程图①

① 孙更新. 文献信息编目［M］. 武汉：武汉大学出版社，2006：560.

引工作被分散到套录编目和原始编目工作环节中，这也是目前大多数图书馆采用的做法。

上述三种工作模式不存在孰优孰劣的问题，图书馆在确定本馆分类标引工作时，需根据所收藏文献资源的学科范围、分类人员的专业素质、岗位工作数量等进行综合分析与选择。

第十三章 文献分类标引方法

人们在长期的文献分类标引实践中，积累了丰富的经验，将其条理化、系统化，形成了文献分类标引方法体系，并不断地得到丰富与完善。文献分类标引方法具有相对的稳定性与发展性。本章介绍各种主题、各种类型、各种学科文献的分类标引方法。其中对各种学科文献的分类标引方法，拟从学科分类体系的角度加以介绍。

第一节 单主题文献与多主题文献的分类标引方法

一、单主题文献的分类标引方法

1. 什么是单主题文献

单主题文献是指论述某一事物的文献。那么，如何理解单主题文献中的“单主题”呢？我们知道，文献中一个主题的构成因素有主体因素（指事物及其方面）和限定因素。限定因素主要有通用因素（如理论、方法、进展)、位置因素（如中国、美国、北京)、时间因素（如 20 世纪、1990 年)、类型因素（如年鉴、手册)。从文献分类的角度来说，单主题文献不仅仅是指含一个主体因素的文献，而且还包括既有主体因素，又有一个或若干个限定因素的文献，如《20 世纪中国高等教育的发展》。

2. 单主题文献的分类标引方法要点

(1) 综合论述某一事物的文献，依文献所论述的事物所属学科归类。例如：《美学研究》，入 B83。

(2) 从不同学科角度论述某一事物的文献，依研究它的学科角度归入有关类。例如：《人参的药用价值》，入 R282.71。《人参的栽培技术》，入 S567.5。

（3）论述某一事物某一方面的文献，依文献所论述的事物方面的学科属性归类。例如：《面向创新体系的图书馆科技查新》，入 G252.62。

（4）论述某一事物两个方面的文献，依重点方面归类，必要时为另一方面的内容作互见分类；或归入两者共同的上位类。例如：《拖拉机底盘构造与维修》，依重点内容归类，入 S219.032，互见分类号为 S219.07。《水稻育种与栽培》，归入共同的上位类，分类号为 S511。

（5）论述某一事物三个方面及以上的文献，归入其共同的上位类。如无共同的上位类，依重点方面归类，必要时为其他方面的内容作互见分类。例如：《石英钟的设计、制造与维修》，归入共同上位类，分类号为 TH714.513。

（6）具有位置、时间等各种限定因素的某一事物的文献，先依事物所属学科归类，再依位置、时间等各种限定因素复分。例如：《英国二十世纪文学史》，入 I561.095。

二、多主题文献的分类标引方法

多主题文献是指包括两个或两个以上主题，且各主题之间存在某种关系的文献。这里所说的“某种关系”是指并列关系、从属关系、比较关系、影响关系、因果关系、应用关系等。

1. 并列关系主题文献的分类标引方法

具有并列关系主题的文献，其内容特点是文献所论述的两个或多个主题各自独立，但彼此有一定关联。对于具有并列关系主题的文献，如有共同的、且外延较小的上位类，归入上位类。若无共同的上位类，则依重点主题归类；若不能判定出重点主题，则依第一个主题的学科属性归类，必要时为其他主题作互见分类。例如：《液压与气压传动》，入 TH137，互见分类号为 TH138。

2. 从属关系主题文献的分类标引方法

具有从属关系主题的文献，其内容特点是文献所论述的各主题之间具有属种关系、整体与部分的关系或全面与某一方面的关系。标引文献时，依重点主题归类，如不能判定出重点主题，则依较大主题的学科进行归类，必要时对较小主题取检索分类号。例如：《农业植物与花卉》，依重点主题归类，入 S68。

3. 比较关系主题文献的分类标引方法

具有比较关系主题的文献，其内容特点是对不同思想、学说、学派、观点、人物及其他事物进行比较研究。对这类文献，按重点主题归类，必要时为另一个主题作互见分类；如不能判定出重点主题或是多个主题之间的比较，则归入有关上位类。如分类法中已列有专类者，入专类。例如：《中印渔业法比较研究》，按重点主题归类，入 D922.4，互见分类号为 D935.124。《超级大国——美苏对比》，入专类，分类号为 D503。

4. 影响关系、因果关系主题文献的分类标引方法

影响关系就其实质来说，也是一种因果关系。具有影响关系、因果关系主题的文献，其内容特点是，影响主题与受影响主题、原因主题与结果主题之间存在着相互联系、相互制约，并在一定条件下相互转化的关系。对于这类文献，一般依受影响主题或结果主题归类，必要时为其他主题作互见分类。如受影响主题或结果主题有多个，则依影响主题或原因主题归类，必要时为重点受影响主题或重点结果主题作互见分类。如分类表中已列有专类者，入专类。例如：《中国经济增长及其影响》，归入中国经济增长，入 F124.1。

5. 应用关系主题文献的分类标引方法

具有应用关系主题的文献，一般依应用到的主题归类；如应用到的主题有多个，则依被应用主题归类；如分类表中已列有专类者，入专类。例如：《MATLAB 在射频电路设计中的应用》，归入射频电路设计，入 TN710.602.2。《傅里叶变换应用大全》，介绍了傅里叶变换在各学科中的应用，归入傅里叶变换所属学科，入 O174.22。

第二节 各种类型文献的分类标引方法

一、多卷书与丛书的分类标引方法

1. 多卷书的分类标引方法

多卷书一般依整套书的内容作集中分类标引。如果各分卷有独立的研究内容，且有独立的分卷题名，除作集中分类标引外，还宜作分析分类标引。例如：《建筑工程项目管理》（上、下册），入 TU712.1。《陆贵山论集》，入 C52；第二卷《文艺理论卷》，分析分类号为 I0。

2. 丛书的分类标引方法

（1）集中分类标引。以下几种丛书应集中分类：

① 有一定的编制计划，有总目次或有编号，一次刊行或连续刊行的丛书。例如：《四部丛刊》，入 Z121.5。

② 学科、专业主题较狭窄，或具有专题性，且内容有密切关联的丛书。例如：《中国抗日战争史料丛书》，入 K265-51。《中国建筑史论汇刊》，入

TU-092。

③ 科普性丛书，或为少年儿童编写的丛书。例如：《中华少年科普大视野丛书》，入 N49。

集中分类标引的丛书，除科普性丛书外，还应对其所属的每一种图书作分析分类标引。

（2）分散分类标引。除以上几种类型外，大多数丛书都是采用分散著录和分散分类标引，即按丛书各个分册的学科内容分别编目和归类。例如：《五代十国那些事儿》（《改朝换代那些事儿丛书》），入 K243. 09。

二、工具书的分类标引方法

对于工具书的分类标引，要区分是综合性工具书，还是专科性工具书，并要依据所使用分类法的有关规定。

1. 综合性工具书与专科性工具书的分类标引方法

综合性工具书依其内容，分别归入社会科学总论类、自然科学总论类、综合性图书类中的有关类。专科性工具书按其学科属性归入有关各类，并依文献类型进一步复分。例如：《文史哲百科辞典》，入 C61。《中国烟草年鉴》，入 F426. 89-54。

2. 分类法中规定的工具书的分类标引方法

依所使用分类法的有关规定进行分类，如分类表中列有专类，入专类。如《中图法》规定：“一种语言的词典入各该语言”；“汉语和中国少数民族语言对照的词典均入 H2 有关少数民族语言类”；“汉语和外语对照的词典均入有关外语”；“两种外语对照的词典入前一种外语”；“专科词典、专业术语集，均入各学科”。例如：《德汉大词典》，入 H336。《德汉数学词汇》，入 O1-61；或用组配编号法，分类号为 Z38：O1。

三、期刊与报纸的分类标引方法

期刊的分类一般采用《中国图书馆分类法·期刊分类表》分类，也可采用《中图法》，细分至二、三级类目即可。例如：《中国图书馆学报》，入 G25。

在国内图书馆报纸管理实践中，综合性报纸一般不按其内容进行分类标引和排架，而是依照“地区→报纸名称→年代”、“报纸名称→年代”或者“年代→地区→报纸名称”等进行排架。专业性报纸可采用《中国图书馆分类法·期刊分类表》进行分类标引和排架。例如：《法制晚报》，入 D9。

四、专利文献与标准文献的分类标引方法

1. 专利文献的分类标引方法

专利文献包括专利汇编、专利公报、专项专利等。涉及社会科学、自然科学及工程技术多个学科的专利文献汇编分别归入社会科学总论类、自然科学总论类和工业技术类中的专利类；专项专利及专科专利汇编则根据学科性质各入其类，并依文献类型进一步复分。有关专利研究的文献则依内容性质入有关各类。例如：《实用新型专利公报》，入 T-18。《纯生物纸浆生产工艺专利》，入 TS743-18。《发明和实用新型专利申请文件撰写案例剖析》，入 G306. 3。

2. 标准文献的分类标引方法

标准文献可采用集中分类标引和分散分类标引两种做法。集中分类标引是将所有标准文献集中在一起，按适用范围划分为国际标准、区域性标准、国家标准、部颁标准（行业标准）、地方标准和企业标准；分散分类标引则是将各部门的专门规程与标准依学科性质入有关各类，并在其后加上标准复分号。例如：《中华人民共和国冶金工业部部颁标准 6：金属的物理试验方法》，集中在“T-65 工业规程与标准”类下，入 T-652. 2。《科学技术信息系统标准与使用指南. 第五卷，情报文献工作标准》，依学科性质入 G25-65。

五、非书资料的分类标引方法

非书资料包括声像资料、缩微资料、机读资料、网络资源等非纸介质文献。非书资料的分类标引方法和原则与普通印刷型文献基本一致，按照文献的学科属性进行归类，并根据载体类型进行复分。整体著录的电子数据库则应依据数据库的整体内容对其进行整体分类标引，同时对数据库的构成单元，如电子图书、电子期刊、论文及其他资源按其相应单元进行分析分类标引。例如：《战略决定成败》（DVD），入 F272. 1-794。《固定汇率制度下的汇率理论》（超星学术视频之名师讲坛），入 F830. 73-795。

第三节　各种学科文献的分类标引方法

本节从我国国家标准《学科分类与代码》（GB/T13745—2009）① 中所

① 中国标准化研究院. GB/T13745—2009 学科分类与代码［S］. 北京：中国标准出版社，2009.

列的 5 大门类及其 62 个一级学科的角度，以《中图法》为依据，结合《科图法》，介绍各学科文献的分类标引方法。采用这种做法，是因为《学科分类与代码》的实施，以及在科学研究领域里的应用，人们以学科名称为“入口”，运用《中图法》对各学科文献进行分类与检索，也成为一种可能与需要。应该说明的是，本节所介绍的各学科文献分类标引方法，相对于《中图法》使用手册中关于各大类文献分类方法而言，只是提供从学科分类体系的角度，运用《中图法》的另一途径。要透彻地掌握《中图法》各大类的分类方法，必须要以《中图法》使用手册为指南。

《学科分类与代码》包括 5 大门类、62 个一级学科或学科群、676 个二级学科或学科群、2 382 个三级学科。其中 5 大门类及其次序为自然科学、农业科学、医药科学、工程与技术科学、人文与社会科学。

一、自然科学文献的分类标引方法

《学科分类与代码》在自然科学门类中列出了代码为“110/190”的 9 个一级学科。

1. “110 数学”学科的内容范围与文献分类标引方法要点

本一级学科包括数学史、数理逻辑与数学基础、数论、代数学、代数几何学、几何学、拓扑学、数学分析、非标准分析、函数论、常微分方程、偏微分方程、动力系统、积分方程、泛函分析、计算数学、概率论、数理统计学、应用统计数学、运筹学、组合数学、离散数学、模糊数学、计算机数学、应用数学、数学其他学科等 26 个二级学科。

本学科文献除计算机数学外，均可归入《中图法》“O1 数学”及《科图法》“51 数学”类。

① 关于数学史、数学基础及数学分支学科文献的分类。论述数学一般理论的文献归入 O1-0；数学史方面的文献归入 O11，并依国家细分；数理逻辑及数学基础方面的文献归入 O14 有关各类；数学分支学科文献根据其研究内容归入 O15/O24 有关各类。例如：《问题解决的数学模型方法》，入 O141. 4；51. 33。

（说明：本节中各例的分类号依次为《中图法》（第 5 版）和《科图法》（第 3 版）的分类号）

② 关于应用数学文献的分类。凡将数学原理应用于特定学科的文献，依学科性质归入应用到的类。有专类的入专类，无专类的入应用到的具体学科类目。总论数学应用的文献，归入 O29。例如：《生物数学引论》，入 Q-332；58. 1057。

③ 关于计算机数学方面的文献归入 TP3 计算机类中的算法理论。例如:《计算机数学基础》, 入 TP301.6; 73.914。

2. "120 信息科学与系统科学" 的内容范围与文献分类标引方法要点

本一级学科包括信息科学与系统科学基础学科、系统学、控制理论、系统评估与可行性分析、系统工程方法论、信息科学与系统科学其他学科等 6 个二级学科。

本学科在文献分类法中没有完全对应的类目, 其学科文献及相关文献, 分别归入《中图法》的 "O23 控制论、信息论 (数学理论)"、"N94 系统科学" 及《科图法》与之相对应的 "51.92/94" 有关各类。

① 关于信息科学与系统科学基础科学文献的分类。信息论、控制论的总论性文献及其数学理论文献分别归入 O236 和 O231 有关各类; 其应用方面的文献则各入有关学科; 系统论方面的文献归入 N94 有关类。例如:《非线性随机控制系统》, 入 O231.2; 51.937。

② 关于系统学、系统工程方法论方面的文献分别归入 N941、N945, 系统评估与可行性分析方面的文献归入 N945.16 和 N945.17。

3. "130 力学" 学科的内容范围与文献分类标引方法要点

本一级学科包括基础力学、固体力学、振动与波、流体力学、流变学、爆炸力学、物理力学、生物力学、统计力学、应用力学、力学其他学科等 11 个二级学科。

本学科文献除生物力学和统计力学以外, 均可归入《中图法》"O3 力学" 和《科图法》的 "52 力学" 有关各类。

① 关于基础力学和专门力学文献的分类。基础力学也称为理论力学, 除个别三级学科外, 大部分可归入 "O31 理论力学" 有关各类, 各种专门力学分别归入 O32/38 有关各类。例如:《多介质流体动力学计算方法》, 入 O351.2; 52.712。

② 关于生物力学、统计力学和应用力学文献的分类。生物力学和统计力学是典型的力学应用到其他学科后形成的分支学科, 分别归入 Q66 和 O414.2 类。总论应用力学的文献入 O39; 其他应用力学均根据应用到的学科性质各入其类。例如:《生物动力学模型与计算机仿真》, 入 Q66; O414.2。

4. "140 物理学" 学科的内容范围与文献分类标引方法要点

本一级学科包括物理学史、理论物理学、声学、热学、光学、电磁学、无线电物理、电子物理学、凝聚态物理学、等离子体物理学、原子分子物理学、原子核物理学、高能物理学、计算物理学、应用物理学、物理学其他学科等 16 个二级学科。

本学科文献均可入《中图法》“O4 物理学”和《科图法》的“53 物理学”有关各类。

① 关于物理学史、理论物理学和计算物理学文献的分类。论述物理学一般理论的文献归入 O4-0；物理学史方面的文献归入 O4-09，并依国家细分；理论物理学是物理学各分支学科的理论基础，其文献入 O41 有关各类；计算物理学入 O411 类。例如：《从奇点到虫洞：广义相对论专题选讲》，入 O412. 1；53. 333。

② 关于物理学各分支学科的文献归入 O42/57 有关各类。例如：《低能及中高能原子核物理学》，入 O571；53. 83。

③ 关于应用物理学文献的分类。总论应用物理学的文献归入 O59，专论物理学在各方面的应用入有关各类。例如：《建筑声学设计》，入 TU112. 4；86. 1035。

5.“150 化学”学科的内容范围与文献分类标引方法要点

本一级学科包括化学史、无机化学、有机化学、分析化学、物理化学、化学物理学、高分子物理、高分子化学、核化学、应用化学、化学生物学、材料化学、化学其他学科等 13 个二级学科。

本学科文献除化学生物学与材料化学外，均可归入《中图法》“O6 化学”和《科图法》“54 化学”有关各类。

① 关于化学理论和化学史文献的分类。论述化学一般原理与方法的文献归入 O6-0 有关各类；化学史归入 O6-09，并依国家细分。例如：《化学方程式配平技巧》，入 O6-041；54. 17。

② 关于无机化学、有机化学、物理化学、化学物理学、高分子物理、高分子化学、核化学文献分别归入 O61/64 有关各类。归类时要注意化学文献与化学工业文献的区分，凡有关化学元素、化合物的性质、化学反应原理等方面的文献入化学类；凡有关各种化学元素、化合物的化工过程、生产工艺、化工产品的文献入化学工业类。例如：《氟化硼及其化合物：有机化学中的催化剂》，入 O613. 41；54. 4171。《氟化合物制备及应用》，入 TQ124. 3；81. 243。

③ 关于分析化学文献的分类。总论无机物和有机物分析方法的文献入分析化学有关各类，关于某一种元素和化合物的分析方法的文献入无机和有机化学有关各类。例如：《定量分析化学实验》，入 O655-33；54. 63057。《钚的分析化学》，入 O614. 35；54. 2953。

④ 关于应用化学文献的分类。总论应用化学的文献归入 O69，具体应

用入有关各类，如化学生物学入 Q5，材料化学入 TB3，天体化学入 P148。

6.“160 天文学”学科的内容范围与文献分类标引方法要点

本一级学科包括天文学史、天体力学、天体物理学、宇宙化学、天体测量学、射电天文学、空间天文学、天体演化学、星系与宇宙学、恒星与银河系、太阳与太阳系、天体生物学、天文地球动力学、时间测量学、天文学其他学科等 15 个二级学科。

本学科文献除天体生物学外，均可归入《中图法》“P1 天文学”及《科图法》“55 天文学”有关各类。

① 关于天体力学、天体物理学、宇宙化学、天体测量学、天体演化学、时间测量学等方面的文献，归入 P11/148 有关各类。例如：《等高方法及其在基本天体测量中的应用》入 P124；55. 15。

② 关于射电天文学和空间天文学的文献，归入 P16/17 有关各类。例如：《太阳射电爆发的统计研究》，入 P162. 11；55. 741。

③ 关于星系与宇宙学、恒星与银河系、太阳与太阳系等研究特定天体对象的文献，归入 P15、P18 各有关天体类目；天文地球动力学文献归入“P183 地球”有关类目。

④ 天体生物学文献归入“Q693 空间（宇宙）生物学”。

7.“170 地球科学”的内容范围与文献分类标引方法要点

本一级学科包括地球科学史、大气科学、固体地球物理学、空间物理学、地球化学、大地测量学、地图学、地理学、地质学、水文学、海洋科学、地球科学其他学科等 12 个二级学科。

本学科文献除地理学有关分支学科以外，其他均可归入《中图法》“P2/9”地球科学和《科图法》“56 地球科学（地学）”有关类目。

① 关于地球科学史、固体地球物理学、空间物理学、地球化学、水文学等方面的文献，均可归入“P3 地球物理学”有关各类。例如：《地磁及电离层电波传播》，入 P318，互见分类号为 P352. 3。

② 关于大气科学、地质学、海洋科学等方面的文献，分别归入 P4/7 有关各类。例如：《变质构造岩的构造分析》，入 P588. 3；56. 763。

③ 关于大地测量学和地图学文献的分类。大地测量学归入 P22；地图学的一般理论及方法入 P28 地图制图学（地图学）；各种类型地图根据学科性质各入其类。例如：《中国气候资源地图集》，入 P469. 2；56. 4572。

④ 关于地理学文献的分类。自然地理学和区域地理学入 P9 有关各类；人文地理学、部门自然地理学则根据其学科性质各入其类。例如：《地理学与地理学家 ：1945 年以来的英美人文地理学》，入 K901；57. 16。

8.“180 生物学”学科的内容范围与文献分类标引方法要点

本一级学科包括生物数学、生物物理学、生物化学、细胞生物学、免疫学、生理学、发育生物学、遗传学、放射生物学、分子生物学、专题生物学研究、生物进化论、生态学、神经生物学、植物学、昆虫学、动物学、微生物学、病毒学、人类学、生物学其他学科等 21 个二级学科。

本学科文献基本上可归入《中图法》“Q 生物科学”和《科图法》“58 生物科学”有关各类。

① 关于生物数学、生物进化论、生态学、发育生物学、细胞生物学、遗传学、生理学、生物化学、生物物理学、放射生物学、分子生物学文献的分类。生物数学文献归入 Q-332；生物进化论、生态学、发育生物学都隶属于普通生物学，其文献归入 Q1 有关各类，其他方面的文献分别归入 Q2/7 有关各类。例如：《必需氨基酸的生物合成研究》，入 Q517；58. 174214。

② 关于专题生物学研究文献的分类。总论水生生物学、保护生物学、计算生物学的文献分别归入 Q17、Q16、Q-3 有关各类，专论各种具体生物的文献各入其类。例如：《淡水浮游生物图谱》，入 Q178. 51-64；58. 4481。《盐生杜氏藻研究》，入 Q949. 21；58. 87211。

③ 关于神经生物学文献的分类。总论神经科学的文献入 Q189，其分支学科，如神经生物化学、神经生理学等则各入其类。例如：《视觉神经生理学》，入 Q429；59. 595

④ 关于植物学、昆虫学、动物学、微生物学、病毒学、人类学等方面的文献，分别归入 Q91/98 有关各类。例如：《探秘人类起源之谜》入 Q981. 1；59. 31。

9.“190 心理学”学科的内容范围与文献分类标引方法要点

本一级学科包括心理学史、认知心理学、社会心理学、实验心理学、发展心理学、医学心理学、人格心理学、临床与咨询心理学、心理测量、心理统计、生理心理学、工业心理学、管理心理学、应用心理学、教育心理学、法制心理学、心理学其他学科等 17 个二级学科。

本学科文献除各种应用心理学外，其他均可归入《中图法》“B84 心理学”；《科图法》则在“59. 8 心理学”中集中编列了除教育心理学与心理治疗法以外的其他心理学相关类目。

① 关于普通心理学文献的分类。心理学的理论及学派方面的文献归入 B84-0，论述实验心理学、心理测量、心理统计等心理学研究方法的文献归入 B841；有关认知心理学、发展心理学、人格心理学、生理心理学的文献分类别归入 B842/B848 有关各类。例如：《实用心理测验与评估》，入

B841.7；59.8054。

② 关于心理咨询和心理辅导文献的分类。总论心理咨询和心理辅导的文献入 B849.1，不同人群、不同环境和不同方式的心理咨询与辅导各入其类。例如：《中老年心理保健咨询》，入 B844.4；59.828。

③ 关于应用心理学文献的分类。总论应用心理学的文献归入 B849；专论心理学在某一方面的应用的著作入有关各类。例如：《奇妙的群体心理学：解读社会事件背后的心理密码》，入 C912.64；59.883。

二、农业科学文献的分类标引方法

《学科分类与代码》在农业科学门类中列出了代码为“210/240”的 4 个一级学科。

1.“210 农学”学科的内容范围与文献分类标引方法要点

本一级学科包括农业史、农业基础学科、农艺学、园艺学、农产品贮藏与加工、土壤学、植物保护学、农学其他学科等 8 个二级学科。

本学科文献均可归入《中图法》“S 农业科学”大类中的“S1/6”及《科图法》“65 农业科学”大类中的 65/67 有关各类。

① 关于农业史、农业基础学科、园艺学、土壤学、植物保护学等方面的文献，分别归入 S-09、S1、S6、S15 和 S4 有关各类。例如：《水稻螟虫防治五十问》，入 S435.112；65.8411。

② 关于农艺学文献的分类。一般作物栽培学和农学基础理论文献入 S3 有关各类，各种农作物栽培方面的文献入 S5 有关各类。例如：《作物抗旱节水的生理遗传育种基础》，入 S332.4；65.6224。《水稻基因设计育种》，入 S511.032；66.142。

③ 关于农产品贮藏与加工文献的分类。总论农产品或论述多种农产品的贮藏与加工的文献入 S37，专论某种农产品贮藏与加工的文献入有关各类。例如：《水果 蔬菜 食用菌 花卉贮藏保鲜与冷藏技术》，入 S379.2；65.6952。《花生贮藏与加工新技术》，入 S565.209；66.7509。

2.“220 林学”学科的内容范围与文献分类标引方法要点

本一级学科包括林业基础学科、林木遗传育种学、森林培育学、森林经理学、森林保护学、野生动物保护与管理、防护林学、经济林学、园林学、林业工程、森林统计学、林业经济学、林学其他学科等 13 个二级学科。

本学科文献，除野生动物保护与管理、园林学、林业经济学外，均可归入《中图法》“S7 林业”和《科图法》“68 林业、林业科学”有关各类。

① 关于林业基础学科、林木遗传育种学、森林培育学、森林经理学、

森林保护学、森林统计学等方面的文献，分别归入 S71/76 有关各类。例如：《林木种质资源保育及利用》，入 S722，68. 42。

② 关于保护林学和经济林学的文献分别归入 S727. 2 和 S727. 3 有关各类，并可依专类复分表进一步细分。例如：《风沙区生态防护林营造研究与示范推广技术指南》，入 S727. 23；68. 56。

③ 关于林业工程文献的分类。论述森林工程、林业机械、森林采用等方面的总论与专论性文献均可归入 S77/78 有关各类。例如：《森林苗圃工具》，入 S776. 24；68. 371。

④ 关于野生动物保护与管理、园林学、林业经济学等方面的文献，分别归入 S86、TU986 和 F316. 2 有关各类。其中，论述各国林业经济的文献应归入各国农业经济类目下农业部门经济的“林业”类。例如：《园林规划与景观设计》，入 TU986；86. 621。《国外林业经营管理现状》，入 F316. 21；29. 377。

3.“230 畜牧、兽医科学”的内容范围与文献分类标引方法要点

本一级学科包括畜牧、兽医科学基础学科、畜牧学、兽医学、畜牧、兽医科学其他学科等 4 个二级学科。

本学科文献均可归入《中图法》“S8 畜牧、动物医学、狩猎、蚕、蜂”和与其内容性质基本相同的《科图法》“69. 1/. 6”有关各类。

① 关于畜牧、兽医科学基础学科文献的分类。有关家畜生物化学、家畜生理学、家畜微生物学的文献归入“S84 动物医学（兽医学）”有关各类，其他基础学科文献可归入 S811 和 S813 有关各类。

② 关于畜牧学文献的分类。总体论述家畜、家禽及其他养殖类的一般理论与方法的文献入 S811，论述各种家畜、家禽、蚕、蜂等的养殖入有关各类。例如：《鸡饲料科学配制与应用》，入 S831. 5；69. 1815。

4.“240 水产学”学科的内容范围与文献分类标引方法要点

本一级学科包括水产学基础学科、水产增殖学、水产养殖学、水产饲料学、水产保护学、捕捞学、水产品贮藏与加工、水产工程学、水产资源学、水产经济学、水产学其他学科等 11 个二级学科。

本学科文献除水产经济学外，均可归入《中图法》“S9 水产、渔业”及《科图法》“69. 7 水产、渔业”有关各类。

① 关于水产学基础学科、水产保护学、捕捞学、水产品贮藏与加工、水产工程学、水产资源学等方面的文献，分别归入 S91、S94、S97、S98、S95、S96 有关各类。例如：《捕鱼机械概论》，入 S972. 6；69. 722。

② 关于水产增殖学、水产养殖学和水产饲料学文献的分类。总论水产

养殖的繁殖、育种、养殖方式及饲料营养等方面的文献分别归入 S961/964 有关各类；专论各种水产养殖的繁殖、育种、养殖方式及饲料营养等方面的文献归入 S965/968 有关各类，并依照总论性类目进行仿分。例如：《养鱼安全越冬方法》，入 S961.7；69.7353。《海水鱼类繁殖生物学和人工繁育》，入 S965.301.2；69.739。

③ 关于水产经济学文献归入“F316.4 渔业、水产业”及各国农业部门经济的“渔业、水产业”类。例如：《全球渔业补贴与 WTO：新规范的挑战》，入 F316.4；29.3787。

三、医药科学文献的分类标引方法

《学科分类与代码》在医药科学门类中列出了代码为“310/360”的 6 个一级学科。

1.“310 基础医学”学科的内容范围与文献分类标引方法要点

本一级学科包括医学史、医学生物化学、人体解剖学、医学细胞生物学、人体生理学、人体组织胚胎学、医学遗传学、放射医学、人体免疫学、医学寄生虫学、医学微生物学、病理学、药理学、医学实验动物学、医学统计学、基础医学其他学科等 16 个二级学科。

本学科文献绝大多数可归入《中图法》“R3 基础医学”及《科图法》“61 医学、卫生”大类下“61.5/.6”有关各类。

① 关于医学史和医学实验动物学文献的分类。医学史方面的文献归入 R-09，并依世界地区表分；中国少数民族医学史归入“R29 中国少数民族医学”。医学实验动物学方面的文献归入 R-332。例如：《从体液论到医学科学：美国医学的演进历程》，入 R-097.12；61.04563。

② 关于医学生物化学和医学统计学文献的分类。前者归入 Q5，后者归入 R311。

③ 关于人体解剖学、医学细胞生物学、人体生理学、人体组织胚胎学等方面的文献分别归入 R32 和 R33 有关各类。例如：《人体解剖与组织胚胎学》，入 R322；59.42。互见分类号为 R329.1；59.41。

④ 关于医学遗传学、人体免疫学、医学寄生虫学、医学微生物学、病理学文献的分类。论述这些分支学科一般理论的文献分别归入 R36/395 有关各类，论述各种疾病的免疫、病理方面的文献入 R4/8 有关各类。例如：《复杂疾病的遗传咨询》，入 R394；63.141。

⑤ 关于放射医学和药理学文献的分类。放射医学方面的文献归入 R81 有关各类；总论药理学的文献入 R96，各种药品的药理入 R97 有关各类。例

如:《常用药物的化学结构与系统命名》，入 R962；63. 315。

2.“320 临床医学”学科的内容范围与文献分类标引方法要点

本一级学科包括临床诊断学、保健医学、理疗学、麻醉学、内科学、外科学、妇产科学、儿科学、眼科学、耳鼻咽喉科学、口腔医学、皮肤病学、性医学、神经病学、精神病学、重症医学、急症医学、核医学、全科医学、肿瘤学、护理学、临床医学其他学科等 22 个二级学科。

本学科文献除保健医学和核医学外，均可归入《中图法》“R 医药、卫生”大类中的“R4/79”和《科图法》与其内容性质基本相同的“63/64. 8”有关各类。

① 关于临床诊断学、理疗学、重症医学、急症医学、全科医学、护理学文献的分类。总论性文献均可归入 R4 有关各类，专论某种疾病的诊断、治疗、康复等入分别入 R5/8 临床各科。有关护理学一般基础及各科护理学的文献均入 R47 有关各类，中医护理及军队护理分别归入中医学和军事医学有关专类。例如:《现代实用急诊医学及临床应用》，入 R459. 7。《野战护理学》，入 R823；64. 922。

② 关于内科学、外科学、妇产科学、儿科学、眼科学、耳鼻咽喉科学、口腔医学、皮肤病学、性医学、神经病学、精神病学、肿瘤学等临床各科文献的分类。一般情况下，这些方面的文献先归入 R5/8 有关疾病类，再依据临床医学专类复分表分。例如:《急性心肌梗塞临床处置策略》，入 R542. 2；63. 9152。

③ 关于保健医学和核医学文献的分类。论述一般保健法及中青年、老年保健方面的文献入 R161 有关各类；论述妇幼保健的文献入 R17 有关各类。有关核医学的文献入 R81 有关各类。例如:《老年人保健养生服务指南》，入 R161. 7；61. 11718。

3.“330 预防医学与公共卫生学”学科的内容范围与文献分类标引方法要点

本一级学科包括营养学、毒理学、消毒学、流行病学、媒介生物控制学、环境医学、职业病学、地方病学、热带医学、社会医学、卫生检验学、食品卫生学、少儿与学校卫生学、妇幼卫生学、环境卫生学、劳动卫生学、放射卫生学、卫生工程学、卫生经济学、卫生统计学、优生学、健康促进与健康教育学、卫生管理学、预防医学与公共卫生学其他学科等 24 个二级学科。

本学科文献均可归入《中图法》“R1 预防医学、卫生学”和《科图法》与其内容性质基本相同的“61. 1/. 2”有关各类。

① 关于社会医学、卫生经济学、卫生检验学等卫生基础科学的文献入 R1/R11 有关各类。例如:《医疗产业的经济分析》,入 R1-9。

② 关于卫生学各分支学科的文献入 R12/R19 有关各类,如环境医学、环境卫生入 R12,职业病学、劳动卫生学入 R13,营养学入 R15,妇幼卫生学入 R17,流行病学、消毒学入 R18。例如:《气候变化与健康:风险与应对》,入 R122;61.1113。

③ 关于地方病学和热带医学文献的分类。总论地方病学、热带医学及其预防的文献入 R188 有关各类,论述地方病、热带病、寒带病等的治疗及兼论预防的文献入 R599 有关各类,各种地方病按发病类型、发病部位或器官分入有关各类。例如:《登革热防治手册》,入 R512.8;63.8637。

4.“340 军事医学与特种医学”学科的内容范围与文献分类标引方法要点

本一级学科包括军事医学、特种医学、军事医学与特种医学其他学科等 3 个二级学科。

本学科文献绝大多数可归入《中图法》“R8 特种医学”及《科图法》“64.9 特种医学”有关各类。

① 有关军事医学文献的分类。总论军事医学各分支学科及各科疾病的文献均可归入 R82 有关各类。例如:《武警卫生统计学》,入 R821.3;64.921。

② 有关特种医学文献的分类。论述航空航天医学、潜水医学、航海医学、运动医学的文献入 R83/87 有关各类,法医学文献入法律类 D919 有关类目。例如:《潜水生理学和潜水医学》,入 R84;87.5987。《人体损伤程度鉴定标准理解与适用》,入 D919.4;64.914。

5.“350 药学”学科的内容范围与文献分类标引方法要点

本一级学科包括药物化学、生物药物学、微生物药物学、放射性药物学、药剂学、药效学、药物管理学、药物统计学、药学其他学科等 9 个二级学科。

本学科文献均可归入《中图法》“R9 药学”和《科图法》“63.3 药物学”有关各类。

① 关于药物化学、药剂学、药物管理学和药物统计学等方面的文献,分别归入 R914、R94、R95 和 R911 有关各类。例如:《有机药物合成中的逆合成分析方法》入 R914.5;63.326。

② 关于药效学文献的分类。总论药效学一般理论的文献入 R96 有关各类,论述各种药物药效的文献入“R97 药品”,论述各种药物的临床应用入有关各科。例如:《临床药效动力学》,入 R969.1;63.311。

6. “360 中医学与中药学”学科的内容范围与文献分类标引方法要点

本一级学科包括中医学、民族医学、中西医结合医学、中药学、中医学与中药学其他学科等 5 个二级学科。

本学科文献均可归入《中图法》“R2 中国医学”和《科图法》“62 中医、中药学”有关各类。

① 关于中医学文献的分类。总论中国医学理论的文献入 R2-0，论述中医基础理论的文献入 R22，专论入中医学各科。例如：《内经知要述义》，入 R221. 09；62. 11。《伤寒标本心法类萃》，入 R254. 1；62. 41。

② 民族医学和中药学的文献分别归 R29、R28/289 有关各类。例如：《基础藏药炮制学》，入 R291. 408；66. 98214。《常用中药饮片性状鉴别》，入 R282. 5；62. 364。

③ 关于中西医结合医学文献的分类。总论中西医结合理论的文献入 R2-031；专论入中医有关各类；中西医结合治疗各种疾病的文献入 R4/78 临床各科。例如：《中西医结合皮肤病治疗学》，入 R751；64. 21。

四、工程与技术科学文献的分类标引方法

《学科分类与代码》在工程与技术科学门类中列出了代码为“410/630”的 24 个一级学科。

1. “410 工程与技术科学基础学科”的内容范围与文献分类标引方法要点

本一级学科包括工程数学、工程控制论、工程力学、工程物理学、工程地质学、工程水文学、工程仿生学、工程心理学、标准科学技术、计量学、工程图学、勘查技术、工程通用技术、工业工程学、工程与技术科学基础学科其他学科等 15 个二级学科。

本学科文献除工程地质学、工程水文学外，绝大多数可归入《中图法》“TB 一般工业技术”和《科图法》“71 工程技术”有关各类。

① 关于工程数学、工程控制论、工程力学、工程物理学、工程仿生学、工程心理学等方面的文献，均可归入“TB1 工程基础科学”有关各类，论述其在各种工程技术上的应用入有关各类。例如：《工程动力学》，入 TB122；71. 2122。《工程机械动力学》，入 TH113；78. 113。

② 关于计量学、工程图学、工程通用技术、工业工程学文献的分类。总论这些方面的文献分别归入 TB9、TB23、TB4、TB 等有关各类，论述其在某种工业技术部门、某种工程，或某种产品上的应用入有关各类。例如：《爆破安全与测试技术》，入 TB41；71. 31。《煤矿爆破地震效应对巷道稳定

性影响及控制研究》，入 TD235；74.672。

③ 关于勘察技术文献的分类。论述工程地质勘测、水文地质勘测的文献入 P64 有关各类；论述建筑勘测的文献入 TU19 有关各类；论述地基基础勘测的文献入 TU4 有关各类；论述各种道路勘测的文献入 U 有关各类。例如：《岩土工程勘察文件技术审查要点》，入 TU412；86.1112。《欧洲高速公路勘察设计技术与管理》，入 U412.36；87.312。

④ 关于工程地质学和工程水文学的文献分别归入 P642 和 TV12 有关各类。例如：《地埋线性工程地质灾害防治调查评价方法研究》，入 P642.2；71.2163。《溃坝洪水波计算》入 TV122；86.8212。

2.“413 信息与系统科学相关工程与技术”的内容范围与文献分类标引方法要点

本一级学科包括控制科学与技术、仿真科学技术、信息安全技术、信息技术系统性应用、信息与系统科学相关工程与技术其他学科等 5 个二级学科。

本学科文献分别归入《中图法》的“TP 自动化技术、计算机技术”、“P2 测绘学”及《科图法》的“73.9 计算机科学技术”、“56.1 测绘学”中的有关类目。

① 关于控制科学与技术文献的分类。总论自动控制理论的文献入 TP13；专论各种控制技术及自动控制在各方面应用的文献入有关各类，如导航制导与控制入 TN96；机电一体化技术入 TH-39；自动化技术及设备入 TP2，自动化系统入 TP27 等。

② 关于仿真科学技术文献的分类。总论仿真技术及计算机仿真的文献入 TP391.9 有关各类；自动仿真理论的文献入 TP15；系统仿真的文献入 N945.13；仿真技术在各方面的应用各入其类。例如：《系统建模与计算机仿真》，入 TP391.92；73.824。

③ 关于信息安全技术文献的分类。论述计算机设备安全、数据安全、病毒、加密与解密方面的文献归入 TP309 有关各类；论述网络安全和软件安全的文献分别归入 TP393.08 和 TP311.52 有关各类。例如：《拯救数字信息：数据安全存储与读取策略研究》，入 TP309.2；73.9252。《Forefront TMG 2010 防火墙配置与管理指南》，入 TP393.082；73.97。

④ 关于信息技术系统性应用文献的分类。总论地理信息系统和全球定位系统的文献分别归入 P208.2 和 P228.4，论述其在各方面应用的文献各入其类。例如：《全球定位系统（GPS）测量原理及应用》，入 P228.4；56.1374。

《基于 GIS 和 GPS 的公交车辆运行监控系统》入 U491.1；87.3912。

3.“416 自然科学相关工程与技术”学科的内容范围与文献分类标引方法要点

本一级学科包括物理学相关工程与技术、光学工程、海洋工程与技术、生物工程、农业工程、生物医学工程学等 6 个二级学科。

本学科文献，均为自然科学理论应用到工业技术领域产生的新的工程技术文献，在《中图法》和《科图法》中分别归入应用到的学科类目。

① 关于物理学相关工程与技术文献的分类。目前物理学相关工程与技术学科下仅列出了同步辐射及实验技术，归入 TL56 有关各类。例如：《同步辐射 X 射线应用技术基础》，入 TL5；72.33。

② 关于光学工程、海洋工程与技术、生物工程、农业工程、生物医学工程学等方面的文献，分别归入 TB133、P75、Q81、S2 和 R318 有关类。例如：《海岸及近海工程》，入 P753；56.3921。互见分类号为 P751；56.3922。

4.“420 测绘科学技术”学科的内容范围与文献分类标引方法要点

本一级学科包括大地测量技术、摄影测量与遥感技术、地图制图技术、工程测量技术、海洋测绘、测绘仪器、测绘科学技术其他学科等 7 个二级学科。

本学科文献除工程测量外，其余的均可归入《中图法》“P2 测绘学”及《科图法》“56.1 测绘学”有关各类。

① 关于大地测量技术、摄影测量与遥感技术、地图制图技术、海洋测绘、测绘仪器等方面的文献，可分别归入 P22、P23、P28、P229、P204 有关类。例如：《测绘仪器使用与检测》，入 P204；56.18。

② 关于工程测量技术文献的分类。总论工程测量技术的文献入 TB22，专论某专项工程测量的文献入有关各类。例如：《工程测量实用教程》，入 TB22-43；71.26。《建筑工程施工测量》，入 TU198；86.127。

5.“430 材料科学”的内容范围与文献分类标引方法要点

本一级学科包括材料科学基础学科、材料表面与界面、材料失效与保护、材料检测与分析技术、材料试验、材料合成与加工工艺、金属材料、无机非金属材料、有机高分子材料、复合材料、生物材料、纳米材料、材料科学其他学科等 13 个二级学科。

本学科文献均可归入《中图法》“TB3 工程材料学”和《科图法》“71.22 工程材料”有关各类。

① 关于材料科学基础学科、材料表面与界面、材料失效与保护、材料检测与分析技术、材料试验、材料合成与加工工艺等方面文献的分类。凡总

论材料科学及其一般性问题的文献均可归入 TB30 有关各类；专论某种材料的某一方面，以及在某方面、某工程、某产品应用的文献，入各有关学科。例如：《材料的生物腐蚀与保护》，入 TB304；71.22198。《金属腐蚀与防护实验》，入 TG17；77.82。

② 关于金属材料、无机非金属材料、有机高分子材料、复合材料、生物材料、纳米材料等方面文献的分类。凡总论各类工程材料的文献可分别归入 TB32/39 各种材料，并可仿 TB30 细分。专论某种材料的某一方面，以及在某方面、某工程、某产品应用的文献，入各有关学科。例如：《纳米材料及其制备技术》，入 TB383；71.2289。

6. "440 矿山工程技术" 学科的内容范围与文献分类标引方法要点

本一级学科包括矿山地质学、矿山测量、矿山设计、矿山地面工程、井巷工程、采矿工程、选矿工程、钻井工程、油气田井开发工程、石油和天然气储存与运输工程、矿山机械工程、矿山电气工程、采矿环境工程、矿山安全、矿山综合利用工程、矿山工程技术其他学科等 16 个二级学科。

本学科文献均可归入《中图法》"TD 矿业工程"、"TE 石油、天然气工业" 及《科图法》的 "74 矿业工程"、"81.7 石油及天然气工业" 有关各类。

① 关于矿山地质学、矿山测量、矿山设计、矿山地面工程、井巷工程、选矿工程、矿山机械工程、矿山电气工程、采矿环境工程、矿山安全、矿山综合利用工程等方面的文献，可分别归入 TD 有关各类。例如：《矿井瓦斯防治》，入 TD712；74.13313。

② 关于钻井工程、油气田井开发工程、石油、天然气储存与运输工程等方面的文献，可分别归入 TE 有关各类。例如：《油田开发规划与优化决策方法》，入 TE32；74.71。

7. "450 冶金工程技术" 学科的内容范围与文献分类标引方法要点

本一级学科包括冶金物理化学、冶金反应工程、冶金原料与预处理、冶金热能工程、冶金技术、钢铁冶金、有色金属冶金、轧制、冶金机械及自动化、冶金工程技术其他学科等 10 个二级学科。

本学科文献均可归入《中图法》"TF 冶金工业"、"TG 金属学与金属工艺" 及《科图法》"76 冶金学"、"77 金属工艺、金属加工" 有关各类。

① 关于冶金物理化学、冶金反应工程、冶金原料与预处理、冶金热能工程、冶金技术等方面文献的分类。凡论述冶金一般性问题和冶金技术的总论性文献归入 TF0/1 有关各类；有关各种金属的冶炼原理和冶金技术的文献归入有关金属冶炼。例如：《萃取冶金原理与实践》，入 TF111.3；76.118。

② 关于钢铁冶金、有色金属冶金、轧制等方面的文献，分别归入TF4/79、TF8、TG33 有关各类。例如：《小高炉炼铁技术》，入 TF561；76. 217。

8.“460 机械工程”学科的内容范围与文献分类标引方法要点

本一级学科包括机械史、机械学、机械设计、机械制造工艺与设备、刀具技术、机床技术、流体传动与控制、机械制造自动化、机械工程其他学科等 9 个二级学科。

本学科文献均可归入《中图法》“TH 机械、仪表工业”、“TG 金属学与金属工艺”及《科图法》“77 金属工艺、金属加工”、“78 机械工程、机械制造”有关各类。

① 关于机械史、机械学、机械设计、流体传动与控制、机械制造自动化文献的分类。总论这些方面的文献分别归入 TH11/17 有关各类，专类各类机械的原理、设计、传动装置、自动化等方面的文献入 TH2/6 各种机械。例如：《AutoCAD 2014 中文版机械设计从入门到精通》，入 TH122；78. 122。《起重运输机械设计基础》，入 TH202；79. 781。

② 关于机械制造工艺与设备文献的分类。总论机械制造工艺、机械检定的文献入 TH16，论述各种金属工艺及设备的文献入 TG 有关各类。例如：《机械加工表面及其粘着磨损中分形理论的研究》，入 TH161；78. 151。《铸造振动机械设计与应用》，入 TG233；77. 262.

③ 关于刀具技术与机床技术的文献分别归入 TG7 和 TG5 有关各类。

9.“470 动力与电气工程”学科的内容范围与文献分类标引方法要点

本一级学科包括工程热物理、热工学、动力机械工程、制冷与低温工程、电气工程、动力与电气工程其他学科等 6 个二级学科。

本学科文献可归入《中图法》“TK 能源与动力工程”、“TM 电工技术”、“TB6 制冷工程”及《科图法》“72 能源学、动力工程”、“73 电技术、电子技术”有关各类。

① 关于工程热物理和热工学文献的文献归入“TK12 热力工程理论”类。例如：《热工过程特殊参量的认知建模方法》，入 TK122；72. 54。

② 关于动力机械工程文献的分类。总论动力机械的文献入 TK05，各种动力机械文献入有关各类。例如：《动力机械及其系统电子控制》，入 TK05；78. 4。《柴油机高原环境适应性研究》，入 TK42；72. 58。

③ 有关制冷与低温工程的文献归入 TB6 有关各类。例如：《小型吸收式制冷机原理与应用》，入 TB651；78. 5851。

④ 关于电气工程方面的文献均可归入“TM 电工技术”有关各类。例如：《电气设备控制与维修技术》，入 TM762；72. 1942。

10. “480 能源科学技术” 的内容范围与文献分类标引方法要点

本一级学科包括能源化学、能源地理学、能源计算与测量、储能技术、节能技术、一次能源、二次能源、能源系统工程、能源科学技术其他学科等9个二级学科。

本学科文献均可归入《中图法》“TK 能源与动力工程”及《科图法》“72 能源学、动力工程”有关各类。

① 关于能源化学、能源地理学、能源计算与测量、储能技术、节能技术、能源系统工程文献的分类。总论这些方面的一般理论与技术的文献入“TK0 一般性问题”有关各类，专论各种能源的计算、储能、节能等入有关各类。例如：《高温超导储能原理与应用》，入 TK02；72. 03。

② 关于一次能源、二次能源文献的分类。总论各种能源理论、技术及利用的文献入能源科学有关各类，论述各种能源在各方面的应用入有关各类。例如：《氢能供应链的系统模拟与优化》，入 TK912；72. 25。《农村户用沼气实用技术》，入 S216. 4；65. 4959。

11. “490 核科学技术” 的内容范围与文献分类标引方法要点

本一级学科包括辐射物理与技术、核探测技术与核电子学、放射性计量学、核仪器、仪表、核材料与工艺技术、粒子加速器、裂变堆工程技术、核聚变工程技术、核动力工程技术、同位素技术、核爆炸工程、核安全、乏燃料后处理技术、辐射防护技术、核设施退役技术、放射性三废处理、处置技术、核科学技术其他学科等17个二级学科。

本学科文献均可归入《中图法》“TL 原子能技术”及《科图法》“72. 3 原子能学、原子能工程”有关各类。

① 关于核科学基础理论文献的分类。总论原子能技术及一般理论的文献入 TL/TL1，原子能技术的各个基础学科，如原子能物理、放射性化学、辐射化学等，各入其类。例如：《法国原子能技术考察报告》，入 TL-156. 5；72. 304513。《核辐射物理及探测学》，入 O571；53. 83。

② 关于核化工技术、核探测技术、仪器、仪表、核材料、加速器、反应堆、辐射防护、核安全等方面的文献，可归入 TL2/98 有关各类。例如：《核与辐射应急监测演练情景汇编》，入 TL75；72. 384。

12. “510 电子与通信技术” 的内容范围与文献分类标引方法要点

本一级学科包括电子技术、光电子学与激光技术、半导体技术、信息处理技术、通信技术、广播与电视工程技术、雷达工程、电子与通信技术其他学科等8个二级学科。

本学科文献、均可归入《中图法》“TN 电子技术、通信技术”及《科图法》与其内容性质基本相同的“73.4/.7”有关各类。

① 关于电子技术文献的分类。总论电子技术一般性问题的文献入 TN0，专论电子技术的各个分支学科的文献，如电子电路、微电子学、电子元件等，分别归入 TN7、TN4、TN6 有关各类。例如：《电波传播模型选择及场强预测方法》入 TN011；73.411。《超大规模集成电路互连线分析与综合》，入 TN47；73.7551。

② 关于光电子学与激光技术、半导体技术、通信技术、广播与电视工程技术、雷达工程文献的分类，分别归入 TN2、TN3、TN91/92、TN93/94、TN95 有关各类。例如：《数字微波通信系统》，入 TN925；73.45993。

③ 关于信息处理技术文献的分类。总论信号处理与识别的文献入 TN911，专论各入其类。例如：《全相位数字信号处理方法及 MATLAB 实现》，入 TN911.72；73.41262。《数字语音编码技术》，入 TN912.3；73.4136。

13.“520 计算机科学技术”的内容范围与文献分类标引方法要点

本一级学科包括计算机科学技术基础学科、人工智能、计算机系统结构、计算机软件、计算机工程、计算机应用、计算机科学技术其他学科等 7 个二级学科。

本学科文献绝大多数均可归入《中图法》“TP3 计算技术、计算机技术”及《科图法》“73.9 计算机科学技术”有关各类。

① 关于计算机技术基础学科、人工智能、计算计软件等方面的文献，分别归入 TP30、TP18 及 TP31 有关各类。例如：《新一代专家系统开发技术与应用》，入 TP182；73.917。

② 关于计算机系统结构和计算机工程文献的分类。总论计算机系统结构的文献入 TP302/307 有关各类；专论各部件的文献入 TP32/38 有关各类；有关计算机网络的文献入 TP393。例如：《计算机应用系统的可靠性技术基础》，入 TP302.7；73.9241。《高效能计算型存储器体系结构关键技术研究与实现》，入 TP333；73.953。《计算机网络故障诊断与处理》，入 TP393.06；73.97。

③ 关于计算机应用文献的分类。论述计算机信息处理、模式识别、计算机仿真、计算机图像处理、计算机辅助设计等方面的文献归入 TP391 有关各类；论述计算机在工业、农业、气象、天文等领域应用的文献各入其类。例如：《Flash CS 计算机动画设计基础教程》，入 TP391.414；73.995。《电子计算机在洪水预报水库调度中的应用》，入 TV697.1-39；86.845056。

14.“530 化学工程”学科的内容范围与文献分类标引方法要点

本一级学科包括化学工程基础学科、化工测量技术与仪器仪表、化工传递过程、化学分离工程、化学反应工程、化工系统工程、化工机械与设备、无机化学工程、有机化学工程、电化学工程、高聚物工程、煤化学工程、石油化学工程、天然气化学工程、精细化学工程、造纸技术、毛皮与制革工程、制药工程、生物化学工程、化学工程其他学科等 20 个二级学科。

本学科文献除造纸技术、毛皮与制革工程外，其他均可归入《中图法》“TQ 化学工业”及《科图法》“81 化学工业”有关各类。

① 关于化学工程基础学科、化工测量技术与仪器仪表、化工传递过程、化学分离工程、化学反应工程、化工系统工程、化工机械与设备文献的分类。这方面总论性的文献均可归入 TQ0 有关各类，专论某种化学技术及化学工程某一方面问题的文献入各化学工程类目。例如：《新型萃取分离技术研究》，入 TQ028.3；86.174。《水泥旋风预热分离技术的研究》，入 TQ172；81.595。

② 关于无机化学工程、有机化学工程等各类化学工程等方面的文献，分别归入 TQ11/95 有关各类。例如：《合成橡胶工业主要生产工艺和流程》，入 TQ333；82.42。

③ 关于造纸技术、毛皮与制革工程等方面的文献，分别归入 TS7 和 TS5 有关各类。例如：《现代造纸机械状态监测与故障诊断》，入 TS734；82.665。《毛皮鞣制染色技术》，入 TS552；85.23。

15. “535 产品应用相关工程与技术”学科的内容范围与文献分类标引方法要点

本一级学科包括仪器仪表技术、兵器科学与技术、产品应用专用性技术、产品应用相应工程与技术其他学科等 4 个二级学科。

本学科文献可归入《中图法》“TH7 仪器仪表”、“TJ 武器工业”、“TS8 印刷工业”及《科图法》与其内容性质基本相同的“79.8/.9”、“36.8”、“85.3”有关各类。

① 关于仪器仪表技术文献的分类。总论各类仪器仪表制造与使用的文献入 TH7，专论仪器仪表在某方面的应用入有关各类。例如：《天文望远镜高精度控制技术》，入 TH751；79.911。

② 关于兵器科学与技术文献的分类。凡论述武器、军用器材的理论、设计、制造等方面的文献入 TJ 有关各类；论述武器、军用器材的使用、操作、维护等方面的文献入 E92 有关各类。例如：《大口径机枪动力学特性与射击精度研究》，入 TJ25；36.812。《美国高射机关枪射击术》，入 E922.15；36.812。

③ 关于产品应用专用性技术所属的印刷、复制技术文献的分类。印刷

技术方面的文献归入 TS80/87 有关各类，复制技术方面的文献依其内容入有关类。例如：《雕版印刷》，入 TS872；85. 342。

16. “540 纺织科学技术”的内容范围与文献分类标引方法要点

本一级学科包括纺织科学技术基础学科、纺织材料、纤维制造技术、纺织技术、染整技术、服装技术、纺织机械与设备、纺织科学技术其他学科等 8 个二级学科。

本学科文献除服装技术外，均可归入《中图法》“TS1 纺织工业、染整工业”和《科图法》“85. 1 纺织工业”有关各类。

① 关于纺织科学技术基础学科、纺织材料、纤维制造技术、纺织技术、染整技术、纺织机械与设备文献的分类。凡论述纺织工业的共性问题的文献归入 TS10，专论各种材料纺织的文献入 TS11/17 有关各类。例如：《气流纺纱工艺过程》，入 TS104. 7；85. 129。《棉纺细纱技术革新》，入 TS114. 7；85. 132。

② 关于服装技术的文献入 TS941 有关各类。例如：《服装材料与检测技术》，入 TS941. 15；85. 8311。

17. “550 食品科学技术”的内容范围与文献分类标引方法要点

本一级学科包括食品科学技术基础学科、食品加工技术、食品包装与储藏、食品机械、食品加工的副产品加工与利用、食品工业企业管理学、食品工程与粮油工程、食品科学技术其他学科等 8 个二级学科。

本一级学科文献除食品工业企业管理学外，均可归入《中图法》“TS2 及食品工业”《科图法》“83 食品工业”有关各类。

① 关于食品工业共性问题的文献入 TS20 有关各类；专论某种食品的加工、保藏、机械设备、副产品加工与利用等方面的文献分别入 TS21/29 各类。例如：《食品微生物学：原理与应用》，入 TS201. 3；83. 036。《小型面粉加工机组的使用和维护》，入 TS211. 3；83. 124。

② 关于食品工业企业管理学文献的分类。总论食品工业企业管理学的文献入 F407. 826，专论各国食品工业企业管理的文献入各国工业经济，并依专类复分表进一步细分。例如：《基于社会责任的食品企业危机管理》，入 F407. 826；29. 2766。《中国乳品企业食品安全危机预警管理研究》，入 F426. 82；29. 2766。

18. “560 土木建筑工程”的内容范围与文献分类标引方法要点

本一级学科包括建筑史、土木建筑工程基础学科、土木建筑工程测量、建筑材料、工程结构、土木建筑结构、土木建筑工程设计、土木建筑工程施工、土木工程机械与设备、市政工程、建筑经济学、土木建筑工程其他学科12个二级学科。

本一级学科文献除建筑经济学外，均可归入《中图法》“TU 建筑科学”和《科图法》“86 土木建筑工程”大类中的“86. 1/. 6”有关各类。

① 关于土木建筑技术文献的分类。凡论述建筑理论、勘测、设计、结构、材料、施工、机械设备等方面的文献分别入 TU1/7 有关各类；专论房屋建筑设备、地下建筑及高层建筑的文献分别入 TU8/97 有关各类；城乡规划方面的文献入 TU98。例如：《小房间声学设计及建筑声学处理》，入 TU112. 4；86. 1035。《多高层建筑结构组合控制理论及其应用》，入 TU973；86. 3913。

② 关于市政工程文献的分类。论述城市管线工程、给水排水工程、供热供燃气工程等市政基础设计建设的文献入 TU99 有关各类。例如：《给水排水塑料管道设计施工手册》，入 TU991. 36；86. 6383。

③ 关于建筑经济学文献的分类。总论建筑经济学的文献入 F407. 9，专论各国建筑经济的文献入各国工业经济，并依专类复分表进一步细分。

19. “570 水利工程”的内容范围与文献分类标引方法要点

本一级学科包括水利工程基础学科、水利工程测量、水工材料、水工结构、水利机械、水利工程施工、水处理、河流泥沙工程学、环境水利、水利管理、防洪工程、水利经济学、水利工程其他学科等13个二级学科。

本学科文献除水处理与水利经济学外，均可归入《中图法》“TV 水利工程”和《科图法》“86. 8 水利工程”有关各类。

① 关于水利工程技术文献的分类。凡总论水利工程基础科学、水工勘测、设计、结构、材料、机械设备、施工、管理等方面的文献分别入 TV1/5 有关各类；论述各种水工建筑物的施工入 TV6/7 有关各类。例如：《水工结构工程抗震导论》，入 TV312；86. 8321。《湖北洞坪水利枢纽工程施工技术》，入 TV632. 63；86. 834。

② 关于河流泥沙工程学、环境水利、水利管理、防洪工程等方面的文献，分别归入 TV14、TV213、TV8 有关各类。例如：《堤防工程风险评价理论及应用》，入 TV871；86. 8641。

③ 有关水处理的文献入 TU991. 2。例如：《饮用水二氧化氯净化技术》，入 TU991. 25；86. 6375。

④ 关于水利经济学文献的分类。总论水利经济学的文献入 F407. 9，专论各国水利经济的文献入各国工业经济，并依专类复分表进一步细分。

20. “580 交通运输工程” 的内容范围与文献分类标引方法要点

本一级学科包括道路工程、公路运输、铁路运输、水路运输、船舶工程与舰船工程、航空运输、交通运输系统工程、交通运输安全工程、交通运输工程其他学科等 9 个二级学科。

本学科文献除航空运输、交通运输安全工程外，均可归入《中图法》“U 交通运输” 大类及《科图法》“87 运输工程” 有关各类。

① 关于各类交通运输的分类。论述铁路、公路、水路运输的文献分别归入 U26 有关各类；论述道路、桥涵、隧道工程的文献分别归入 U41/45；论述船舶工程与舰船工程的文献归入 U66；交通运输系统工程方面的文献归入 U1 有关各类。例如：《高速铁路轨道构造与维护》，入 U238；87. 196。《桥梁与隧道施工监理指南》，入 U445. 1；86. 5515。互见分类号为 U455. 1；86. 59515。

② 有关航空运输的文献归入 V2 有关各类。例如：《飞机黑匣子舱音分析与安全诊断》，入 V241. 4；87. 873。

③ 关于交通运输安全工程文献的分类。总论交通运输安全的文献入 X951，专论各类交通运输安全技术的文献各入其类。例如：《公路交通安全保障技术》，入 U492. 8；87. 399。

21. “590 航空、航天科学技术” 的内容范围与文献分类标引方法要点

本一级学科包括航空、航天科学技术基础学科，航空器结构与设计，航天器结构与设计，航空、航天推进系统，飞行器仪器、设备，飞行器控制、导航技术，航空、航天材料，飞行器制造技术，飞行器试验技术，飞行器发射与回收、飞行技术，航空航天地面设施、技术保障，航空、航天系统工程，航空、航天科学技术其他学科等 13 个二级学科。

本学科文献均可归入《中图法》“V 航空、航天” 大类及《科图法》“87 运输工程” 大类中的 “87. 8/. 9” 有关各类。

① 关于航空技术文献的分类。凡论述航空基础理论、航空器构造与设计、推进系统、仪表设备、导航、材料、制造工艺、各类型航空器、飞行技术、地面设施及航空系统工程的文献分别入 V21/37 有关各类。例如：《航空发动机传热学》，入 V231. 1；87. 8503。

② 关于航天技术文献的分类。凡论述航天基础理论、航天器构造与设计、推进系统、仪表设备、制导、制造工艺、各类型航空器、航天术、地面设施及航天系统工程的文献分别入 V41/57 有关各类；有关航天用材料的文献入 V25。例如：《海洋二号卫星地面应用系统概论》，入 V474. 1；87. 95611。《航天材料热物性学》，入 V250. 3；87. 9521。

22. “610 环境科学技术与资源科学技术”的内容范围与文献分类标引方法要点

本一级学科包括环境科学技术基础学科、环境学、环境工程学、资源科学技术、环境科学技术与资源科学技术其他学科等 5 个二级学科。

本学科文献除资源科学技术外，其他均可归入《中图法》“X 环境科学、安全科学”中的“X1/8”及《科图法》“50.95 环境科学”、“86.6 区域规划与市政、卫生、环境工程”有关各类。

① 关于环境科学技术基础学科、环境学、环境工程学的文献分别归入 X1/8 有关各类。例如:《大气现代环境污染控制理论与技术》，入 X506; 50.95515。

② 关于资源科学技术文献的分类。总论资源学的文献入 P96 有关各类，专论入有关各类；总论自然资源合理开发与环境保护入 X37，专论各种自然资源的合理开发与保护入有关各类。例如:《资源环境与可持续发展》，入 X37; 50.9523。

23. “620 安全科学技术”的内容范围与文献分类标引方法要点

本一级学科包括安全科学技术基础学科、安全社会科学、安全物质学、安全人体学、安全系统学、安全工程技术科学、安全卫生工程技术、安全社会工程、部门安全工程理论、公共安全、安全科学技术其他学科等 11 个二级学科。

本学科文献除公共安全外，大部分可归入《中图法》“X9 安全科学”和《科图法》“71.298 生产安全技术与劳动保护”有关各类。

① 关于安全科学技术基础学科、安全社会科学、安全物质学、安全人体学、安全系统学、安全系统工程学、安全社会工程、安全卫生工程技术等方面的文献，可归入 X91、X92、X96 有关各类。例如:《当代职业女性的劳动保护》，入 X912; 71.298。

② 关于安全工程技术科学、部门安全工程文献的分类。总论安全工程技术及部门安全工程理论的文献归入 X93，专论各行业、各生产部门劳动安全方面的文献，除事故调查与分析外，均入有关各类。例如:《电气安全隐患排查治理工作手册》，入 TM08-62; 73.29073。

③ 有关公共安全的文献入 D035.29 有关各类。例如:《城市公共安全: 理论方法及应用》，入 D035.29; 31.372。

24. “630 管理学”学科的内容范围与文献分类标引方法要点

本一级学科包括管理思想史、管理理论、管理计量学、部门经济管理、区域经济管理、科学学与科技管理、企业管理、公共管理、管理工程、人力资源开发与管理、未来学、管理学其他学科等 12 个二级学科。

本一级学科所包含的二级学科文献，依据其不同的内容范围，归入《中图法》、《科图法》中的多个大类。

① 关于管理思想史、管理理论、管理计量学等方面的文献，归入《中图法》C93 有关各类。例如：《决策管理 ：概念、模式与实例》，入 C934；20. 9316。

② 关于部门经济管理、区域经济管理、企业管理、人力资源开发与管理等方面的文献，分别归入 F2/8 有关各类。例如：《虚拟企业分布式风险管理决策模型与算法》，入 F272. 35；29. 1533。

③ 关于科学学与科技管理、未来学、公共管理文献的分类。总论科学学与科技管理的文献入 G3 有关各类，专论入有关各类。总论未来学的文献入 G303，专门科学技术预测入有关各类。总论公共管理一般理论与方法的文献入 D035-0，专论各国公共管理的文献入各国政治，并依专类复分表细分。例如：《技术预见理论方法及关键技术创新模式选择研究》入 G303；37. 203。

五、人文与社会科学文献的分类标引方法

《学科分类与代码》中在人文与社会科学门类中列出了代码为“710/910”的 19 个一级学科。

1.“710 马克思主义”学科的内容范围与文献分类标引方法要点

本一级学科包括马、恩、列、斯思想研究，毛泽东思想研究，马克思主义思想史，科学社会主义，社会主义运动史，国外马克思主义研究，马克思主义其他学科等 7 个二级学科。

本学科文献除科学社会主义、社会主义运动史外，均可归入《中图法》“A 马克思主义、列宁主义、毛泽东思想、邓小平理论”大类，以及与 A 大类内容性质基本相同的《科图法》的“00”大类。

① 关于马、恩、列、斯思想研究，毛泽东思想、邓小平理论研究，马克思主义思想史，国外马克思主义研究等方面的文献的分类。这方面的文献归入 A8 有关类。例如：《艰辛探索的哲学轨迹 ：1956 至 1966 年毛泽东的哲学思想研究》，入 A841. 63；09. 10。互见分类号为 B261；13. 75。

② 关于马克思主义的三个组成部分（马克思主义哲学、政治经济学和科学社会主义理论）文献的分类。这三个方面的文献分别归入哲学、经济、政治大类中的有关各类。例如：《马克思主义哲学原理》，入 B0-0；11。

③ 关于马克思主义经典作家著作的分类。这方面的文献先按著作人区

分，再依著作的编辑出版形式（如全集、选集、单行本、书信集、专题汇编等等）归入有关各类；其中科学专著均按学科内容在有关类下作互见。例如：《反杜林论》，入 A124；03.34。《马克思、恩格斯关于历史唯物论的信》，入 A163；01.410。互见分类号为 B03；11.5。

④ 关于马克思主义经典作家生平和传记等方面的文献归入 A7 有关类。例如：《毛泽东的读书人生》，入 A752；06.71。

2.“720 哲学”学科的内容范围与文献分类标引方法要点

哲学的二级学科共有 10 个，可归纳为三大类，第一类是哲学基础，包括马克思主义哲学和自然辩证法；第二类是各国哲学，包括中国哲学史、东方哲学史、西方哲学史和现代外国哲学；第三类是哲学范畴内的专门学科，包括逻辑学、伦理学和美学等，此外还列出了“哲学其他学科”。

本学科文献除自然辩证法外，均可归入《中图法》“B 哲学、宗教”大类中的“B0/83”有关类，以及《科图法》的“10 哲学”大类。

① 关于马克思主义哲学文献的分类。总论马克思主义哲学的文献归入 B0-0；论述辩证唯物主义和历史唯物主义的文献分别归入 B02 和 B03；马克思主义哲学在世界的传播和发展则依所传播的地域分别归入世界哲学和各地区、各国的现代哲学。例如：《唯物主义认识论》，入 B023；11.25。《新编马克思主义哲学发展史》，入 B15；12.18。

② 关于自然辩证法文献的分类。总论自然辩证法的文献归入 N 大类自然科学总论下的“N031 自然辩证法”；论述科学哲学和技术哲学的文献归入“N02 科学的哲学原理”，各专门自然科学哲学文献则分别归入各有关学科。例如：《科学技术学导论 ：自然辩证法概论》，入 N031；50.31。《二十世纪数学哲学 ：一个自然主义者的评述》，入 O1-0；51.031。

③ 关于各国哲学文献的分类。这方面的文献先按国家或地区进行区分，再按时代归类，其中各国哲学家代表人物均列有专类。各哲学家类下包括他们的哲学著作集、综合性哲学著作、思想评传，以及别人研究他们的综合性哲学著作和哲学思想的著作。某一哲学家研究另一哲学家的文献，归入被研究的哲学家类目，并在研究者的类目下作互见分类。哲学家在某一哲学领域或其他学科的文献，均应归入有关领域或学科类目，并在该哲学家类下作互见分类。例如：《哲学史讲演录》，黑格尔著，入 B516.35；15.1851。《康德哲学论述》，黑格尔著，入 B516.31；15.1845。互见分类号为 B516.35；18.1851。《小逻辑》，黑格尔著，入 B811.01；16.103。互见分类号为 B516.35；18.1351。

④ 关于逻辑学、伦理学、美学文献的分类。这方面的文献依据学科性

质，分别归入 B81/83 有关各类。例如：《后现代城市美学》，入 B834.2；18.42。

3. “730 宗教学” 学科的内容范围与文献分类标引方法要点

本一级学科包括宗教学理论、无神论、原始宗教、古代宗教、佛教、基督教、伊斯兰教、道教、印度教、犹太教、祆教、摩尼教、锡克教、耆那教、神道教、中国民间宗教与民间信仰、中国少数民族宗教、当代宗教、宗教学其他学科等 19 个二级学科。

本学科文献均可归入《中图法》的二级类目 “B9 宗教”，以及《科图法》的 “49 无神论、宗教学” 大类。

① 关于宗教学理论、无神论、原始宗教的文献分别归入 B91/93 各类。例如：《 彼此内外 ：宗教哲学的新齐物论》，入 B920；49.2031。

② 关于佛教、基督教、伊斯兰教、道教、印度教、犹太教、祆教、摩尼教、锡克教、耆那教、神道教等各种宗教派别文献的分类。凡论述各种宗教的起源、历史、组织、教派、研究、人物传记等的文献依所研究的宗教派别各入其类。例如：《金元全真教石刻新编》，入 B956.3；49.461。

③ 关于古代宗教、中国民间宗教与民间信仰、中国少数民族宗教、当代宗教文献的分类。这些方面的文献在《中图法》中没有专类，应根据研究内容各入其类。例如：《中国各民族原始宗教资料集成 · 苗族卷水族卷》，入 B933；49.732。《当代美国宗教》，入 B928.712；49.204563。

4. “740 语言学” 学科的内容范围与文献分类标引方法要点

本一级学科包括普通语言学、比较语言学、语言地理学、社会语言学、心理语言学、应用语言学、汉语研究、中国少数民族语言、外国语言、语言学其他学科等 10 个二级学科。

本学科文献均可归入《中图法》的 “H 语言、文字” 大类，以及《科图法》的 “41 语言学、文字学” 大类。

① 关于普通语言学、比较语言学、语言地理学、社会语言学、心理语言学等方面的文献，归入《中图法》H0/08 有关类。例如：《社会语言学》，入 H0-05；41.1。

② 关于汉语研究、中国少数民族语言、外国语言等方面的文献，分别归入 H1、H2、H3/9 有关类。例如：《现代英语研究》，入 H31；41.68。

③ 关于不同语种对照的文献，凡属旨在提高外语阅读能力的语言读物，归入有关语种的语文读物类；凡属专业、学科文献，归入有关专业、学科类目。例如：《英美短篇时文选读：英汉对照》，入 H319.4；41.687。《英国保险法：英汉对照》，入 D956.122.8；29.7881511。

④ 专业外语的教学用书归入有关学科，必要时在有关外语类目作互见分类。例如：《标准商务日语实例教程》，入 F7-43；29.4054。互见分类号为 H369.19；41.59。

5.“750 文学”学科的内容范围与文献分类标引方法要点

本一级学科包括文学理论、文艺美学、文学批评、比较文学、中国古代文学、中国近代文学、中国现代文学、中国各体文学、中国民间文学、中国儿童文学、中国少数民族文学、世界文学、东方文学、俄国文学、英国文学、法国文学、德国文学、意大利文学、美国文学、北欧文学、东欧文学、拉美文学、非洲文学、大洋洲文学、文学其他学科等 25 个二级学科。

本学科文献均可归入《中图法》的“I 文学”大类，以及《科图法》的“42 文学”大类。

① 关于文学理论、文艺美学、文学批评、比较文学文献的分类。总论这些方面的理论、方法等的文献入 I0 有关类；论述各体文学的美学、批评、比较等的文献各入其类。例如：《比较文学研究之新方向》，入 I0-03；42.218。

② 关于各国文学文献的分类。单部文学作品按国家→体裁→时代的顺序进行区分。确定单部文学作品的国家和时代时，应以作者创作作品时的国籍和时代作为分类的依据。凡更改国籍或者跨时代创作的作品，均按作品完成时作者的国籍和时代进行分类。

某一体裁的文学作品集入各体文学，多文体的文学作品集入作品综合集。确定文学作品集的时代时，跨时代的个人作品集，按后一时代归类；跨时代的多人作品集，按前面的时代归类。例如：《陆犯焉识》，严歌苓著，入 I712.45；47.6352。《唐宋八大家散文精粹》，入 I264.2；44.6132。

③ 关于文学评论和研究文献的分类。文学评论的理论方法入文学理论类；专论某个国家的文学评论和研究，归入该国文学的评论和研究类，并依时代细分；专论某个国家某种体裁的文学评论，入该国文学的各体文学评论和研究，并依文学体裁细分；对单部作品进行评论和研究的文献，归入各体文学评论和研究。例如：《美国南方文学后现代时期的嬗变》，入 I712.065；47.63045。《破解<达·芬奇>密码》，入 I712.074；47.6352。

6.“760 艺术学”学科的内容范围与文献分类标引方法要点

本一级学科包括艺术心理学、音乐、戏剧、戏曲、舞蹈、电影、广播电视文艺、美术、工艺美术、书法、摄影、艺术学其他学科等 12 个二级学科。

本学科文献均可归入《中图法》的“J 艺术”大类，以及《科图法》的“48 艺术”大类。

① 论述艺术心理学的文献归入 J0-05。

② 关于艺术理论文献的分类。凡论述艺术一般理论和创作方法，或者综合论述多种艺术理论的文献，入 J0 有关各类；专论某种艺术理论的文献入各种艺术的理论类。兼论某种艺术理论和技术的文献入该种艺术的技法类。例如：《论艺术的内容和形式问题》，入 J204；48. 031。《湖南滩头木版年画研究》，入 J218. 3；48. 3683。

③ 关于音乐、戏剧、戏曲、舞蹈、广播电视文艺、美术、工艺美术、书法、摄影等各种艺术文献，依艺术形式分别归入 J1/9 有关各类。其中，多种艺术作品综合集按创作者国籍分入 J11/17 有关各类；某种艺术作品集或单部艺术作品按作品的艺术形式分入 J2/9 有关各类。

对艺术作品进行评论和艺术的一般理论文献入 J05；对多种艺术作品的综合分析和评论文献入 J05，并依国家细分；关于某种艺术作品的评论和欣赏文献入相应艺术形式或技法下的评论和欣赏类目；对某部艺术作品的评论和欣赏文献入被评论的有关具体艺术形式或技法。例如：《未来总动员：英国文化协会当代艺术珍藏展》，入 J156. 11；48. 074511。《法国风景油画专辑》，入 J233（565）；48. 3746。《曹辉油画作品赏析》，入 J213. 052；48. 3746。

④ 关于戏剧、戏曲、影视剧本文献的分类。在类分此类文献时，要注意区分文学剧本和脚本、台本及演出本的区别。凡属戏剧、戏曲的文学剧本或影视文学剧本，以及评论文学剧本的文献，均归入“I 文学”有关各类；凡是为演出编写的脚本和台本，归入 J8/9 有关各类。例如：《红旗谱：电影分镜头剧本与完成台本》，凌子风编，入 J922；48. 621。《红旗谱》，梁斌著，入 I247. 51；44. 528。

7.“770 历史学”学科的内容范围与文献分类标引方法要点

本一级学科包括史学史、史学理论、历史文献学、中国通史、中国古代史、中国近代与现代史、世界通史、亚洲史、非洲史、美洲史、欧洲史、澳洲史与大洋洲史、专门史、历史学其他学科等 14 个二级学科。

本学科文献除历史文献学和有关专门史外，均可归入《中图法》的“K 历史、地理”下的有关历史类目，以及《科图法》的“21 历史、历史学”的有关类目。

① 关于史学史、史学理论的文献，归入 K0 有关各类。例如：《史料与史学》，入 K05；21. 037。

② 论述世界各地区、各国历史的文献，归入 K1/7 有关各国各时代史。例如：《三国史略》，入 K236；22. 224。

③ 关于各种专门史文献的分类。除文化史和地方志在各国历史类目下

列有专类外，其他各类专门史均应依其内容性质，归入相应学科类目。例如：《党史必修课：全景解读中国共产党九十余年的苦难与辉煌》，入D239；33.123。

8."780 考古学"学科的内容范围与文献分类标引方法要点

本一级学科包括考古理论、考古学史、考古技术、中国考古、外国考古、专门考古、考古学其他学科等7个二级学科。

考古学在文献分类法体系中均作为历史科学的二级类目列出，其学科文献均可归入《中图法》的"K85 文物考古"，以及《科图法》的"26.3 考古学"的有关类目。

① 有关考古理论、考古学史、考古技术等方面的文献，分别归入K851/854 有关各类。例如：《地下文物发掘调查手册》，入K854.1；26.3051。

② 有关中国考古、外国考古和专门考古文献的分类。综合研究或介绍各国某一时代、某一地区或某一民族文物考古的文献，入各国文物考古，并依时代、地区或民族进一步区分；专论某类文物考古的文献按其用途或材料分别入各国文物考古下的专题研究。例如：《历代陶瓷款识品鉴》，入K876.3；26.3297。

9."790 经济学"学科的内容范围与文献分类标引方法要点

本一级学科包括34个二级学科。除经济学其他学科外，可归纳为四大类，第一类是经济学基本理论及分支科学，包括政治经济学、宏观经济学、微观经济学、比较经济学、发展经济学、生产力经济学、经济思想史、技术经济学、生态经济学、资源经济学、环境经济学、可持续发展经济学和国防经济学；第二类是经济概况和经济地理，包括经济地理学、经济史和世界经济学；第三类是经济管理，包括国民经济学、会计学、审计学、劳动经济学、城市经济学和物流经济学；第四类是部门经济，包括工业经济学、农村经济学、农业经济学、交通运输经济学、商业经济学、价格学、旅游经济学、信息经济学、财政学、金融学、保险学等。

本学科涵盖内容非常广泛，其学科文献绝大多数可归入《中图法》的"F 经济"大类，以及《科图法》的"27 经济、经济学"大类。

① 关于经济学基本理论及分支科学的文献，分别归入F0 有关各类。论述各科经济学的文献归入应用到的相关学科，如环境经济学入X196，国防经济学入E0-054。

② 关于经济概况和经济地理方面的文献，分别归入F11/17 有关各类。例如：《战后美国对外经济援助研究》，入F171.25；28.5635。

③ 关于经济管理方面的文献，分别归入F2 有关各类。例如：《物流供

应链管理》，入 F252.1；29.1441。

④ 关于各种部门经济的文献，分别归入 F3/8 有关各类，并可依国家细分。例如：《2014—2015 年中国旅游发展分析与预测》，入 F592.3；29.69042。

10.“810 政治学”学科的内容范围与文献分类标引方法要点

本一级学科包括政治学理论、政治制度、行政学、国际政治学、政治学其他学科等 5 个二级学科。

本学科文献均可归入《中图法》的“D 政治、法律”大类中的“D0/8”政治有关各类，以及《科图法》的“31 政治、社会生活”大类。

① 关于政治学理论的文献归入 D0 有关各类。例如：《理性政治：政治哲学视阈下的比较分析》，入 D0-02；31.03。

② 关于政治制度文献分类。总论国家政治制度理论的文献入 D03 有关各类，论述某一国家的政治制度的文献入 D5/7 有关各类，并依专类复分表细分。例如：《资本主义与社会民主》，入 D033.3；31.255。《把握未来：美国总统政治形态研究》，入 D771.221；32.56311。

③ 关于行政学文献的分类。论述行政学的一般理论和方法入 D035，论述各国行政管理的文献入 D5/7 有关各类，并依专类复分表细分。例如：《英国地方政府行政改革研究》，入 D756.132；32.51146。

④ 关于国际政治学文献的分类。论述国际关系、国际组织、国际问题和外交学的文献入 D8 有关各类，论述世界各国政治的文献入 D5/7 有关各类。例如：《现代外交特权与豁免问题研究》，入 D803；33.813。《中国转型时期的社会政策：路径、影响及展望》，入 D601；32.21。

11.“820 法学”学科的内容范围与文献分类标引方法要点

本一级学科包括理论法学、法律史学、部门法学、国际法学、法学其他学科等 5 个二级学科。

本学科文献均可归入《中图法》的“D9 法律”类，以及《科图法》的“34 法律、法学”大类。

① 关于理论法学文献的分类。法学的一般理论、法的历史类型和法系入 D90 有关各类。例如：《现代西方法理学》，入 D903；34.031。

② 关于法律史学文献的分类。法律史学包括法律思想史和法律制度史，其中法律思想史入 D909，并依国家进一步细分；世界法律制度史入 D909.9，各国法制史入各国法律，并依专类复分表细分。例如：《当代日本法学思潮与流派》，入 D909.313；34.543。《日本法制史》，入 D931.39；34.943。

③ 关于部门法学文献的分类。法学各部门的理论及多国法律汇编文献入 D91 有关各类，各国法律文献归入 D93/97，先按国家分，再依法律部门进一步细分。例如：《版权法视野下的技术措施制度研究》，入 D913.4；35.1541。

④ 关于国际法学的文献归入 D99 有关各类。例如：《国际海运承运人责任问题比较法研究》，入 D996.19；35.992。

12.“830 军事学”学科的内容范围与文献分类标引方法要点

本一级学科包括军事理论、军事史、军事心理学、战略学、战役学、战术学、军队指挥学、军制学、军队政治工作学、军事后勤学、军事地学、军事技术、军事学其他学科等 13 个二级学科。

本学科文献均可归入《中图法》“E 军事”大类，以及《科图法》的“36 军事、军事学”大类。

① 关于军事理论和军事心理学等方面的文献，归入 E0 有关各类。例如：《军人心理辅导与心理训练》，入 E0-051；59.877。

② 关于军事史文献的分类。军事思想史文献入 E09，并依国家细分；战史、建军史文献入 E1/7 各国军事下的军事史类目。例如：《中国军事学术史》，入 E092；36.1042。《八路军征战传奇》，入 E297.31；36.20484。

③ 关于战略学、战役学、战术学等方面文献，分别归入 E8 有关各类。例如：《合同进攻战术教程》，入 E837；36.147。

④ 关于军队指挥学、军制学、军队政治工作学、军事后勤学等方面文献的分类。总论军队和军事管理的文献归入 E07 有关各类，论述各国军队和军事管理的文献入 E1/7 有关各类。例如：《军队后勤宏观管理机制论》，入 E072；36.5。《变革之路 ：美军装备采办管理重大改革与决策》，入 E712.45；36.56。

⑤ 关于军事地学和军事技术的文献，分别归入 E99 和 E9 有关各类。例如：《战术无线通信与网络：设计概念与挑战》，入 E962；36.792。

13.“840 社会学”学科的内容范围与文献分类标引方法要点

本一级学科包括社会学史、社会学理论、社会学方法、实验社会学、数理社会学、应用社会学、比较社会学、社会地理学、文化社会学、历史社会学、经济社会学、公共关系学、社会人类学、组织社会学、发展社会学、福利社会学、人口学、劳动科学、社会学其他学科等 19 个二级学科。

本学科文献绝大部分可归入《中图法》中的“C91 社会学”、“C92 人口学”和“C97 劳动科学”有关各类，及《科图法》的“33.6 社会学”和“29.13 劳动经济”有关各类。

① 关于社会学史文献、社会学理论、方法及社会学分支学科等方面的文献，归入 C91 有关各类。应用社会学入有关各类。例如：《普遍整合的福利体系》，入 C913.7；33.69。《医学社会学》，入 R-05；61.038。

② 关于人口学的文献归入 C92 有关类。例如：《基于熵定律的人口分布与再分布机制研究》，入 C922；33.636。

③ 关于劳动科学文献的分类。论述劳动科学的基础理论、职业培训、劳动社会学、劳动统计学等方面的文献可归入 C97 有关各类；有关劳动管理学、社会保险学、职业安全卫生技术方面的文献分别归入 F243、F840.61、R13 有关各类。

14. “850 民族学与文化学”学科的内容范围与文献分类标引方法要点

本一级学科包括民族问题理论、民族史学、蒙古学、藏学、新疆民族研究、文化人类学与民俗学、世界民族研究、文化学、民族和文化学其他学科等 9 个二级学科。

本学科文献在《中图法》、《科图法》中均分别归属于社会科学总论、历史、文化等多个大类下的有关类目。

① 关于民族问题理论的文献，归入 C95-0/C956 有关各类。例如：《民族气节论》，入 C955；33.703。

② 关于民族史学、蒙古学、藏学、新疆民族研究、世界民族研究文献的分类。论述蒙古学、藏学和维吾尔族的文献分别归入 K281.2、K281.4 和 K281.5。新疆其他民族研究的文献，入 K281/288，并依民族表细分。民族史学及世界民族研究文献入各国历史下的民族史志类，并依民族表进行区分。例如：《藏学研究的三维视野》，入 K281.4；22.914。《民国时期云南彝族上层家族口述史》，入 K218.7；22.918。

③ 关于文化人类学和民俗学文献的分类。总论文化人类学的文献入 C958，专科文化人类学各入其类。论述民俗学的文献归入 K89 有关各类。例如：《汉中婚俗文化》，入 K892.22；26.74。

④ 有关文化学的文献一般入 G0 有关各类，文化地理学入 K901.6。

15. “860 新闻学与传播学”学科的内容范围与文献分类标引方法要点

本一级学科包括新闻理论、新闻史、新闻业务、新闻事业经营管理、广播与电视、传播学、新闻学与传播学其他学科等 7 个二级学科。

本学科文献均可归入《中图法》“G20/22”信息与传播理论、新闻事业、广播、电视事业有关各类，以及《科图法》中与其内容性质基本相同的“37.3/4”有关各类。

① 关于新闻理论、新闻史、新闻业务和新闻事业经营管理等方面的文

献，分别归入 G21 有关各类。例如：《新闻访问：理论与个案》，入 G212.1；37.45。

② 关于广播与电视文献的分类。有关广播与电视的一般理论、事业及组织与管理归入 G22 有关各类；有关广播电视的技术、设备归入电信技术有关各类。例如：《广播节目策划论》，入 G222.3；37.35。《数字广播电视技术基础》，入 TN934.3；73.4621。互见分类号为 TN949.197；73.462479。

③ 关于传播学的文献入 G206 有关各类。例如：《大众传播动力学：数字时代的媒介》，入 G206.3；37.103。

16.“870 图书馆、情报与文献学”学科的内容范围与文献分类标引方法要点

本一级学科包括图书馆学、文献学、情报学、档案学、博物馆学、图书馆、情报与文献学其他学科等 6 个二级学科。

本学科文献均可归入《中图法》中“G25/G27”图书馆事业与信息事业、博物馆事业、档案事业有关各类，以及《科图法》中与其内容性质基本相同的“37.216”、“37.6/8”有关各类。

① 关于图书馆学、情报学、博物馆学、档案学的文献，分别归入 G25/27 有关类目，情报经济学入 F062.5。例如：《数字时代图书馆危机管理》，入 G251；37.62。《城市建设档案管理信息系统》，入 G275.3；37.845。《科技情报服务绩效与案例》，入 G254.97；37.21657。

② 关于文献学的文献入 G256 有关各类。例如：《汉语古籍校勘学》，入 G256.3；37.682。

17.“880 教育学”学科的内容范围与文献分类标引方法要点

本一级学科包括教育史、教育学原理、教学论、德育原理、教育社会学、教育经济学、教育管理学、比较教育学、教育技术学、军事教育学、学前教育学、普通教育学、高等教育学、成人教育学、职业技术教育学、特殊教育学、教育学其他学科等 17 个二级学科。

本学科文献除军事教育学入军事类外，其余均可归入《中图法》“G4 教育学”及《科图法》“38.1/39.8”教育有关各类。

① 关于教育史文献的分类。论述世界及各国教育史的文献入 G51/57 有关各类，各级各类教育史各入其类。例如：《美国高等教育的历程》，入 G649.712.9；38.804563。

② 关于教育学原理和教育社会学、教育经济学、教育管理学、比较教育学、教育技术学等教育学分支学科的文献，分别归入 G40 有关各类。例如：《教育产权制度研究 ：基于新制度经济学的分析框架》，入 G40-054；

37.1082。

③ 总论德育和教学理论的文献分别入 G41、G42 有关各类；论述各级各类学校的德育和教学法的文献入 G61/79 有关各类。例如：《差异发展教学研究》，入 G424.1；38.163。《一花一世界：温州市名师精品教学案例》，入 G632.41；38.7282。

④ 关于学前教育学、普通教育学、高等教育学、成人教育学、职业技术教育学、特殊教育学等各级各类教育的文献，分别归入 G61/79 有关各类。例如：《技职教育哲学 ：多元概念的探讨》，入 G710；39.303。

18.“890 体育科学”的内容范围与文献分类标引方法要点

本一级学科包括体育史、体育理论、运动生物力学、运动生理学、运动心理学、运动生物化学、体育保健学、运动训练学、体育教育学、武术理论与方法、体育管理学、体育经济学、体育科学其他学科等 13 个二级学科。

本学科文献均可归入《中图法》“G8 体育”及《科图法》“39.9 体育”类。

① 关于体育史文献的分类。总论世界各国体育事业史的文献归入 G811/G817 各国体育史，专论各单项体育运动的历史入 G82/89 有关各类，并依专类复分表细分。例如：《香港乒乓 70 年》，入 G846.92；39.96604。

② 关于体育理论和体育保健学、体育教育学、体育管理学、体育经济学等体育分支学科方面的文献，归入 G80 有关各类。例如：《体育营销风险管理研究》，入 G80-052；39.9183。

③ 关于运动生物力学、运动生理学、运动心理学、运动生物化学等体育基础科学的文献的分类。总论性文献归入 G804 有关各类，专论各项体育运动的基础科学入有关各类。例如：《技术模式与专项力量：短跑支撑摆动动作系统的生物力学研究》，入 G822.114.6；39.95503。

④ 关于运动训练学文献的分类。总论运动训练的文献入 G808，单项运动训练入 G82/89 有关各类。例如：《我国高水平网球运动员力量训练理论与实践》，入 G845.2；39.9644。

⑤ 关于各项体育运动的文献，归入 G82/89 有关各类，武术理论与方法的文献归入 G85 有关各类。

19.“910 统计学”学科的内容范围与文献分类标引方法要点

本一级学科包括统计学史、经济统计学、科学技术统计学、社会统计学、人口统计学、环境与生态统计学、生物与医学统计学、统计学其他学科等 8 个二级学科。

本学科文献除统计学基础理论、统计学史归入《中图法》“C8 统计学”

及《科图法》“29.9 统计学”以外，其他各专类统计学均归入有关学科。

① 关于专类统计学文献的分类。专类统计学依学科性质入各学科，如分类法中已列有专类者，入专类。如经济统计学文献入 F222，人口统计学文献入 C921，环境统计学入 X11，生物统计学文献入 Q-332 等。

② 关于统计资料文献的分类。世界各国统计资料汇编入 C83，并依国家区分；各部门、各学科的统计资料入有关各类。例如：《北京市经济社会统计报告》，入 C832.1；29.9721。《民国教育统计资料汇编》，入 G526.6；38.2076。

第十四章 同类书书次号

第一节 书次号的意义

一、什么是书次号

图书经过分类，每种书有了分类号。对于藏书分类排架来说，图书有了分类号，能够使同一类的书集中在一起，相邻近类的书联系起来，不同类的书区别开来。但由于同一类中往往有许多种书，哪一种书排列在前面，哪一种书排列在后面，仅凭分类号是不能确定其排列次序的，还需要为每一种书编制书次号。所谓书次号就是为了确定同类中各种书的排列次序而编制的号码，又称同类书区分号。它是分类索书号的组成部分之一。

书次号中包括基本号码与辅助区分号两个部分。基本号码是指著者号、种次号等等；辅助区分号是指为区分同类中同一著者的不同著作与同一种书的不同版本（如不同版次、不同译本、不同注释本等）、不同卷册而编制的带有专门符号的号码。例如：裘法祖主编的《外科学》（第4版）一书的编号为R6/Q777=4。其中“R6”为《中图法》分类号，“Q777”为著者号，“=4”为辅助区分号，表示第4版。“Q777=4”取自《通用汉语著者号码表》（本章各例中的分类号与书次号除注明者外，均取自于《中图法》与《通用汉语著者号码表》）。

二、书次号的作用

书次号的作用体现在以下三个方面：

一是，书次号能够使同类中每一种书具有唯一性的分类索书号。分类索书号是表示一种书在分类排架中确切排列位置的号码，它由分类号、书次号所组成。一种书有了分类号与书次号，方能构成分类索书号，有了分类索书号，就便于人们在分类排架和分类检索系统中准确地找到某种书，也便于工作人员管理藏书。

二是，书次号中的辅助区分号能够使同类中同一著者的各种著作以及同一种书的不同版本（如不同版次、不同译本、不同注释本等）、不同卷册加以集中，并有序地排列。

三是，书次号能在一定范围内提高分类表中某些类目的细分化程度，起到分类的延续作用。例如：《中图法》中“F532.7 中国铁路各线路概况”类下注：“按线路名称排”。这就是要求按书中所论述的“宝成线”、“成渝线”等铁路线路名称取书次号。现以下列一组图书为例加以说明：

F532.7/B245 宝成铁路/何阑编
F532.7/B245/2 宝成铁路：修建记/西宁铁路局编著
F532.7/C721 成渝铁路/王芝芬编撰
F532.7/C721/2 成渝铁路今昔记/章玉钧主编

从上例中可以看到，按铁路线路名称取书次号，在 F532.7 类下能分别集中有关宝成线、成渝线的各种著作，这实际上就增强了 F532.7 类目的细分化程度，起到分类的延续作用。

三、对书次号的基本要求

多年来人们对书次号的基本要求提出了很多见解，尽管大家的表述不尽一致，但在许多方面取得了共识，归纳起来，主要有以下几点：①区分性强，重号率低；②号码简短，符号简单；③便于取号，方便查检；④规律性强，一致性好；⑤适应性强，容量大。上述五点基本要求中前两点是主要的。要求书次号“号码简短，符号简单”，这是不言而喻的。要求“区分性强，重号率低”，其主要原因是：中国人同姓现象很普遍，同姓率高。正因为如此，人们在编制著者号码表时，往往将王、李、张、刘、陈、杨、黄、赵、周、吴……许多常见姓配备数目不等的多个号码，并采取多种方法（如编制著者复分表），以区分同类中同姓的不同著者，降低重号率。应该提到的是，上述五个方面的要求是相互联系、相互制约的。如强调号码的简短性，就会影响号码的区分性；强调号码的区分性，就会影响号码的简短性。对于编制著者号码表而言，应对五个方面的要求加以协调，宜在保证“区分性强，重号率低”的前提下，尽可能地达到其他几个方面的要求。

第二节 书次号的类型与编制方法

按照不同的依据来编制书次号，书次号可分为：著者号、种次号、人物与事物名称号、图书内容所属年代号与会议届次号、图书固有序号、书名号、藏书登录号、图书出版年代号等。我国使用最多的是著者号与种次号。人物与事物名称号、图书内容所属年代号与会议届次号、图书固有序号、书名号、图书出版年代号是在采用著者号或种次号的基础上，在某些藏书中使用。仅以藏书登录号作为书次号的单位很少。

一、著者号及其编制方法

1. 著者号的含义与特点

著者号是以图书的著者（个人著者或机关团体著者）的名称为依据而编制的书次号。编制著者号一般需要使用某种著者号码表。著者号的主要优点是可以集中同类中同一著者的各种著作。此外，还有两个优点：一是，取号规范，一致性好。二是，号码稳定性强。当分类法版本更新，某些已编图书需要更改分类号时，一般情况下著者号可以不更改。相对于种次号而言，著者号的缺点是：编号不够简单，号码不够简短，排架不够简便。

2. 著者号的编制方法

前面提到，编制著者号一般需要使用某种著者号码表。著者号码表就是“一种著者名称用字的编码表，是编制著者号的工具。”① 目前国际上通用的著者号码表有美国克特编的《克特著者号码表》，前苏联哈芙金娜编的《俄文图书著者号码表》、日本植村长三郎编的《植村著者号码表》。我国的著者号码表有两种类型：查号法著者号码表与拼号法著者号码表。

（1）查号法著者号码表

查号法著者号码表就是将著者名称用字按某种字顺（汉字笔画笔形或汉语拼音音序）排列，并依据所收汉字使用频率的高低来配置顺序号码的著者号码表。它分为笔画笔形著者号号码表与汉语拼音著者号码表两类。

①笔画笔形著者号码表。它是依据汉字的形体特征来编制的，如王凤翥编的《笔画字顺著者号码表》②。该表中著者名称用字先按笔画的多少为序，笔画相同的再按起笔的点（丶）、横（一）、竖（丨）、撇（丿）为序；

① 刘湘生. 通用汉语著者号码表［M］. 北京：海洋出版社，1992：1.

② 王凤翥. 笔画字顺著者号码表［M］. 北京：中国科学院图书馆，1964.

笔画与起笔都相同的，再依次按第二或第三笔的（丶）、（一）、（丨）、（丿）次序排列。该表有行列式与表格式两种形式。这里摘录行列式的一段示例：

七画		……	……	八画	
〔丶〕		〔丨〕		〔丶〕	
沈〔丶〕	237	肖	290	单	323
沈〔一〕	238	……	……	……	……

例：沈江明为237；沈功岚为238；单娟丽为323。

②汉语拼音著者号码表。它是依据汉字的拼音音序特征来编制的。目前国内这类著者号码表中影响最大的是《通用汉语著者号码表》。关于该表的编制特点及使用方法要点在本章第三节作专门介绍。

（2）拼号法著者号码表

拼号法著者号码表不列举具体的著者名称用字，而是将汉语拼音字母或汉字笔形划分为若干组，每一组各给一个代号，按一定规则将相应代号组配成著者号的一种著者号码表。如蒋完奎编的《著者号码表》就属于这一类型的著者号码表。① 现以该表为例加以说明：

1	2	3	4	5	6	7	8	9
ABC	DEF	GHI	JKL	MN	OPQ	RST	UVW	XYZ

该表将26个汉语拼音字母顺次分为9组，每组各给一个代号。有两种取著者号的方法：一是，将“姓”的拼音首字母和第二、三字母的代号组配成著者号，如“高”（Gao）为“G16”；不足三个字母的，用“0”补位，如：“李”（Li）为“L30”。二是按姓名首字母的代号组成著者号，如“高远清”（Gao Yuan Qing）为“396”。如姓名为两个字的，则在第三位数用“0”补位，例：“王力”（Wang Li）为“840”。上表可以看做是一种“隐姓”的微型著者号码表。

① 侯汉清，王荣授. 图书馆分类工作手册［M］. 北京：中国科学技术出版社，1992：142-143.

另外，还有一种将汉字笔形的代号按一定规则组配成著者号的方法，如用四角号码查字法（该查字法分十种笔形，代号为0~9十个号码）编制著者号。

应该提到的是，用查号法编制的著者号码优于用拼号法编制的著者号码，因为后者区分性差，重号率高。

二、种次号及其编制方法

1. 种次号的含义与特点

种次号是以图书的“种”为单位，依据同类中各种书分编的先后次序，依次给予的1、2、3……顺序号。相对于著者号而言，种次号的优点是：号码简短，编号方法简单，排架简便。其主要缺点是不能集中同类中同一著者的各种著作。此外，还有两个缺点：一是，取号不规范，一致性差。各单位对同一种书很难有一个统一的种次号，不利于在版编目与集中编目。二是，号码稳定性差。当分类法版本更新，某些已编图书需要更改分类号时，往往就要更改种次号。

2. 种次号的编制方法

编制种次号，无论是采用传统的种次号记录卡或代号卡的管理方法，还是在计算机编目的条件下取种次号，应明确以下几个问题：

（1）关于一书的不同版本如何确定种次号与辅助区分号的问题。对此，有两种编种次号的方法：一是，统一编号，即对一书的不同版本均采用同一个种次号，再以辅助区分号区别不同版本。二是，分别编号，即对一书的不同版本分别编种次号。一般来说，宜选用第一种。因为统一编号虽然号码较长，但能集中一书的各种不同版本，便于人们对不同版本的书进行比较、选择与研究。至于第二种编号方法，虽然号码简短，但难以集中一书的各种版本。

（2）关于编制种次号的类级起点问题。类级即类目级位的简称。编制种次号预先要确定哪一级类目作为编号的起点类目。对此，各单位的做法不一。有的采用类级较高的类目（例如二级类目或三级类目）；有的采用类级较低的类目（例如四级类目或五级类目）；有的事先不规定类级起点，对每类图书都从“1”开始顺序编号。由于对编制种次号的类级起点，没有一个统一的要求，使用种次号的单位可根据各自的实际情况，预先对编制种次号的类级起点作出明确的规定。

（3）关于是否采用分类法中规定的书次号编号方法的问题。这方面的内容详见本节中“五、文献分类法中规定的书次号编号方法”。

三、人物与事物名称号及其编制方法

人物与事物名称号是以书中内容所论述的人物或事物的名称为依据而编制的书次号。使用这种书次号能够集中同类中论述某一人物或事物的有关图书。其编制方法是：依书中内容所论述的人物或事物的名称编制相应的号码。现举例如下：

例一：以人物的名称编制书次号

丁文江印象/雷启立编著	K826.14/D572
丁文江图传/宋广波编著	K826.14/D572/2
李四光/马胜云编著	K826.14/L261
石迹耿千秋：回忆李四光/徐淑彬，李林著	K826.14/L261/2

例二：以事物的名称编制书次号

长江泥沙来源与堆积规律研究/周凤琴，唐从胜著	TV152/C246
长江泥沙公报．2010/水利部长江水利委员会编	TV152/C246/2
黄河泥沙/赵文林主编	TV152/H831
黄河泥沙优化配置/胡春宏等著	TV152/H831/2

说明：例一中各书以书中内容所论述的人物“丁文江”、“李四光”取书次号，能在 K826.14 类下分别集中有关论述“丁文江”、“李四光”的多种著作。例二中各书以书中内容所论述的“长江”、“黄河”取书次号，能在 TV152 类下分别集中有关论述“长江”、“黄河”的多种著作。

四、年代号与会议届次号及其编制方法

年代号与会议届次号是以图书内容所属年代、会议届次或著作的写作年代为依据而编制的书次号。文献分类法中对国内外某些重大的活动与事件、某些科研观测活动设置了专类，并通过类目注释指明有关图书“按写作年代排”、“按会议届次排”、“按年代排”。以年代号、会议届次号作为书次号的意义在于能体现某些事物发生的时间与发展历程。

例：F123.5　中国经济发展年度计划

按年度依次编号排列。

例：1980 年年度计划为 F123.5/1980。

书次号的类型除了上述著者号、种次号、人物与事物名称号、年代号与会议届次号外，还有文献的固有序号、书名号、图书出版年代号与藏书登录号等。文献固有序号是以文献本身的固有序号（如专利文献的专利号、标准文献的标准号等）为依据而编制的书次号。例如：中华人民共和国国家标准《中国煤炭分类》（GB5751—1986）的编号为“71.242/GB5751—1986”。（其中“71.242”为《科图法》第3版的类号，“GB5751—1986”是以标准号编制的书次号）。书名号是以图书的书名为依据而编制的书次号。图书出版年代号是以图书的出版年代为依据而编制的书次号。如《全国总书目》（1990年）的编号为“Z812.1/1990”。以藏书登录号作为书次号一般用于某些图书的固定排架。

五、文献分类法中指明的书次号编号方法

《中图法》在A、D、F、G、K、P、R、S、T、Z等大类有关类目下，通过类目注释指明“依……排”，即指明书次号的编号方法。例如：R282.71植物药类下注明：“依药名排”。《科图法》在少数类目下也有类似这样的注释。文献分类法中通过类目注释指明的书次号编号方法，归纳起来大致有五种类型：

1. 按人物或事物名称取书次号

例：Z862　中国个人著作目录
　　　　依中国时代表分。依著作人排。
　　G254.123　专业分类表
　　　　依分类表名称排。

2. 按图书内容所属年代或届次取书次号

例：D412.3　中华全国总工会
　　　　依会议届次排。

3. 按图书的出版年代或写作年代取书次号

例：Z812.1　全国总书目
　　　　依出版年代排。

4. 按图书本身固有序号取书次号

例：71.24 工业标准、规范
依国分，用附表六。
各类专门标准规范宜入有关各类；如有需要，可集中此处，并可按标准本身系统排列。(《科图法》)

5. 按图书的书名取书次号

例：01.3 马克思、恩格斯单行著作
按书名排。即以书名取同类区分号。(《科图法》)

对于文献分类法中指明的书次号编号方法，有三种处理方式：一是，完全按分类法的规定取书次号；二是，有选择地采用分类法的有关规定取书次号；三是，不采用分类法的规定。上述三种处理方式，宜采用第一种或第二种方式。无论采用哪种方式，各单位事先应作出明确规定。

六、书次号中辅助区分号的编制方法

多年来人们提出过多种辅助区分号的编制方案，其内容与编制方法大致相同。现以《通用汉语著者号码表》① 为依据，对书次号中辅助区分号的编制方法加以说明。

1. 同一著者的不同著作区分号

对于同一著者的不同著作，从第二种起，用著作种次号依次编号区分。

例：潮汐集：诗集/郭沫若著（馆藏第一种著作）
编号为：I227
G815 或 I227/G815
骆驼集：诗集/郭沫若著（馆藏第二种著作）
编号为：I227 I227
G815 或 G815/2 或 I227/G815/2
2

① 刘湘生. 通用汉语著者号码表［M］. 北京：海洋出版社，1992：4-6.

说明：《通用汉语著者号码表》对图书分类排架索书号码提供了三种可选用的书写形式。即：

（1）分类号 ←区分图书类别

著者号 ←区分图书著者

著作区分号 ←区分同一著者不同著作及其版本和卷册

（2）分类号

著者号/著作区分号

（3）分类号/著者号/著作区分号

为节省篇幅，以下各例的图书分类排架索书号均采用第三种书写形式。

2. 同一种著作的不同注释本、译本区分号

对于同一种著作的不同注释本、译本，从第二种起，用前置符号“-”和数字依次编号。

例：巴黎圣母院/（法）雨果著；陈敬容译 I565.44/Y830

巴黎圣母院/（法）雨果著；管震湖译 I565.44/Y830-2

3. 同一著作的不同版次区分号

对于同一种著作的不同版次，从第二种起，用前置符号“=”和数字依次编号。

例：变电站综合自动化原理及应用/丁书文编著 TM63/D567

变电站综合自动化原理及应用（第二版）/丁书文编著TM63/D567=2

4. 同一种著作的卷、册区分号

对于同一种著作的卷、册，用前置符号“:”和卷（册）次区分。如果是分卷再分册，则用圆点“·”加以区别。

例：中国文学史（第一卷）/袁行霈主编 I209/Y915：1

中国文学史（第二卷）/袁行霈主编 I209/Y915：2

世界史：近代史编. 下卷/吴于廑主编 K1/W912：2·2

5. 同一种著作的不同年代区分号

按年代出版的著作，如年鉴、年刊、年度索引等，直接用年代编制区分号，在年代下，有册次区分时，再用卷册区分号区分。

例：中国图书馆年鉴　1999/肖东发主编　G259.2-54/X300/1999

第三节　《通用汉语著者号码表》简介

《通用汉语著者号码表》① 由全国情报文献标准化技术委员会第五分会、《中图法》编委会、中国图书馆学会学术委员会分类与主题分委员会组织编制，主编刘湘生。1992年6月由海洋出版社出版。该表是在广泛吸取了国内外多种著名著者号码表的优点，经过严格论证，深入调研，认真试验，通力协作的基础上而产生的。它的研制与出版，为促进中文图书同类书书次号码的编制向规范化、标准化方向发展创造了条件。

一、《通用汉语著者号码表》的编制特点

《通用汉语著者号码表》的编制特点主要体现在体系结构、标记符号与号码分配等方面：

1.《通用汉语著者号码表》的体系结构

《通用汉语著者号码表》是采用查号法的汉语拼音著者号码表。该表由编制与使用说明、主表、著者复分表三部分构成。

（1）编制与使用说明。该表在编制与使用说明中除了介绍该表的编制与使用规则以外，还明确地提出其编制目的是："为使同类书书次号码的编制向规范化方向改进创造条件"。并对"书次号码"、"著者号"、"种次号"、"著者号码表"、"同一著者著作区分号"等名词术语作出了准确的释义。

（2）主表。主表即著者名称用字号码表。该表共收汉字2867个。收字范围包括五个方面：①个人著者的姓；②机关团体著者首字；③部分图书题名首字；④《中图法》有关类目下规定的按名称排列首字；⑤相关的常用复合词。

该表中所收汉字依汉语拼音音序（音节-声调）排，同声调的字再依笔画笔顺排。主表样式如表14-1所示：

① 刘湘生. 通用汉语著者号码表［M］. 北京：海洋出版社，1992.

表 14-1　　《通用汉语著者号码表》主表样式

Lán		……	……
兰		留	741
A-P	036	……	……
Q-Z	037	Liǔ	
兰州	038	柳	
兰州大学	039	A-G	748③
……	……	H-P	751③
Liú		Q-W	754③
刘		X-Z	757③
A-B	580⑩	……	……
C	590⑩	Lóng	
……	……	隆	761
J	630⑩	……	……
K-L	640⑩	Yuán	
……	……	元	
S	670⑩	A-P	872
T-W	680⑩	Q-Z	873
……	……	园	874
Yin-Yun	710⑩	……	……

（3）著者复分表。著者复分表是用于主表中对分配有多个号码的汉字进行定号的辅助表。它起到避免或减少重号的作用，见表 14-2。
该表左边②③⑤⑩为正表中所标注的分段号；上、下边的 0~9 数字是复分号；双名栏适用于双名著者依名字第二字的首字母取复分号，单名栏适用于单名著者依名字的尾字母取复分号。使用时将主表中的号码与该表中相应的复分号相加，所得的号码即为实际著者号。

例一：柳宗元（Liu Zong Yuan）的著者号为：L757+2→L759

例二：刘商（Liu Shang）的著者号为：L670+2→L672

2.《通用汉语著者号码表》的标记符号与号码分配

该表采用一个汉语拼音首字母和三位阿拉伯数字相结合的混合号码。著者号码的分配以著者名称出现频率的高低为依据，频率高的汉字多配号，频率低的汉字少配号，每个汉字至少有一个号码。另外，对表中未列出的著者名称用字，规定了相应的取号方法。

表 14-2　　　　　《通用汉语著者号码表》著者复分表

		0	1	2	3	4	5	6	7	8	9
②	双名	A–P	Q–Z								
	单名	ɑ，e，g，i，m	n，o，r，u，ü								
③	双名	A–J	K–T	W–Z							
	单名	ɑ，e，g，	i，m	n，o，r，u，ü							
⑤	双名	A–G	H–L	M–R	S–X	Y–Z					
	单名	a，e	g	i，m	n	o，r，u，ü					
⑩	双名	A–E	F–G	H–J	K–L	M–P	Q–R	S–T	W–X	Y	Z
	单名	ɑ	e	g	i	m	n	o	r	u	u
		0	1	2	3	4	5	6	7	8	9

二、《通用汉语著者号码表》使用方法要点

1. 著者名称为两个字的取号方法

（1）著者名称首字在主表中只有一个号码时，就取该号码。如“留正（Liu Zheng）”为“L741”。

（2）著者名称首字在主表中有多个号码时，依著者名称的第二字首字母的相应号码取号。如“元稹（Yuɑn Zhen）”为“Y873”。

（3）著者名称首字在主表中有多个号码，且号码后有②③⑤⑩标识时，依著者复分表确定实际著者号。如“刘基（Liu Ji）”为“L633”。

2. 著者名称为三个字的取号方法

（1）著者名称首字在主表中只有一个号码时就取该号码。如“隆科多（Long Ke Duo）”为“L761”。

（2）著者名称首字在主表中有多个号码时，则依著者名称的第二字首字母的相应号码取号；如果号码后有②③⑤⑩标识时，再根据著者复分表确定实际著者号。

例一：“元好问（Yuɑn Hɑo Wen）”为“Y872”；

例二：“刘克庄（Liu Ke Zhuɑng）”为“L649”；

3. 著者名称为四个字以上的取号方法

著者名称为四个字以上的，取其前三字，依照“2”取号。如“兰卡斯特（Lan Ka Si Te）”为“L036”。

4. 机关团体著者的取号方法

（1）在主表中已列有专号的，则取专号。如“兰州大学（Lan Zhou Da Xue）”为“L039”。

（2）在主表中无专号者，按名称前三字，依照“2”取号。如“刘禹锡研究会（Liu Yu Xi Yan Jiu Hui）”为“L717”。

5. 两种特殊的取号方法

（1）人物传记依被传人取号。如《刘少奇传》（金冲及主编）为“L675”。

（2）在《中图法》有关类目下有书次号编号规定的，依规定取号。如马克思著的《资本论》第一卷，其写作年代为1867年7月，按规定多卷书以第一卷的写作年代取号，号码为“6707”。

6. 同一著者著作区分号的取号方法

关于这方面的内容见本章第二节“六、书次号中辅助区分号的编制方法”。

第十五章 图书改编的原则与方法体系

图书改编工作就是图书情报部门为了适应文献分类法的不断修订与版本更新以及换用文献分类法的需要，在正确认识文献分类法新、旧版本的联系与区别或所换用的文献分类法的特点的基础上，根据本单位的实际情况，运用科学的方法体系，用文献分类法的新版本或所换用的文献分类法对有关已编藏书与目录进行重新分编的业务过程。①

第一节　图书改编的原则

图书改编原则是根据图书改编的目的、反映图书改编规律而制定的指导图书改编工作的基本准则。由于图书改编原则既反映图书改编规律，同时又是图书改编经验的总结与提高，因此正确制定图书改编原则，并在图书改编过程中掌握与贯彻改编原则，对于确定与实施图书改编方案，选择与改革图书改编方法，提高图书改编的质量，都具有重要的意义。

在图书改编过程中，应遵循以下三条原则：

一、统一要求与因馆制宜相结合的原则

《中华人民共和国省（自治区、市）图书馆工作条例》、《中华人民共和国高等学校图书馆规程》等文件中指出，要“逐步实现分类、编目的规范化、标准化”。图书改编的统一要求就是根据上述文件中关于要“逐步实现分类、编目的规范化、标准化”的精神，所确定的图书改编应达到的总目标。它包括相互联系的两个内容，一是通过图书改编，努力达到本系统的或

① 本节内容节选于俞君立、黄葵的《论图书改编的本质、原则与方法体系》一文，载《图书情报论坛》1992年第2期，并作了改写。

本地区的乃至全国的图书情报部门的分类体系符合标准、规范、一致的要求，为实现我国文献工作标准化、规范化、现代化以及文献资源共享进一步创造有利条件；二是通过图书改编进一步方便读者检索与利用图书资料，便于工作人员更好地管理图书资料，开展各项业务工作。这里所说的因馆制宜，是指图书改编应从本单位客观存在的实际出发，根据本单位的性质、任务、已编藏书与目录、人员、设备等因素来确定图书改编方案，并组织实施。

统一要求与因馆制宜是辩证的统一。图书改编的统一要求决定着图书改编工作的方向，规定着图书改编工作的基本任务和要求，脱离了统一要求，图书改编就会陷入盲目的境地，导致“自由改编”、“各行其是”。而因馆制宜则是实现图书改编的统一要求的主要方法，没有因馆制宜，统一要求也就很难达到。需要指出的是，有的图书馆在图书改编中只强调因馆制宜，而忽视图书改编的统一要求，这是应该引起重视的。那么在图书改编中怎样贯彻统一要求与因馆制宜相结合的原则呢？

首先，在坚持统一要求的前提下，各级各类型图书情报单位应根据各自的实际情况的总和，确定改编方案、方法与步骤。

其次，在统一要求的前提下，允许各馆根据各自的具体情况，对所使用的文献分类法的有关类目体系、类目设置进行必要的扩充、调整与修改。例如，《中图法》是一部综合性的文献分类法，在类目设置上贯彻均衡的原则，即考虑各学科领域类目分布的均匀度，防止某些局部过于概括或过细的展开。这样，专业图书馆在使用《中图法》新版本改编图书时，可以根据本专业及其文献的特点，对涉及本专业的类目体系、类目设置进行充实与完善，但不能违背《中图法》的编制原则。

二、突出重点与统筹兼顾相结合的原则

图书改编工作突出重点是指自始至终要把改编藏书与目录作为中心内容。统筹兼顾是指在图书改编工作过程中要处理好改编工作与有关业务工作的关系，并通过改编工作促进其他业务工作的开展。

在图书改编工作中如何兼顾并促进其他业务工作呢？

第一，应保证读者服务工作的正常进行。图书经过改编，无疑能更好地方便读者检索与利用图书资料，但在图书改编过程中由于有些图书资料不得不暂时停止借阅，这必然会影响读者利用图书资料。因此，进行图书改编工作，必须要兼顾读者服务工作，尽量做到加快改编节奏，优化改编流程，改进改编方法，边流通，边改编，把对读者服务工作的影响降低到最低程度，

保证读者服务工作的正常进行。

第二，应把改编工作和藏书剔旧、整顿与完善目录体系结合起来。我们知道，入藏与剔旧是文献资源建设中具有辩证关系的、相辅相成的两个方面。多年来，藏书剔旧一直是图书馆工作中的一个薄弱环节。由于图书改编工作会涉及到已编藏书内容的鉴别问题，因此，为进行藏书剔旧工作提供了有利条件。图书情报部门应充分利用图书改编的机会，将那些内容陈旧过时的、已失去使用价值与保存价值的藏书加以剔除。图书改编工作与藏书剔旧工作相结合，既有利于藏书剔旧工作的开展，优化藏书，提高藏书的质量，又能因部分藏书被剔除，在一定程度上减轻图书改编的工作量。另外，图书改编还要与整顿、完善目录体系结合起来。

第三，应把改编工作与文献分类法的修订工作结合起来。文献分类法的新版本是经过多年酝酿、研究与修订后产生的，一般来说，新版本比旧版本完善，但任何一部文献分类法都不可能是尽善尽美的，总会存在着不尽如人意的地方，这也是正常的。事实上，在类分图书或在图书改编过程中往往会发现文献分类法新版本或所换用的文献分类法中存在着某些问题。因此，善于把图书改编工作与分析、研究文献分类法中存在的问题结合起来，并提出相应的处理办法，既有利于提高图书改编的质量，又有利于文献分类法今后的修订。

三、集中指导与分工协作相结合的原则

任何一个图书馆的图书改编工作都不是在一种封闭的环境中进行的，而是在一个开放的体系中进行的。搞好图书改编工作，不仅要依靠本单位编目部门的力量与其他业务部门的力量，还要得到文献分类法管理机构及有关部门、学术组织的指导与支持以及各图书馆之间的密切配合。只有把参与图书改编工作的各方面力量组织与协调起来，做到既有集中指导，又有分工协作，才能形成图书改编的强大合力，才能使图书改编达到预期的目的。

集中指导是指文献分类法的编制与管理机构对图书改编的指导思想、目标、原则、方式、方法等方面进行宏观引导。集中指导对于保证图书改编工作按照正确、统一、规范的方向进行，具有重要意义。

集中指导的主要途径与方式、方法是：

① 拟订图书改编工作规程及有关图书改编的指导性文件，为文献分类法用户提供可参考的改编方案、改编方式与方法。

② 推荐与介绍图书改编的经验，组织图书改编工作经验交流会、研讨会，促进图书改编工作的深入进行。

③ 编制文献分类法新、旧版本有关类目对照表，供文献分类法用户参照使用。

④ 提供图书改编咨询服务，收集与分析研究各地图书改编情况与评论文献分类法新版本等方面的信息。

分工协作，包括两层意思：一是指在一个图书馆内各业务部门之间的分工协作。根据图书改编工作的性质与特点，图书改编工作应由编目部门专门负责，其他业务部门积极配合。图书改编经验表明，应成立一个由馆长或副馆长领导的、编目部门具体负责的、其他有关业务部门参加的改编工作小组，共同制定改编方案并组织实施。二是指各图书馆之间加强联系，密切合作，交流改编工作经验。各地图书馆学会、情报学会、高等学校图书情报工作委员会等学术组织应为各馆加强联系创造条件，如组织参观学习，举办改编工作研讨会、经验交流会等，并根据本地区、本系统图书馆的实际情况，对改编工作的质量与进度提出具体要求，将其列入各馆分编水平评估指标体系。

在图书改编工作中集中指导与分工协作是相互联系的，把两者结合起来，做到图书改编目标一致，上下协同努力，相互配合，就能保证图书改编工作的顺利进行。

第二节　图书改编的方法体系

图书改编的科学方法是构成图书改编活动的基本因素之一，它是进行图书改编活动的必要手段。对图书改编的科学方法，通常的看法是指专门改编方法，如“彻底改编方法”、“改组分类目录方法”，等等。图书改编的科学方法应是以哲学方法为指导的、一般科学方法与专门改编方法有机结合的方法体系。这样来理解图书改编的科学方法，其意义在于使图书改编活动能充分吸取与运用其他学科的理论与方法，为图书改编工作及其研究提供新的思路，为解决与处理好图书改编过程中的有关问题提供有效的手段，提高图书改编活动的科学性，以取得最佳改编效果。

图书改编的方法体系有三个层次：一是哲学方法；二是一般科学方法；三是专门改编方法。

一、哲学方法

哲学方法，是从事一切科学研究，进行各项工作的最普遍的方法。一般科学方法和专门科学方法都是哲学方法的具体体现，它们都离不开哲学方法的指导。哲学方法是与哲学观点密切联系的，不存在脱离哲学观点的哲学方法。我们所说的哲学方法是指唯物辩证法。唯物辩证法既是科学的世界观，又是科学的方法论。哲学方法虽不能代替一般科学方法与专门改编方法，但它为一般科学方法与专门改编方法提供了理论基础。在图书改编活动中，如果我们能自觉地用唯物辩证法指导工作，坚持实事求是的原则，坚持实践的观点与主观和客观相统一的观点，一切从实际出发，具体问题具体分析，抓住主要矛盾和主要的矛盾方面，就能使我们在图书改编活动的总方向和大的关键问题上避免失误。

二、一般科学方法

一般科学方法，是指在某些学科或某些工作中所通用的科学方法。在图书改编活动中必须运用某些一般科学方法，方能保证图书改编活动的顺利进行，这些一般科学方法构成了图书改编方法体系中的第二个层次。这些方法主要是：

1. 调查研究方法与定性定量分析方法

在图书改编活动中应该坚持运用调查研究方法。在进行图书改编之前，需要对涉及图书改编的多方面问题，如文献分类法新、旧版本的异同、新版本的修订内容与特点、本单位已编藏书的种类与数量、人力与物力情况、外单位图书改编的经验等做一番深入、细致的调查与分析研究，做到心中有数。调查的结果就可以为制定图书改编方案，组织图书改编工作提供客观依据。对于图书改编过程中可能会遇到的问题，就可以根据调查所得到的材料作出分析与判断，提出合理的处理办法。需要提到的是，在图书改编活动中运用调查研究的方法应讲究科学化。这种科学化体现在两个方面：一是，结合图书改编的实际情况，采用行之有效的调查方式，如全面调查、抽样调查、信息网络调查、群众讨论、向专家征询意见、取得文献分类法管理机构的指导、考察外单位的图书改编情况、参加图书改编研讨会与经验交流会等。对上述调查研究的方式往往需要将几种方式结合起来或交替运用，例如，将全面调查与抽样调查结合起来，将组织馆内讨论、征询专家意见、取得文献分类法编制与管理机构的指导三者结合起来，以达到取长补短、互相印证的效果。二是，调查研究方法与定性定量分析方法相结合。定性定量分析方法是关于被认识对象的性质方面和数量方面的研究方法，是人类认识事物的基本方法之一。在图书改编活动中运用定性定量分析方法可以帮助我们对调查的各种事实既有质的认识，又有量的分析，更全面、更精确、更深刻地认识调查到的事实，从而使本单位图书改编的决策与实施建立在可靠的基础之上。

2. 系统方法

从系统论的观点来看，图书改编工作是一项多因素、多工序的系统。要有效地搞好图书改编工作，必须应用系统方法，运用系统方法的整体性、联系性、优化性、动态性原则，从图书改编的整体出发，科学地分析图书改编系统中的种种因素及它们之间的关系，协调各方，努力提高各种要素可能达到的满意程度，综合考虑各要素的结合形式及改编系统与外部环境的关系，使改编工作系统处于一种最适当的有序状态，达到最佳的效果。例如，在图书改编系统的诸要素中，首先要提高改编工作人员的素质，发挥他们在系统中的主体作用，有了高素质的改编工作人员，才能保证图书改编工作的高质量、高水平。其次要考虑图书改编主体、客体、中介诸因素及其关系。另外，还要考虑图书改编系统与外部环境的关系，这个外部环境就是读者检索与利用图书资料的需要。在图书改编过程中，仍要坚持对新书进行正常分编，并对需要改编的藏书和目录分轻重缓急，逐类改编。这些都是为了保证读者检索与利用图书资料的需要，使图书改编系统与外部环境相适应。

3. 统筹方法

统筹方法是企业管理和安排各项工作进程的一种科学方法。它是根据工作任务、人力、物力以及工艺流程，通过画出统筹图，来表示任务与计划的进度安排以及其中各项工作之间的相互关系。统筹方法在许多领域里得到了广泛的应用，它也适用于图书改编工作。因为统筹图能以简明的形式表达改编工作的全过程与各项工作的复杂关系及次序，并能抓住制定与执行图书改编计划的关键，统筹兼顾，全面安排。图书改编实践表明，采用统筹方法，对于提高图书改编的效率与效果，具有十分显著的作用。

应该指出，上述各种科学方法之间并非彼此是孤立的，而是相互联系、交叉的。因此，在图书改编活动中对各种科学方法应该做到综合运用、交叉运用。

三、图书改编的专门方法

图书改编的专门方法是图书改编方法体系中的第三个层次，它是图书改编活动所特有的方法。图书改编的专门方法主要有以下六种：

1. 彻底改编的方法

彻底改编是指：凡与文献分类法新版本的要求不一致的已编图书与目录款目均按新版本进行重新分编。这种方法的优点是能保持分类检索系统和分类排架系统的一致性，便于读者检索与利用图书，是一种理想的方法。其难点是改编工作量大，在图书改编期间会影响读者利用图书。它适合于中小型图书馆使用。

2. 改组分类目录、不改编图书的方法

这种方法是指：凡与文献分类法新版本的要求不一致的已编分类款目，应按新版本进行重新分类，确定目录分类号，纳入新版本的分类目录体系；对相应的已编图书一般不进行重新分类，保留原索书号。这种方法能保持分类检索系统的一致性，较省力省时，但必然会造成分类排架系统多头的状况。

3. 部分图书彻底改编与改组分类目录相结合的方法

部分图书彻底改编主要是指：① 因文献分类法新、旧版本在某些方面的不一致，会引起分类排架与分类目录混乱的有关已编图书需要彻底改编，例如，新版本改变了旧版本中部分学科隶属关系，如《中图法》第 5 版将第 4 版中“情报学、情报工作”从“C35”改入“C25 图书馆事业、信息、事业”。② 已编图书的分类号有明显错误的，要进行彻底改编。③ 与专业设置关系紧密的重点藏书与相关藏书，要进行彻底改编。除上述三种情况外，对其他已编图书一般不进行重新分编，只采用改组分类目录的方法。部分图书彻底改编与改组分类目录相结合的方法，力图吸取前两种方法的优点，并在一定程度上能克服第一种方法的难点与第二种方法的缺点，应该说这是一种比较好的方法。它适合于大型图书馆与具有一定规模的专业图书馆使用。

4. 分类目录细分、分类排架粗分的改编方法

这种方法是指：凡与文献分类法新版本的要求不一致的已编分类目录款目按新版本全面改编，确定目录分类号。藏书排架则是新书按新版本取简略分类号，对已编图书，凡依新版本改的类号未超出简略分类号类目范围内的，不重新分类。这种方法的主要优点是不仅能保证分类检索系统的一致性与分类排架体系的实用性，方便管理图书，而且可以较大幅度地减少藏书改编的数量，适应文献分类法的不断修订。

5. 目录合并法

这种方法就是把需要改动的已编分类款目合并到新版本相同类名的分类款目中，并在导卡上作出说明。这种方法工作量较小，读者在使用分类目录时可以进行一次性检索，但分类排架系统会存在多头状况。它对于实行闭架借阅，藏书量大的综合性图书馆来说，也是一种可采用的方法。

6. 新、旧分类排架与分类目录并存的方法

这种方法通常被称为“一刀切”，即按文献分类法的新、旧版本或按前后使用的不同分类法，分别建立各自的分类排架体系与分类目录系统。这种方法既不涉及对已编图书与目录的改编，又不涉及分类目录改组或新、旧分类款目的合并，最省时省力，但必然造成分类排架体系、分类目录系统多头的状况，而且随着文献分类法版本的不断更新，这种多头现象会越来越严重。这种方法只对藏书量很大的图书馆在换用另一种文献分类法时才可以考虑使用。

第三节　图书改编的基本过程

图书改编的具体过程可能会因不同的图书馆而不一样，但对于图书改编的基本过程来说，则是大致相同的。图书改编的过程可以分为三个阶段，即准备工作阶段、制定改编方案阶段、实施改编方案与总结阶段。

一、准备工作阶段

在图书改编的准备阶段，应做好思想上、业务上、组织上以及物质上的各方面的准备工作。

1. 思想准备

馆领导要高度重视图书改编工作，要使全馆工作人员都能认识到图书改编的重要意义，统一思想认识。可采取组织各种研讨会、交流会等形式，统一认识，集思广益，使工作人员积极而又慎重地对待图书改编问题，寻求合理的改编方案。全馆群策群力，密切配合，为搞好图书改编工作奠定思想基础。

2. 业务准备

（1）学习与研究文献分类法的新版本及其使用手册。掌握文献分类法新、旧版本的联系与区别和新版本的修订内容与修订类型。

（2）掌握本单位已编藏书与目录的情况。包括了解已编藏书的种类及数量，并了解各类已编藏书的流通情况。

（3）了解各单位图书改编的情况，学习图书改编的先进经验。

（4）确定文献分类法新的“使用本”。在对照分析文献分类法新、旧版本的联系与区别以及掌握新版本的修订内容、修订类型的基础上，根据本单位的性质、藏书情况、读者需要，结合以往使用旧版文献分类法的情况，确定新的“使用本”。新的“使用本”是确定“改编本”，即改编范围的依据，也是以后类分文献的工具，因此，确定“使用本”是一项重要的准备工作。

3. 组织准备

为保证图书改编工作的顺利进行，应成立专门的图书改编组。图书改编组由单位负责人直接领导，改编组的成员应包括分类编目人员与流通、阅览、典藏等其他业务部门的工作人员，以分编人员为主，他们应该具有良好的素质与强烈的工作责任感。图书改编组的工作范围是：为图书改编方案的制订提出决策性意见；与各业务部门密切协作，搜集反馈信息，改进改编工作；正确地实施并完成图书改编任务；坚持严格的检查制度，保证改编工作的质量与效率。

另外，还要做好必要的物质方面的准备。

二、制定图书改编方案阶段

制定图书改编方案与计划是改编工作过程中的重要环节。其目的主要是根据调查研究所掌握的实际情况，参考外单位图书改编的经验，确定与选择最优化的图书改编方案，制订计划与措施，确定对各种问题的处理办法，使改编工作达到预期的目的。

制定改编方案，不仅是一个按一定逻辑顺序正确地进行思维的过程，而且也是按一定的步骤和方法进行大量的工作的过程。在制定图书改编方案时，首先要解决图书改编范围、改编方法的问题，其次要解决工作进度与人力、物力的安排问题。具体地说，要做好以下几项关键性的工作。

1. 确定“改编本”

确定“改编本”，就是把文献分类法旧版“使用本”与新版“使用本”逐类进行对照，把需要改编的类目标记在旧版“使用本”上，并注出改动后新版本的类号，或者是把需要改编的类目标记在新版本“使用本”上，并注出旧版本要改动的类号。同时，根据修订类目与原类目之间的关系，在相应的类目下作出必要的注释。

2. 制定改编方案

制定改编方案主要包括三项内容：

（1）确定改编范围与改编方式。根据“改编本”与公务分类目录核对后所测算出来的改编工作量，结合本馆的人力、物力、计划完成改编工作的时间，以及本单位的藏书重点、读者对象等情况，确定图书改编范围与改编方式。确定图书改编范围与改编方式时，应该经过充分论证，并对提出来的改编方式进行优选。

（2）制定改编计划。改编计划是改编方案的具体化。确定改编方式后，需要制定改编计划，以明确改编工作的内容、步骤、方法等。例如，有些高等学校图书馆如果采用“改组分类目录与部分藏书彻底改编相结合”的改编方式，在改编计划中可规定如下改编步骤：①先改与本校专业设置关系紧密的重点藏书，采取彻底改编的方式；②然后改与本校专业设置有关，但不属重点藏书的相关藏书，也采取彻底改编的方式；③最后改与本校专业设置无关的一般藏书，采取不改藏书，只改组分类目录的方式。在改编计划中，应明确列出重点藏书、相关藏书、一般藏书的明细表。

(3) 提出改编措施。如确定工作进度，合理安排人员，规定工作定额，制定质量检查制度等。

三、图书改编方案实施与总结阶段

图书改编方案的实施与总结阶段是指从具体改编工作开始，直到完成既定改编任务的全部工作过程。在这个阶段，重要的是要合理地组织好整个改编工作各步骤、各工序的工作。图书改编工作结束之后，应总结成绩和问题、经验与教训，分析其原因，并将其反馈给有关文献分类法编委会，以便文献分类法编委会更好地指导图书改编工作。

参考文献

[1]国家图书馆《中国图书馆分类法》编辑委员会. 中国图书馆分类法[M]. 第5版. 北京:国家图书馆出版社,2010.

[2]《中国图书馆分类法》编辑委员会.《中国图书馆分类法》(第四版)电子版1.0[EB/CD]. 北京:北京图书馆出版社,2000.

[3]《中国图书馆分类法》编辑委员会. 中国图书馆分类法(第四版)索引[M]. 北京:北京图书馆出版社,2000.

[4]国家图书馆《中国图书馆分类法》编辑委员会.《中国图书馆分类法》第五版使用手册[M]. 北京:国家图书馆出版社,2012.

[5]中国图书资料分类法编辑委员会. 中国图书资料分类法[M]. 第4版. 北京:科学技术文献出版社,2000.

[6]中国人民大学图书馆图书分类法修订委员会. 中国人民大学图书馆图书分类法[M]. 第6版. 北京:中国人民大学出版社,1996.

[7]中国科学院图书馆图书分类法修订委员会. 中国科学院图书馆图书分类法[M]. 第3版. 北京:科学出版社,1994.

[8]《中国档案分类法》编委会. 中国档案分类法[M]. 第2版. 北京:中国档案出版社,1997.

[9]刘湘生. 通用汉语著者号码表[M]. 北京:海洋出版社,1992.

[10]王凤翥. 笔画字顺著者号码表[M]. 北京:中国科学院图书馆,1964.

[11]张琪玉. 情报语言学基础[M]. 增订2版. 武汉:武汉大学出版社,1997.

[12]白国应. 图书分类学[M]. 北京:书目文献出版社,1981.

[13]周继良. 图书分类学[M]. 修订本. 武汉:武汉大学出版社,1992.

[14]北京大学图书馆学情报学系《图书分类》编写组. 图书分类[M]. 北京:书目文献出版社,1990.

[15]马张华,侯汉清,薛春香. 文献分类法主题法导论[M]. 修订版. 北

京:国家图书馆出版社,2009.

[16]《文献分类岗位培训教程》编委会. 文献分类岗位培训教程[M]. 北京:华艺出版社,1993.

[17]张琪玉,刘湘生. 中国分类主题词表教程[M]. 北京:华艺出版社,1994.

[18]曹树金,罗春荣. 信息组织的分类法与主题法[M]. 北京:北京图书馆出版社,2000.

[19]陈树年,侯汉清,戴维民,王荣授. 中国图书馆图书分类法的理论与使用[M]. 西安:陕西科学技术出版社,1990.

[20]俞君立,黄葵.《中国图书馆图书分类法》(第3版)类目复分方法及其疑难解释[M]. 西安:陕西科学技术出版社,1990.

[21]侯汉清,王荣授. 图书馆分类工作手册[M]. 北京:中国科学技术出版社,1992.

[22]张琪玉. 情报语言学辞典[M]. 北京:北京图书馆出版社,2000.

[23]金岳霖. 形式逻辑[M]. 北京:人民出版社,1979.

[24]陈克晶,吴大青. 科学分类问题[M]. 北京:人民教育出版社,1980.

[25]中国标准化研究院. GB/T13745-2009 学科分类与代码[S]. 北京:中国标准出版社,2009.

[26]陈洪澜. 知识分类与知识资源认识论[M]. 北京:人民出版社,2008.

[27]俞君立. 中国文献分类法百年发展与展望[M]. 武汉:武汉大学出版社,2002.

[28]蒋元卿. 中国图书分类之沿革[M]. 上海:中华书局,1937.

[29]刘国钧. 现代西方主要图书分类法评述[M]. 长春:吉林人民出版社,1980.

[30]宋克强,许培基. 冒号分类法解说及类表[M]. 北京:书目文献出版社,1986.

[31]塞克德瓦著,吴人珊译. 冒号分类法理论与实践[M]. 北京:书目文献出版社,1985.

[32]俞君立. 文献分类学的研究对象、内容和任务新论[J]. 图书馆杂志,2001(12).

[33]俞君立. 论文献分类标准的选择与运用次序[J]. 陕西图书馆,1987(3).

[34]高雯雯,田秀芳,丘东江. 简述杜威十进分类法的历史、现状和发展[J]. 图书馆工作与研究,2013(6).

[35]张洁.《杜威十进分类法》的应用研究进展[J]. 图书情报工作,2013(18).

[36]杜慧平,侯汉清.《杜威十进分类法》第22版的新进展[J]. 图书馆理论与实践,2005(1).

[37]白国应. 我与《杜威法》[J]. 山东图书馆季刊,2004(4).

[38]曹树金,颜丽君,汪东波. DDC、LCC、UDC网络版评析[J]. 中国图书馆学报,2002(6).

[39]陈树年,卜书庆,汪东波,张涵,刘湘生.《中国图书馆分类法》第4版述要[J]. 中国图书馆学报,1999(4).

[40]史九林,成颖. 论语料库技术在自动分类研究中的应用[J]. 江苏图书馆学报,2000(4).

[41]刁倩,张惠惠,王永成,何骥. 中文文献自动分类中的知识库构造及其仿人算法[J]. 情报学报,2000(3).

[42]王永成,张坤. 中文文献自动分类研究[J]. 情报学报,1997(5).

[43]张俐,李星,陆大绘. 中文网页自动分类新算法[J]. 清华大学学报(自然科学版),2000(1).

[44]陈树年. 使用《中图法》第四版进行机读数据标引的要点[J]. 图书馆学研究,2000(2).

[45]朱芊. 计算机文档分类标引的程序与方法[J]. 国家图书馆学刊,2000(2).

[46]陈树年. 搜索引擎及网络信息资源的分类组织[J]. 图书情报工作,2000(4).

[47]陈树年. 网络信息分类法研究[J]. 现代图书情报技术,2002(3).

[48]马张华. 文献分类法在网络资源组织中的应用[J]. 图书情报工作,1999(12).

[49]俞君立,黄葵. 论图书改编的本质、原则与方法体系[J]. 图书情报论坛,1992(2).

[50]中国互联网络中心. 第33次中国互联网络发展状况统计报告.[EB/OL]. [2014-07-28]. http://www.cnnic.net.cn/hlwfzyj/hlwxzbg/hlwtjbg/201403/P020140305346585959798.pdf.

[51] OCLC. Introduction to the Dewey Decimal Classification [EB/OL]. [2014-07-28]. http://www.oclc.org/dewey.features.en.html.

[52]DEWEY M. Dewey Decimal Classification and Relative Index [M]. 21 st ed. New York: Forest Press, 1996.

[53]DEWEY M. Dewey Decimal Classification and Relative Index [M]. 23 rd ed. Dublin: OCLC, 2011.

[54]UDC consortium. [EB/OL]. [2014-07-25]. http://www.udcc.org.

[55]UDC consortium. UDC Online. [EB/OL]. [2014-07-29].http://www.udc-hub.com/index.php.

[56] UDC consortium. UDC Editions [EB/OL]. [2014-07-29]. http://www.udcc.org/index.php/site/page? view=editions.

[57]UDC consortium. Past Events 2014 [EB/OL]. [2015-01-17]. http://www/udcc.org/index.php/event/viewPrevious.

[58]Library of Congress. Library of Congress Classification PDF files [EB/OL]. [2014-07-24]. http://www. loc. gov/aba/publications/FreeLCC/freelcc.html.

[59]Library of Congress. Library of Congress Classification Approved Lists. [EB/OL]. [2014-07-24]. http://www.loc.gov/catdir/cpso/wlcabt.html.

[60]《中国图书馆分类法》编辑委员会.《中图法》Web 版简介[EB/OL]. [2014-07-24].http://clc.nlc.gov.cn/ztfdzbweb.jsp.